梧州学院学术专著出版基金资助出版

管理学学术前沿书系

ZHONGUO XIANGCUN SHEQU ZHILI TIZHI BIANGE TANSUO

中国乡村社区治理体制变革探索

丁惠炯 著

经济日报出版社

图书在版编目（CIP）数据

中国乡村社区治理体制变革探索／丁惠炯著．--北京：经济日报出版社，2020.11
ISBN 978-7-5196-0730-2

Ⅰ．①中… Ⅱ．①丁… Ⅲ．①农村社区-社区管理-体制改革-研究-中国 Ⅳ．①D669.3

中国版本图书馆 CIP 数据核字（2020）第 222899 号

中国乡村社区治理体制变革探索

作　　者	丁惠炯
责任编辑	门　睿
责任校对	李艳春
出版发行	经济日报出版社
地　　址	北京市西城区白纸坊东街 2 号 A 座综合楼 710（邮政编码：100054）
电　　话	010-63567684（总编室）
	010-63584556　63567691（财经编辑部）
	010-63567687（企业与企业家史编辑部）
	010-63567683（经济与管理学术编辑部）
	010-63538621　63567692（发行部）
网　　址	www.edpbook.com.cn
E-mail	edpbook@126.com
经　　销	全国新华书店
印　　刷	北京建宏印刷有限公司
开　　本	710×1000 mm　1/16
印　　张	14
字　　数	250 千字
版　　次	2021 年 1 月第 1 版
印　　次	2021 年 1 月第 1 次印刷
书　　号	ISBN 978-7-5196-0730-2
定　　价	48.00 元

当代中国乡村社区治理体制探索

丁惠炯[①]

内容提要

本书将探讨乡村振兴战略下乡村社区治理体制创新的内外部环境、动力机制及社区治理过程中公共部门的绩效评估等相关问题。其中，改革的“动力”因素会涉及政府主导下的市场、社会力量和居民参与等。因此，本书将涉及下述方面：乡村社区治理的理论基础、基本范畴；国外乡村社区治理与启示；乡村社区治理沿革与现状、治理组织和功能定位、治理规划；乡村社区的经济、生态环境和其他公共事业治理，等等。

本书的创新点在于下述三个方面：

1. 研究角度的创新。本书将以新型乡村社区理论和治理理论为指导，分析乡村社区治理过程中存在的问题，将案例分析与实证研究相结合；

2. 本书将对“新型乡村社区治理”这一学术概念的基本内涵进行科学界定和系统分析，充实乡村社区治理的理论基础；

3. 系统地提出乡村社区治理的对策。新型乡村社区治理是多主体互动的过程，本书主张从治理的目标、主体、方式和绩效等四个维度加以探讨和研究，提出当代乡村社区治理的对策。

本书在理论和实践方面的价值在于：

1. 理论方面：本书以乡村社区治理体制改革和政府转型为中心，深究乡村社区治理中独特的内在逻辑，旨在寻求中国乡村社区治理的突破口，实现国家与社会关系的合理调整，推动乡村社区居民向现代公民的转变及传统社

---

① 丁惠炯：梧州学院副教授。行政管理专业博士毕业，管理学博士学位；研究方向为社会治理体制创新、职业教育治理体系、公共人力资源开发与管理。

会向现代社会的转型。

2. 现实方面：本书将展开对乡村社区治理影响因素和评价指标体系的实证分析，把握其具有普遍意义的规律，对当下乡村社区的建设具有一定的指导价值和借鉴意义。

写在前面的话

社区是社会的微观基础，社会是社区的“集合体”。在现代社会，社区日益发展成为开放、流动社会中的公共生活空间，是不同身份居民居住、生活的公共性空间，也是情感交流、认同的场所。在现代化进程中，社区还是国家治理基层社会的主要载体，在发展中呈现社区社会化与社会社区化的双轨路径。由此，在国家治理体系和治理能力现代化的大背景下，新时期的乡村社区如何治理变得较为复杂。

现代社会发展所带来的新变化客观上要求重新调整国家与社会之间的关系，建立适应现代社会发展要求的新的制度规范和新的治理思维下的体制机制。现代化发展推动乡村社会发生质性变革，城乡社会呈现一体化发展趋势。在乡村振兴战略下，农业、农村、农民都在发生大的改变，整个乡村社会正在进行着涉及基础性的变革。

传统农民逐步走向历史的终结。农民从封闭、禁锢的乡村社会结构中解放出来，生活方式、行为方式、从业结构、思想观点逐步现代化，并与城市居民趋同。传统农业在现代改造中逐步走向现代化。在工商资本化的推动下，农业成为一个独立的与城市工商业相类似的新型产业，城乡之间的经济日益从分离走向一体与协调发展。以生产、生活为基础的传统共同体在内外力量的推动下逐步走向解体，乡村社会逐步分离出来并成为独立的社会领域，如同城市基层社会，乡村社会逐步成为从事不同职业的居民共同居住、生活、交往的活动空间。在社会转变中，乡村社会呈现出去传统化的特征，并与城市社会逐步连为一体。当代乡村社会的基础变革是现代化发展给整个社会带来变化的具体体现之一，这个变化是剧烈的、质性的，也是对传统的颠覆。

在历史发展进程中，我国乡村社区及其治理在不同时期具有不同的时代特征。不同时期的乡村社区及其治理是基层治理长河中的一个片段，共同形成了乡村社区发展及治理的演进逻辑。在现代化进程中，传统乡村社区不断发生历史变迁。现代乡村社区类型逐步分化，并呈现复合化特征，处于治理转型的边缘。传统社会向现代社会的转型，是乡村社会性质变革的过程，也是乡村社区建设及治理不断发展的过程。当代乡村社区发展及治理的内外环境不断发生变迁，治理的目标及任务也在发生变化，这些都对新时期的乡村社区治理提出了更高的要求，客观上推动着社区治理的现代化发展。总体上来看，当代乡村社区呈现传统性与现代性、农村性与城市性并存的特征。在社会发展变化中，乡村社区在形态、性质、功能和特征上都发生了深刻变革，并呈现复合化特征。城乡社区逐步趋向一体，并成为不同身份居民共同居住的生活性公共空间。

不同类型农村地区从自身角度进行了社区治理改革的先期探索，这些都呈现共性特征，也有差异之处，为社区治理的深化发展奠定了坚实的基础。在以城镇化、工业化、市场化、信息化及农业现代化为核心的现代化进程的强力推动下，当代乡村社会发生了深刻变革。在此背景下，国家提出了农村新社区建设及治理规划。各地在国家政策指导下，基于自身现实进行治理改革探索。然而，由于我国农村地区发展呈现不平衡性，农业型地区、非农型地区及工商型地区的社会发展基础条件不同，现代化进程阶段不同，各地具有不同的战略规划部署，因此，各地推进农村新社区建设及治理的现实背景、动机呈现一定的差异性。不过，新时期的乡村社区治理改革是由国家从战略层面实施的一项规划性变迁，各地在实施社区治理探索改革中首先要理解、吸收并落实国家政策，不能违背国家的精神。因此，各地社区治理改革实践的内容、做法有诸多共性之处，这为新时期的乡村社区治理改革的深入推进奠定了相应的基础。但同时，每个地区有其自身特殊性，在实践探索中，会结合本地的产业发展、城镇化进程、工业发展、农业现代化发展水平以及地方发展中面临的实际问题，因地制宜推进。由此，在社区建设及治理改革的主要内容、组织体制重建、治理机制创新方面既有共性特征，也呈现诸多差异之处，各有侧重，社区治理改革不仅要实现国家的宏观目标规定，同时也要使社区治理改革承载起实现地方发展目标的重任。因此，从另一个角度来看，新时期的农村新社区建设及治理成为地方政府推进地方综合发展的一项工具或手段，农村新社区建设及治理的实践体现着地方政府的利益考量及理性规划行为。

从深层次来看，乡村社区治理内在体现着以新型城镇化、新型工业化、市场化、农业现代化为核心的现代化发展对基层社会治理提出的变革创新要求，是社会转型发展中基层治理现代化的根本体现。社区治理的改革与创新是社区治理能力和治理体系现代化的实践过程，社区治理现代化是新型城镇化背景下乡村社区治理发展的根本方向。

总体上来看，自新中国成立以来，在中国共产党的有力领导下，经过 70 多年的发展，我国进入了现代化发展的新阶段。21 世纪以来的现代化呈现诸多新特征，它是国家全面建设小康社会的现代化，是提升国家治理能力与治理水平的现代化，也是实现中华民族伟大复兴梦的现代化，同时还是实现人的自由全面发展的现代化。在新的历史时期，我国经济社会快速发展，国家治理能力不断提升，社会结构不断变革。在现代化冲击下，我国进入了城乡社会协调发展的新时期，这也是人类社会发展的关键阶段，是实现城乡社会有机融合与协调发展的重要基础。在这一阶段，城乡社会的分工更为明确、合理，城乡社会的联系日益紧密，广大民众日益从社会的发展进步中解放出来，从社会结构性桎梏中解放出来，融入更大的社会空间。但是，现实的制度性束缚、体制性束缚成为社会发展的重要障碍，成为城乡社会自由发展的障碍。与此同时，当前乡村社会内部也呈现较大的差异性，城乡社会的发展在不同地区也将呈现阶段性与差异性，这些也需要外部力量的介入引导发展。另外，社会发展进步的最终目的在于促进个体的自由发展与需求的满足，这些不仅是人类社会自然发展的结果，也需要代表公共利益的国家的积极介入。当代乡村社区治理改革，正是国家及其代表——政府为推动社会变革、适应现代社会发展要求的努力尝试；在社会变革中将个体逐步从各种束缚中解放出来，并为个体的自由全面发展提供更广阔的历史舞台及发展空间，这也正是作为公共权力的国家与政府应该承担的治理责任，更是公共权力运行的本质体现，也是中国特色社会主义发展道路的根本体现。只不过在新的历史时期，这一宏伟计划的实施需要在政府的主导下，引导多方力量共同参与、勠力合作，达成其理想目标。

目　录

CONTENTS

绪　论

在借鉴城市基层治理模式和农村地方实践探索的基础上，党的十六届六中全会提出了“农村新社区建设”的规划，指出“全面开展城市社区建设，积极推进农村新社区建设，健全新型社区管理和服务体制，把社区建设成为管理有序、服务完善、文明祥和的社会生活共同体”。通过构造新型社会生活共同体，创新以新社区为基础的社区管理和服务体制，破解农村城镇化的困境，通过创新管理、服务，增强基层社会治理水平，实现在农村长期居住、生活的在乡居民就地城镇化。在推进基层治理体系的创新实践中，党中央和国家十分重视政府与社会的协同治理，十七大报告明确指出：“要健全党委领导、政府负责、社会协同、公众参与的社会管理格局，健全基层社会管理体制。”“实现政府行政管理与基层群众自治有效衔接和良性互动”。十八大报告更加强调指出，“发挥基层各类组织协同作用，实现政府管理和基层民主有机结合”，促进城乡要素平等交换和公共资源均衡配置，形成以工促农、以城带乡、工农互惠、城乡一体的新型工农、城乡关系。这就为以促进新型城镇化发展为目标的基层社会治理创新指明了大方向。同时，还提出“加快形成党委领导、政府负责、社会协同、公众参与、法治保障的社会管理体制”。为深入推进社会治理的深度改革，十八届三中全会进一步提出：“坚持系统治理，加强党委领导，发挥政府主导作用，鼓励和支持社会各方面参与，实现政府治理和社会自我调节、居民自治良性互动……”“全面深化改革的总目标是完善和发展中国特色社会主义制度，推进国家治理体系和治理能力现代化”。2014 年，习近平在参加十二届全国人大二次会议上海代表团审议时指出：“社会治理的重心必须落到城乡社区，社区服务和管理能力强了，社会治理的基础就实了。”党的十九大报告指出：“开展农村人居环境整治行动，构建政府为主导、企业为主体、社会组织和公众共同参与的环境治理体系。”这都预示着在快速发展的新型城镇化进程中，必须以社区为载体，加快农村基层治理创新，构建与时代发展相适应的农村基层治理新格局，推动基层社会治理的现代化发展，也为国家治理体系和治理能力的现代化发展奠定坚实的基础。

不过，值得注意的是，我国农村地区地域辽阔，不同地区具有不同的现实状况与社会基础，发展进度不一，新型城镇化的发展进程及面临的问题也千差万别。如何在新型城镇化建设背景下，基于不同农村地区的现实状况进行社区建设，实现社区治理的现代化发展，推动形成“以工促农、以城带乡、工农互惠、城乡一体”的新型城乡关系，值得深入研究。另外，在新型城镇化背景下，农村新社区建设及治理改革是变革社会中维护基层社区和谐稳定、促进社会公平正义、实现人的“全面自由发展”的重要途径，也是实现基层社会治理现代化的关键所在。当前，对这一现实问题的研究成果也不多见。另外，通过对新型城镇化中的社区治理改革实践问题的研究，可以总结提炼出乡村社区治理现代化的诸多理论知识。基于此，本书将以国家治理体系和治理能力现代化的宏观场域为视角，对新型城镇化中的乡村社区治理改革实践展开深入研究，进而探讨新时期乡村社区“善治”诸问题。

一、研究基础与文献述评

2006 年，十六届三中全会针对构建社会主义和谐社会大战略的实现，创造性地提出“积极推进农村社区建设”的方针策略，这在很大程度上意味着乡村社区“建设”逐步向乡村社区“治理”话语体系和现实行动两方面的根本转型。2015 年，《关于深入推进农村社区建设试点工作的指导意见》的通知中明确指出要进行农村基层社会治理的创新、公共服务水平的提高，以此来促进城乡一体化建设。2017 年，党的十九大报告提出要打造“共建共治共享的格局”，目的是为了加强社会治理制度的建设，以此来提高社会治理的社会化、法治化、智能化和专业化水平，乡村社区建设的制度化是其题中的应有之义，也是整个社会治理制度变革的难点。当前，乡村社区已成为国家治理的基本单元，是现代化进程的重要基础，其治理模式的好坏决定着农村各事业的发展、政治社会的局面以及城乡统筹的水平。

我国是世界上农民数量最多、农村历史最悠久和农业规模最大的一个国家。从历史上来看，我国乡村基层社会治理大体上经历了从宗族治理到村庄行政化治理、“社队制”治理、村庄集体化治理等几个不同的历史阶段。在这些不同的历史阶段，农村基层治理依托的组织载体是不同的[①]；聚族而居的宗

① 李增元.《“社区化治理”：我国农村基层治理的现代转型》《人文杂志》，2014（8）.

族、村落、社队及行政村庄作为历史上我国乡村社区的不同形态，亦形成国家治理基层社会的重要载体。新中国成立之后，农村社区治理的发展有三个阶段（见下表）。

建国以来农村社区治理的发展历程

	年份	主要内容
第一阶段	1949—1958 年	建国初期，乡村社会管理的核心问题是解决社会分化。
第二阶段	1958—1978 年	计划经济体制的确立对农村社区治理产生了重要影响，标志是“三位一体”社会管理机制。
第三阶段	1978 年至今	改革开放以来，以村民自治为核心的农村治理模式普遍展开，层级纵向的治理模式向现代化的方向转变。

无论在哪个阶段，我国乡村社区均承载着政治管理、经济发展、社会建设、文化延续及民俗传承等多重功能。基于其在基层治理中的重要性和特殊性，乡村社区治理历来受到国内外学者的广泛关注。基于对“三农”问题不断拷问和探索过程中形成的理论觉醒与自觉，“乡村社区”作为一个新生事物逐步形成学术界长期聚焦的稳定的一个话语体系；特别是“乡村振兴战略”提出后，当代农村新社区建设日益引起学界的广泛重视。从研究的内容和角度看，学界对当代乡村社区治理模式的探讨主要集中于社区治理模式、治理机制、治理转型困境、治理发展趋势及路径的探索等方面，并产生了很多较为切近现实且对我国社会治理体系的顶层设计产生较大影响的研究成果。

（一）研究基础

正如前文所言，对于“乡村社区治理体制”的理论探索是对 20 世纪 80 年代改革开放形势下凸显出来的“三农”问题不断拷问和探索过程中形成的理论唤醒与自觉。这方面的研究大体上基于现有乡村社区治理的模式及机制、转型的困境、治理趋势的理论关照等三个方面。

1. 关于乡村社区治理模式及机制

改革开放 40 多年来，在内外力量的推动下，我国传统的农村社会日益走向解体，正如理论界所统一认识到的那样，“村落”终将在现代化进程中走向历史终结。如何在现代社会中构建一种与时代发展相适应的乡村社区治理模式及机制，随即成为学界探讨的重要内容。诸多学者针对当代乡村社区治理模式的探讨中，多以村民自治治理或“乡政村治”为背景，提出了诸如乡村社区的工业化、城镇化，社区经济扩张和区域联合等多种不同的趋势或模式。[①]王一从传统乡村社区治理的模式出发，认为应形成社区管理政务、村委会管理村务、村党支部负责党建的管理体系，促进乡村自生秩序与现代国家建构的良性互动。[②]卢爱国从社区组织管理体制的角度，将乡村社区治理模式划分为村落自组织模式、村社合一模式、村企主导模式、联村建社模式等几种类型。[③]贺雪峰认为，乡村社区治理实践主要应从三个层面为逻辑基点展开：乡村关系状况、村庄基本秩序状况及其维持机制和村干部的角色定位与动力机制。[④]当前农村基层社区治理过程中应反省以往治理模式中政治与行政的强控制特点，破除当前对并不切合我国实际的教科书式的“民主选举”的迷信，在重视乡土精英参与、重视文化建设、重视“协商民主”的基础上发现一条能真正通向农村基层社区自治的道路。[⑤]在社区治理模式创新上，应该重视传统本土精英在社区自治模式创新中的重要作用。肖晖指出，应重视本土精英参与，同时重视文化建设，寻找一条“本土精英民主”的农村基层社区自治模式。[⑥]也有学者指出，“乡土精英治理模式”是出于国情、文化及信念的特殊状况而不得不采取的特殊治理模式，其目的是要为走向最后的基层社区自治创造条件，其作用是由政治与行政强控制逐步转向政治与行政弱控制的过渡。[⑦]有的学者认为，鉴于我国幅员辽阔，各地区存在较大差异性等国情，治理模式不能千篇一律，应该顺应农村新社区治理格局、治理方式、治理机制的发展趋势，因地、因时、因人制宜，选择适应国家的行政主导推进型治理模式、多元主体互动合作型治理模式，或者社区组织与成员自治型治理模式。[⑧]

自2007年开始，在全国推进农村新社区建设以来，我国在国家层面试图

---

① 转引自滕玉成、牟维伟：《农村新社区建设和治理研究述评》，《东南学术》2010年第6期。

② 王一：《农村新社区建设与基层秩序重建——关于农村社会管理创新的探索》，《山东社会科学》2013年第11期。

③ 卢爱国：《乡村社区体制改革模式：比较与进路》，《理论与改革》2018年第5期。

④ 转引自滕玉成、牟维伟：《农村新社区建设和治理研究述评》，《东南学术》2010年第6期。

⑤ 张铭、陆锋明：《农村基层社区当下治理模式之反思》，《江苏行政学院学报》2009年第1期。

⑥ 肖晖：精英民主：《中国乡村社区治理的较佳范式》，《南方农村》2014年第3期。

⑦ 张铭：《乡土精英治理：当下农村基层社区治理的可行模式》，《理论参考》2009年第4期。

⑧ 李长健、朱汉明、胡纯：《论我国新乡村社区治理模式的建立与完善》，《湖南财经高等专科学校学报》2009年第3期。

以行政力量重新建构乡村社区的治理单元。为此，有学者从社区建制角度提出了乡村社区治理类型。项继权从乡村社区的边界角度，将乡村社区治理分为一村一社区、一村多社区、多村一社区等几种类型，倡导集中建社区、社区设小区。[①] 徐琴对农村新社区建设中的村转居社区治理模式进行了研究与探讨，指出，“村转居”社区在居民特征、治理需求、治理资源、治理传统等方面具有自身独特特征，其治理模式的选择面临自治为主、共治为主等多种可能，治理传统的继承水平和社区重建的水平在很大程度上决定着“村转居”社区的具体治理模式。[②] 钱翠玉认为，在城市化的过程中，都市型村庄大量出现，治理客体呈现复杂性和不确定性特征，应建构科学合理的社区治理主体结构和治理机制，厘清都市型村庄治理客体类别，明晰权责关系，建构城乡一体化的都市型社区治理模式，推动实现都市型村庄的都市化转型。[③] 总体上来看，基于不同学者对社区治理模式的划分标准不同，对社区治理模式的探讨呈现明显的差异性。不过虽然角度不同，但是大部分学者都强调要因地制宜创新社区治理模式。

现代社会转型发展中，如何创新与时代发展相适应的乡村社区治理体制机制，也是学者重点关注的内容。郑杭生从社会管理的角度对乡村社区治理机制进行了深入分析，他与黄家亮通过总结各地的实践经验指出，社会管理与社区治理体制强调合作共治和复合治理，强调分类治理，强调刚柔并济和情理法兼顾，强调信息化管理和网络化治理，强调城市治理与乡村治理。[④] 通过国家的介入与村庄内生的合作性共治方式，推进乡村社区的合作治理，形成共治性社区的治理。[⑤] 也有学者开始从不同的角度切入对乡村社区治理机制进行分析。王勇、郭倩倩从基层民主的角度对社区治理进行探讨，指出，国家建构和村民自治这样一种上下联动的治理机制会在农村新社区建设这个新的“历史关节点”上交汇、孕育和生长。社区治理并不是对村民自治的否定和替代，而是村民自治在其“边际上的创新”，其本质仍然是现代国家对乡村

① 项继权：《论我国乡村社区的范围与边界》，《中共福建省委党校学报》2018 年第 7 期。

② 徐琴：《“村转居”社区的治理模式》，《江海学刊》2012 年第 2 期。

③ 钱翠玉：《都市型村庄社区治理主客体要素分析研究》，《中国集体经济》2016 年第 18 期。

④ 郑杭生、黄家亮：《当前我国社会管理和社区治理的新趋势》，《甘肃社会科学》2012 年第 6 期。

⑤ 盛义龙、尹利民：《共治性社区：乡村社区的构建及其走向——“L 村”农村新社区建设的经验与启示》，《社会主义研究》2011 年第 3 期。

社会的一种民主化整合。[①]徐勇、朱国云从治理主体及权力关系角度指出，如何在厘清不同治理主体间的权职关系的基础上实现多方合作共治，是未来中国乡村社区实现良治目标的重要前提。[②]贺东航、张现洪从集体林权改革角度对乡村社区治理机制进行了分析，指出在现代化进程和城镇化背景下，乡村社区也能够在国家权力适度下沉的情况下，有效整合乡村社区内土地、历史记忆和乡村权威等社会经济资源，实现乡村社区共同体的转型与村庄治理秩序的重建，达到乡村社区善治的目的。[③]张祝平从社会自组织参与社区治理的视角进行探讨，认为应重新认识“村庙组织”成长和发育的社会背景，并充分引导和发挥其在乡村社区治理中特殊的价值和功能。[④]李增元、袁方成指出，乡村社区管理体制的地方性创新为促进现代乡村社区的认同提供了重要的经验借鉴；在新的历史时期，结合农村社会发展的现有实情，创新社区管理体制是促进现代乡村社区认同形成的一条新途径。[⑤]学界对当代乡村社区治理机制的探讨，都十分重视多元主体的合作价值，突破传统时期政府单一治理主体的困境，在政府的“元治理”框架下形成合作共治的机制，这也是社区多元合作治理研究的结果和模式创新。

2. 乡村社区治理转型的现实困境

在对当代乡村社区治理模式及机制探讨的同时，学界也对当代乡村社区治理的困境及矛盾进行了分析。当然，作为一个新生事物，新时期的乡村社区治理改革当前仍然处于探索阶段，对乡村社区治理困境及矛盾的分析主要是从宏观或微观层面展开的零星论述。

张慧东指出，自 20 世纪 90 年代中期以来，乡村社区公共治理体系的缺陷愈来愈不能适应农民突破家庭经营形态和提供公共物品以促进农村发展的要求，由此产生了诸多矛盾和冲突。一方面是公共治理体系变迁的诱致性需求非常突出，另一方面是公共治理体系的制度变迁因缺乏成本的投入和必要的组织支持而受阻，同时公共治理的制度结构也存在突出的问题。[⑥]在尹利

---

① 王勇、郭倩倩：《“道路通向城市”：村落社区化进程中的村民自治及其前景》，《湖北行政学院学报》2012 年第 2 期。

② 徐勇、朱国云：《乡村社区治理主体及其权力关系分析》，《理论月刊》2013 年第 1 期。

③ 贺东航、张现洪：《集体林权改革后的乡村社区共同体的转型与重建》，《东南学术》2013 年第 6 期。

④ 张祝平：《村庙组织成长与乡村社区治理》，《甘肃社会科学》2012 年第 5 期。

⑤ 李增元、袁方成：《乡村社区认同：在管理体制变迁中实现重塑》，《中州学刊》2017 年第 1 期。

⑥ 张慧东：《我国乡村社区公共治理体系变迁的经济学分析》，《经济问题探索》2004 年第 10 期。

民看来，农村新社区建设及治理理论上的想象与已有的经验出现了张力。由于受到农村社会、政治等诸多结构性要素的约束，农村新社区建设朝着预期目标迈进，不仅需要宏观制度的结构性变迁，还需要积极培育坚实的社会基础。①

在陆道平、张铭看来，乡村社区治理并未摆脱行政强控制模式，他们认为，市场经济这只“看不见的手”与行政的“强控制模式”二者可以做到并行不悖，且能够共同发挥治理作用；合乎治理规律的行政强控制是能够主导并实现农村社会科学发展的。②政府、市场和农民在城乡社区治理一体化中发挥着重要作用，不过，三者之合作在理论上需要超越市场万能论、政府万能论和农村封闭论；在实践中，需要政府超越部门利益和强势集团利益，“彰显政府公共性”，更需要培育农村公民社会，保障农民平等参与权，增强农民的行动能力。③殷琼、陈岚则认为，乡村社区治理结构呈现出功能互补的角色体系，然而村委和村党支部之间角色划分不够清晰、政治文化观念滞后、营利性组织的运行目标和村民目标不一致的情形，已经并将制约乡村社区治理目标的实现。④随着农村社会经济、政治的发展变化，社区日益分化，不断扩大的村际差距造成了社会流动失序，加深了村庄间隔阂，加大了社会风险，致使村庄治理面临着巨大的困境。⑤当前乡村社区治理面临严重困境，主要表现为乡镇政府角色越位和缺位制约了村庄治理，村民的政治冷漠严重影响了乡村社区的稳定与和谐。乡村社区治理必须逐步由“官主导”到“民主导”，厘清政府、市场和社区的权责，构建起多元主体治理机制。⑥汪小红指出，我国乡村治理在迈向善治过程中存在困境，宏观层面表现为国家体制主导的错位，微观表现为农民主体性缺位，应着重乡村社区权力建构，权力建构必须凸显国家有限导向职能，提升农民的主体性地位，从而实现国家和公民社会权责

① 尹利民：《农村新社区建设：理论想像与经验困局》，《湖北行政学院学报》2012 年第 5 期。

② 陆道平、张铭：《行政强控制模式之认识根源批判——对当前乡村社区治理思路的哲学思考》，《福建论坛（人文社会科学版）》2011 年第 12 期。

③ 社会管理体制改革研究课题组：《合作主义：城乡社区一体化中政府、市场、农民的关系》，《华中师范大学学报（人文社会科学版）》2012 年第 2 期。

④ 殷琼、陈岚：《近来乡村社区治理的实践困境初探——基于社区结构视角的分析》，《新疆大学学报（人文社会科学版）》2011 年第 6 期。

⑤ 杜胜利：《乡村社区分化背景下的村庄治理困境及其破解路径》，《理论导刊》2012 年第 9 期。

⑥ 许爱花、甘诺：《转型社会中乡村社区治理困境及对策》，《青海社会科学》2011 年第 6 期。

的有效分化和整合。[1]还有一些学者从当前乡村社区治理的具体实践角度出发，通过实证调查探究乡村社区治理中面临的困境及矛盾。李勇华对社区建设中的“联村社区”这一实践探索进行了考察分析，指出，联村社区组织既不能具有凌驾于村级组织的权能之上，从而侵害村民自治制度；也不能缺乏基本权能，从而担负不起领导社区建设的职责。另外，民众还缺乏对社区基本的心理认同，而这种“认同”的构建仍需假以时日，不能操之过急。[2]李鑫则对“村改居”进行了分析，指出“村改居”后的社区面临着自身角色的转换、社区自治中如何调动居民参与社区事务、发展自治组织以便更好地管理社区等三个主要问题。由于体制和机制方面的原因，当前我国新型乡村社区社会管理创新出现了“内卷化”现象。其根本原因在于：同质化的考核机制、乡镇政府过度追逐本地利益以及新型乡村社区自身组织人员的行政化追求。[3]李增元从对当前开放、流动社会的分析出发，指出乡村社会外部在日益开放、流动，内部却呈现“村社不分、政经合一”和“内在束缚、外在排斥”的状况，其根本原因在于嵌入乡村社会的各种社会制度构造出了一个内在封闭、外在排斥的乡村社会结构。具有封闭、排外、束缚特征的农村集体产权制度，构筑出了外在开放、内在封闭的乡村经济社会结构，这正是导致当代乡村社区治理困境的重要原因所在。总体上来看，对社区治理困境及矛盾的分析，涉及治理体制、农村基层社会基础、现代化发展等诸多层面。

3. 乡村社区治理趋势的理论观照

自改革开放以来，中国的政治体制、经济体制和社会管理体制都逐步发生了根本性变革，而乡村社会也被完全卷入城镇化、市场化、工业化大潮中，农村社会经历着历史性大变革，原有的乡村治理体制已很难适应现代乡村社会发展的需要。毛丹从国家、城市社会和市场三大关系转变中考查中国农村40多年的变迁，指出，当前农村正处于大转型时期，农业共同体逐渐被打破，城乡社区衔接带之弱质自治社区逐步形成，村庄由原来的单一治理主体（即以政府为其代表的国家）转变为政府和社会合作共治，乡土性公共领域初步形成。[4]项继权则指出，新中国成立后，我国农村基层组织与管理体制有三次

① 汪小红：《乡村社区权力关系建构：一种善治的话语分析》，《社会主义研究》2016年第1期。
② 李勇华：《联村社区治理的若干问题论析》，《中州学刊》2014年第3期。
③ 李鑫：《“村改居”社区治理中面临的困境》《山西大同大学学报（社会科学版）》2017年第1期。
④ 毛丹：《村庄的大转型》，《浙江社会科学》2008年第10期。

重大变革：从社队制、村组制到社区制。而观照当代社会，农村社会又呈现出三大转变并成为未来基层治理发展的基本方向，即整体形态从静止、封闭向开放、流动转变，在此基础上构建城乡一体的治理机制；基层民主政治从“村民自治”向“居民自治”转变；社会建设从生产和行政共同体向社会生活共同体转变。①构建与市场经济体制及城乡一体化发展相适应的城乡一体的社区制度，将是我国农村基层组织与管理体制的第三次重大变革。②卢福营指出，村庄治理的形式随着村民自治条件的变化而变化，在一定条件下会打破原有的治理格局，社会治理体系实现由村民自治向居民自治过渡，社会治理机制向社区和公司等相对独立的治理体制转变，社会政治生态向开放型的“自治”转化。③ 20 世纪 80 年代以来，乡村权力结构的多元化趋势日益冲击着“压力型体制”赖以生存的社会基础，农村基层社会管理战略的调整应从组织重构、社区重建、新型治理机制建构、发展型社会政策制定等方面进行系统变革，为实现农村基层社会“契约性整合”孕育新的社会条件。农村基层社会管理需要向多元主体协同参与的治理实践转型。④当代农村社会管理不但任务繁重，而且充满矛盾和挑战，尤其以结构性的碎片化问题最为突出。地方政府应该以整体性治理整合资源，使农村社会管理从局部走向整体、从断裂走向连续、从破碎走向整合、从分散走向整体。⑤

上述学者对我国乡村社区治理的总体方向进行了展望与探讨，还有诸多学者从治理体制、国家与社会关系、基层社会重构角度对具体的创新建设中那些实践性的探索进行了深入分析。李飞、钟涨宝指出，农民集中居住解构了传统村落熟人社会的基础，现代社会逐渐蜕变为市场化的、陌生人的风险社会。因此，有必要在农民集中居住的新型社区中建构“熟人社会”，重构人们新的社区身份意识和协作意识，也就是将农民集中居住的新型社区整合为居民共建共享的利益共同体和意义共同体。⑥未来的乡村社区和整个社会将是

---

① 项继权：《从“社队”到“社区”：我国农村基层组织与管理体制的三次变革》，《理论学刊》2007 年第 11 期。

② 项继权：《农村基层治理再次走到变革关口》，《人民论坛》2009 年第 5 期。

③ 卢福营：《村民自治的发展方向》，《政治学研究》2018 年第 1 期。

④ 曹海林：《从“行政性整合”到“契约性整合”：农村基层社会管理战略的演进路径》，《江苏社会科学》2008 年第 5 期。

⑤ 吴新叶：《农村社会管理何去何从：整体性治理视角的尝试性解读》，《理论探讨》2013 年第 2 期。

⑥ 李飞、钟涨宝：《农民集中居住背景下村落熟人社会的转型研究》，《中州学刊》2013 年第 5 期。

建立在独立自主、分工协作、利益交换和城乡一体基础上的社会融合，这比传统的“机械团结”和“机械整合”更富弹性、更有活力、更加牢固和更有凝聚力。[①]毛丹分析了不同情况下村庄发展与国家规制的互动关系及其社会后果，提出将发展乡村社区和城乡社区衔接作为村庄转型的方向和解决城乡二元化的路径。[②]在田毅鹏看来，城市化进程中农村不断衰败，当下农村核心问题是如何将农民组织起来，实现农村社会有序治理。他指出，应强化以村委会建设为核心的基层民主秩序的构建，推进农民的市民化进程，寻求乡村发展的历史继承性及多元模式的探索，建构组织形态的流动公共性。[③]马良灿从农民主体的视角出发指出，将农民社会权利置于乡村治理的核心，重塑农民主体，加强社区组织能力培养，实现国家治权与乡村治权间的协商共治，是破解乡村治理困境的重要思路。[④]项继权认为，新时期农村出现了新问题、新情况，社区和社会生活共同体的重构不能单凭加强农村基层政治与行政管理以及经济的集体化，应大力推进基本公共服务，在优质服务的基础上重获农民的归属感和认同感，最终重建农村生活共同体。[⑤]在多元复合、利益碰撞的社会转型中，“人治”模式逐渐向“法治”模式过渡。借鉴传统中国民间社会治理的思想资源、制度资源并赋予当代农村发展的最新经验和理论成果是建设既符合民主政治发展，又符合中国农村实际情况的乡村社区治理模式的可行之路。[⑥]在当前我国社会急剧转型的阵痛期，应充分尊重普通村民的主体地位，保障他们的基本权利，培育他们具有法治、民主、责任、契约等公民意识，构建一种国家、各种精英、普通村民之间权力协商互动的“共责体系”。[⑦]

有的学者从社区建设及治理的具体理念及治理内容角度展开探讨。我国农村新社区建设的提出，意味着农村治理出现重大转型，乡村日益从城乡分割走向城乡一体，从村民自治过渡到社区自治，从行政和生产共同体迈向社会生活共同体。基层社会组织与管理方式也逐步从政府主导的单中心治理转

① 项继权：《农村新社区建设：社会融合与治理转型》，《社会主义研究》2008 年第 2 期。
② 毛丹：《村庄前景系乎国家愿景》，《人文杂志》2017 年第 1 期。
③ 田毅鹏：《“村落终结”与农民的再组织化》，《人文杂志》2012 年第 1 期。
④ 马良灿：《主体重建：中国乡村社会治理的四次转型》，《学习与探索》2014 年第 9 期。
⑤ 项继权：《中国乡村社区及共同体的转型与重建》，《华中师范大学学报》（人文社会科学版）2009 年第 3 期。
⑥ 任志安：《乡村社区治理模式探析——以绍兴农村“两种”模式为例》，《黑龙江社会科学》2007 年第 6 期。
⑦ 李德：《乡村社区“非精英”权力运作的实践逻辑》，《南京社会科学》2010 年第 10 期。

变为政社分工与合作共治的多中心治理。[①]新型农村新社区建设既要去城乡“二元化”，去“天堂社区”的天真，又要留住传统乡村社区的温馨，并且还要与城市社区对接，使生活在新型乡村社区的居民能分享到与城市市民等值的公共服务，并过上与城市市民一样的社会生活。[②]村庄合并不应仅仅是居住范围等形式的变化，更应是实质性的向城市转变的进程。[③]建设新型乡村社区应遵循以下理念及逻辑：从管制到服务，促进农民公民权的增长及社会成员的平等权利；从城乡分割到城乡一体，实现社会融合与治理转型，体现国家外部性整合和乡村社区自我整合的有机衔接与良性互动。[④]在现代化进程和城镇化背景下，乡村社区也能够在国家权力适度下沉的情况下，有效整合乡村社区内土地、历史记忆和乡村权威等社会经济资源，实现乡村社区共同体的转型与村庄治理秩序的重建，达到农村发展和乡村善治的目的。[⑤]要想实现农村的有序治理，并处理好多方面的关系，特别应注意处理好乡镇管理与社区自治、农民组织与家族宗族共同体、农村社会组织与党组织之间的关系。乡村社区治理具有礼治的性质，也深受法治的影响，礼治和法治既有共生融合的一面，也有冲突的一面，消弭礼治和法治的紧张与冲突，实现两者互动整合，是消除乡村社区治理困境的重要出路。乡村治理结构未来将逐步改变国家作为唯一权力中心的状态，构建多元主体参与机制，实现多中心合作共治。和谐社会的构建需要从社区治理资本入手，社区中居民之间复杂的关系网络构成了社区治理的资本，在农村治理中也需要培育信任、亲情、互惠等社会资本，进而完善对乡村社区的有序治理。具体到实践中，需要实施村社分开、政经分离、户产分开，重构集体产权制度，并在此基础上重建包容性的社区治理制度。必须推动农村基层治理能力现代化，在建构乡镇政府与农村社会制度化之间的良性互动关系等方面下足功夫。[⑥]此外，在乡村社区治理中，应该尊重农民的多元诉求，寻找多种措施，组织和动员各种积极力量，实现力

---

① 卢璐、许远旺：《新型农村新社区建设的逻辑与方向》，《社会主义研究》2012 年第 3 期，

② 吴业苗：《新型农村新社区建设：如何可为——以城乡一体化为视角》，《社会主义研究》2012 年第 3 期。

③ 林聚任：《村庄合并与乡村社区化发展》，《人文杂志》2012 年第 1 期。

④ 许远旺、卢璐：《村治转型与社区重建——后税改时代农村基层治理体系的变革》。《中州学刊》2010 年第 1 期。

⑤ 贺东航、张现洪：《集体林权改革后的乡村社区共同体的转型与重建》，《东南学术》2013 年第 6 期。

⑥ 张艳国、尤琳：《农村基层治理能力现代化的构成要件及其实现路径》，《当代世界与社会主义问题》2014 年第 2 期。

量、手段和工作的综合，形成合力。①

有学者从乡村社区治理体制机制的角度进行展望分析。程又中、李增元指出，乡村社区管理体制创新应推崇和形成“善治”的治理架构，厘清内部社区自治机制，培育和完善乡村社区组织及管理体制。②当前乡村社区管理体制的重构必须实现社区管理体制的基本理念、组织架构、运行机制、实践模式等几个方面的创新，遵循共治理念，③在具体实践过程中，应改变当前单一的治理机制，形成适合当地特点的综合治理机制体系，以不断提高社区治理主体的治理能力，达到乡村社区和谐有序的发展。④整合城乡社会，推进城乡融合，变革当前管理体制，实现公共服务多元主体供给，整体治理乡村社区，推进农村社会全面转型是构建新型乡村社区的必然要求。⑤由此看来，多元力量共同参与的弹性治理体制是学界一致认同的基本观点。

也有学者从民众利益需求角度出发进行探讨。我国着力推行的农村新社区建设，是从村民自治向社区自治创造性转换的探索，旨在建立新型的开放多元的乡村治理机制，应尊重农民利益诉求和主体地位，在土地产权、公共服务等方面下功夫。⑥城乡一体化下农村新社区建设的核心是要让农村居民享受到现代社会的物质和精神文明成果，而实现这一目标取决于两个要件：一是使管理型的农村治理结构转变为服务型的社区治理结构，二是强化农村承接各种社区服务的社区平台建设。⑦应发挥政府的主导作用，同时发挥社会（包括社区组织）和市场（包括市场主体的企业）的重要作用，满足农村居民多层次、多方面的需要。因此，在农村新社区建设及治理中，尊重民众意愿、关心民众利益成为学界关注的重点内容。

（二）文献综述

作为国家和社会层面均报以极大关注的新生事物，当代乡村社区治理实

---

① 张秀吉：《乡村社区化建设中的利益多元与治理——以齐河县农村合村并居为例》，《山东社会科学》2011年第2期。

② 李德虎：《当前我国新型乡村社区管理体制创新研究》，《新疆社会科学》2013年第1期。

③ 程又中、李增元：《乡村社区管理体制：在变迁中实现重建》，《江汉论坛》2011年第5期。

④ 倪怀敏：《乡村社区治理法治路径探寻》，《人民论坛》2014年第5期。

⑤ 韦加庆：《整体治理理论视野下构建乡村社区治理机制的思考》，《行政与法》2012年第12期。

⑥ 陈世伟：《政府规制与农民创造：规划性变迁中的村社治理转型》，《求实》2012年第4期。

⑦ 陈建胜：《城乡一体化视野下的农村新社区建设》，《浙江学刊》2011年第5期。

际上是自21世纪以来国家开始实施新农村建设之后才掀起的一场社会治理改革运动。它是农村现代化发展的重要组成部分，也是国家振兴农村社会、提升农村社会管理与服务水平、实施城乡一体化发展的重大战略。从国家层面来看，自2007年国家提出农村新社区建设之后，新时期的乡村社区治理才算正式起步。因此，当前全国各地的乡村社区治理工作还处于探索实践阶段。从理论研究来看，对当代乡村社区治理的研究基本上是对传统农村基层治理研究的延续，无论是对乡村社区治理模式的探讨，还是对乡村社区治理发展趋势及未来发展思路的展望都是以传统的乡村治理为基础的；实际上是在传统治理资源的基础上，结合当代农村社会发展内外环境的变化，并逐步深入地探讨当代乡村社区治理诸问题。由于乡村社区治理正处于实践探索阶段，大部分的研究重点侧重于理论，也有部分学者结合乡村社区治理的实践展开实证研究。但是，由于我国各地自然环境和人文环境的较大差异，使得实践探索呈现出千差万别，形态各异，各种实证研究侧重点也呈现较大的差异性，要想形成和总结出规律性的成果并非易事。

从总体上来看，作为一项制度变迁性质的规划，农村新社区建设是由国家自上而下推行的，乡村社区治理改革也是各级地方政府在积极执行国家政策基础上进行的地方性自主探索，且这一探索与现代化发展紧密联系。现代化发展的重要目标是推动传统农业社会向现代农村社会的转型，而城镇化发展正是促成这一目标实现的重要推力之一。农村新社区建设是推进新型城镇化建设的重要动力，农村新社区将成为未来新型城镇体系的末梢。在现代化进程中，广大农民的生产、生活及其社会组织方式都在发生质性变革，在城镇化的有力推动下，传统乡村社区将逐步向城市化社区过渡转型，城乡社区将逐步衔接并成为一体，实现社区治理的现代化发展，城镇化与农村新社区建设相辅相成，紧密联系。在城镇化的推动下，当代乡村社区治理应该向哪个方向演进，如何以城镇化发展推进乡村社区治理改革，同时使乡村社区重建及治理转型能够更好地推动城镇化建设，当前学界对此并没有进行深入研究。另外，虽然学界对乡村社区治理进行诸多实证研究，但是大部分都是笼统的、宏观的，从地方实践角度出发探讨乡村社区治理改革整个过程的并不多见。从改革过程展开考查，能够更好地了解社区治理变迁的整个过程。与此同时，我国农村地域辽阔，从农村地区离城市远近程度来看，就分为城郊农村、近郊农村、远郊农村。当然，农村与城市的最终区别还在于城乡之间立业基础的差距，从这个角度展开研究的也很少。另外，区域的差异性也致使不同农村地区的经济社会基础不同、地方政府治理能力不同、推进乡村社区治理的方式机制不同，但是从不同地区展开比较研究的也不多见。

基于此，本书所涉及的研究将尝试从这些角度对城镇化大背景下的乡村社区治理进行深入探讨。

二、研究思路与研究框架

（一）研究思路

与西方发达国家相比，我国有着特殊的国情。尤其是，农业发展基础薄弱、农村生产生活环境较差、而农村人口众多。历经改革开放后四十余年的现代化发展，我国仍然是一个农业大国、农民大国、农村大国，“三农”问题突出。基于我国农村地域面积广阔，农民人口众多，不同农村地区的社会基础、经济发展、文化传统等方面都存在较大的差异，对农村问题的研究不能以偏概全。历史上，众多著名学者在研究农村问题时就非常注重从某一地区或区域范围切入研究，突出地域差异性。比如林耀华、葛学溥（Daniel H. Kulp Ⅱ）关于南方地区农村的家族、宗族研究、黄宗智和杜赞奇（Prasenjit Duara）关于华北农村的研究，以及费孝通、黄宗智关于长江三角洲地区农村的研究。无论他们主观上是否如弗里德曼（Maurice Freedman）研究中国东南地区的宗族组织那样明确地将自己的研究限定在区域内，客观上这些研究成果却都反映了中国不同地区农村的巨大差异。[①]当代中国著名的农村问题研究学者贺雪峰也十分注重从农村区域差异角度研究农村问题，从对农村认同单位的研究到基层治理的研究无不渗透着区域差异与比较的视角。他在研究成果中指出，中国农村村庄社会结构的区域差异明显，从村庄社会结构的视角看，可以分为三大区域，分别是南方、中部和北方，不同区域的村庄类型不同：北部多分裂型村庄，中部多分散的原子化村庄，南部多团结型村庄。[②]由个案调查，到区域研究，再到区域比较，是农村政策研究的基本进路。[③]在桂华与贺雪峰看来，受历史文化、自然生态等因素的影响，中国不同区域的农

① 桂华、贺雪峰:《再论中国农村区域差异》,《开放时代》2013 年第 4 期。

② 贺雪峰,《再论中国农村区域差异》,《开放时代》2012 年第 10 期。

③ 贺雪峰:《个案调查与区域比较农村政策基础研究的进路》,《华中科技大学学报（社会科学版）》2007 年第 1 期。

村内部结构存在差异。为此，他们提出应该重视从区域比较的角度来探讨农村问题，提炼中观层面的理论建构。“农村区域差异”是基于中国农村经验事实的中层理论建构，可与其他农村研究的理论观点形成对话，也可从中推演出更多可被检验的理论假设。[①]基于中国农村的差异性及复杂性，有必要在研究中贯穿区域比较的研究方法，通过比较分析能够找出共性及差异性特征，也可使研究结论更为客观。

21 世纪以来推进的农村新社区建设及社区治理改革，是党和国家自上而下发起的一项社会治理变革运动。虽然它的政策实施面向全国农村，但是，由于我国农村地区呈现较大差异性，不同地区的乡村社会基础不同，基层政府治理能力及自我意识不同，推进这项政策的动机、目的、方式也不同，民众的接受程度及理解程度也存在差异，实践逻辑也必然存在较大的地域差异。自改革开放以来，基于农村地区发展的不平衡性，我国各地城镇化进程不同，不同地区的城镇化发展水平不同。另外，城镇化和工业化、市场化、农业现代化交织在一起，推进社区治理改革的背景更为复杂。自 2007 年实施农村新社区建设试验以来，跟踪观察发现，虽然国家出台了相关指导政策，但是实践效果千差万别，这背后有相应的逻辑隐喻。因此，对当前乡村社区治理改革的研究也需要从比较的视角展开，比较不同地区开展社区建设及治理改革的逻辑路径，并分析背后的原因。

另外，值得注意的是，我国当前推进的乡村社区治理改革探索是对农村社会的整体性变革，或者说是对传统农村社会的再造，并尝试构造全新的乡村社会基础。自改革开放后，我国乡村社会发生明显的结构性转型，乡村社会也在发生分化，并呈现类型化特征。桂华、贺雪峰从“村庄社会结构”的视角切入，将当前的村庄划分为团结型、分裂型和分散型三种理想类型。[②]在以市场化、工业化为核心的城镇化发展态势推动下，传统农业社会正逐步走向消解。正是看到了现代化对乡村社会产生的巨大作用，孟德拉斯得出了农民终结的判断。传统农业社会消解的主要方面之一是农业产业结构与从业方式的根本性变革及由此带来的生活、组织方式的变迁。从产业结构来看，我国农村地区总体上来看可以划分为农业为主型、工商业为主型、非农型（农

① 桂华、贺雪峰：《再论中国农村区域差异》，《开放时代》2013 年第 4 期。

② 桂华、贺雪峰：《再论中国农村区域差异》，《开放时代》2013 年第 4 期。

业较少并向城市转型）等三种农村区域，乡村社区也可以此为基础大体划分为农业为主型、工商结合型、非农型三种类型，这三种类型的农村可以从宏观上涵盖中国村庄所有类型。在现实中，城镇化建设对这些类型的社区产生的影响不同，这些不同类型的村庄实施社区化治理改革呈现的逻辑思路、治理动机、治理内容均有所不同。对这些不同地区各类社区实施社区治理改革的过程进行追踪及比较研究，可以较为客观地透视我国城镇化进程中整个农村地区推进乡村社区治理改革的机制。同时通过比较研究，探讨不同类型乡村社区治理改革的特定理论，从不同地区、不同类型的社区治理改革比较研究中可以提炼中国特色的社区治理理论，为进一步推进城镇化进程中的乡村社区治理现代化提供思路指引。

（二）研究框架

以上述思路为基础，本书的具体研究框架从以下几个方面展开。

绪论：对研究的缘起及问题的提出、相关研究进展、研究方法、研究思路及研究框架、个案介绍等做出说明。

当代乡村社区治理改革与创新的内外环境。在现代化冲击下，当代乡村社会开始发生显著的历史性变革，这些变革使乡村社会处于从传统农业社会向现代工业社会转型的进程中。在大的社会发展背景下，乡村社区治理改革与创新具有了相应的内外环境及基础。将从农村、农民、农业三个层面探讨乡村社区治理改革与创新的环境变迁。考查农村如何走向开放与流动，并发生明显的结构性转型；农民从业行为及生活方式如何变革；农业如何趋向工商化及现代化经营。在此基础上，深入分析在现代化进程中农村基层治理呈现的滞后性，总结乡村社会内外环境变革对当代乡村社区治理改革提出的新挑战。

乡村社区治理改革的背景及动力机制比较。乡村社会内外环境的变化，致使原来的农村基层治理体制机制难以适应现代社会发展的新要求，迫切需要治理改革。不过由于我国乡村社会呈现较大的差异性，不同地区的乡村社会发展阶段不同，现代化发展面临的任务及目标不同，乡村社区治理改革和创新的基础条件及改革的动力机制与各地地方实际之间有着内在的联系。究竟不同类型地区推进乡村社区治理改革的现实背景及动力机制是什么，存在何种共同点及差异之处，这是将要探讨的内容。

乡村社区治理改革的主要内容及做法比较。从整体看，农村新社区建设及治理改革虽然是国家有计划地推动的一项治理变革，但是不同地区也呈现一定的自我性与差异性。在推进乡村社区治理改革进程中，三类地区在哪些方面进行了治理改革创新，其做法如何？不同地区乡村社区治理改革内容有哪些是共通性的，又在哪些方面呈现差异性，其原因何在？另外，从不同类型地区的乡村社区治理改革中能够提炼出哪些普遍性的治理改革规律，是要探讨的主要内容。

乡村社区治理改革重建的新型组织体系比较。乡村社区治理改革是一个系统的过程，其中组织体系是乡村社区治理有效运行的重要基础。乡村社区治理改革及创新的重要内容是创新形成适应时代发展要求的新型组织体制。值得注意的是，不同地区的社会发展阶段不同，所处的社会治理发展阶段及治理水平也不同，社会基础也具有差异性，这就决定了在治理组织体系的重建中会各有特色。究竟不同类型地区乡村社区治理改革都形成了何种新型组织体制，组织体制具有哪些创新点及值得推广借鉴的地方？需要深入探讨和总结。

乡村社区治理改革重建的新型治理机制比较。如果说乡村社区治理组织体制是社区治理运行的体制性基础，从静态上反映着乡村社区治理的性质及权力关系，那么乡村社区治理的治理机制则是治理性质及权力关系的动态实践表达，是检验创新形成的乡村社区治理体制效果的重要途径，同时也反映出创新的治理体制能否有效地解决传统治理体制的不足及缺陷，适应新阶段的社会发展要求。在治理机制的创新中，各地都会紧密贴合本地实际进行创新，将治理机制的创新与本地其他方面的治理任务有机结合起来。那么，在实践中，不同类型地区在哪些方面进行了治理机制创新，呈现何种特征，其异同点何在，价值如何，这是要深入研究的重要问题。

农村新社区建设及治理的居民意愿与绩效评估。从总体上来看，当代农村新社区建设及治理是由政府全面规划及主导推动的，是政府自上而下推动的规划性变迁。然而，社区建设及治理的最终受益者是社区居民，社区建设及治理与居民利益密切相关。那么，新时期的农村新社区建设及治理还需要了解民众的“所思、所盼、所想”。因此，要对农村新社区建设及治理实践的农民意愿进行深入考察，并从居民视角再考查社区建设及治理的基本绩效。将从社区建设及治理实践的居民“认知与感受”、社区公共管理及服务的居民

“需求表达”、社区治理主体及公共参与“愿景与现实”、社区治理中的居民融入“实际效果”、社区治理中制度改革的居民“内心感受”等几个方面展开考查并进行绩效评估。

讨论与结论：治理现代化的展望。对乡村社区治理诸问题展开深入探讨。指出现代化是当代乡村社区治理的宏观场景及新命题。然后回溯历史，厘清我国乡村社区及其治理改革的历史脉络，提炼社区治理发展规律。在此基础上，分析当代乡村社区的变迁及其治理探索，提炼当下乡村社区治理改革与传统时期农村治理改革的不同之处。此外，结合中国实际，深入分析实现乡村社区治理现代化应坚持的价值目标、治理理念、治理模式，实现社区治理现代化的战略思路，提炼乡村社区治理现代化的核心及重点内容，推进乡村社区治理现代化的关键要素及构成要件。最后，提出推进农村新社区建设及治理改革的对策建议。

第一章

乡村社区建设的内外部环境

进入20世纪以来，不同阶级、阶层仁人志士就为实现国家的现代化而不懈努力。不过，在新中国成立之前，这些活动是在内忧外患的大背景下展开的，国家处于战乱之中，不同政治力量处于政治斗争中。最终中国共产党领导广大人民取得了革命的胜利，建立了人民当家做主的新政权，并领导广大人民为实现现代化国家而奋斗。当然，这是一条以工业化及城市的优先发展为基础的发展道路，乡村社会在国家的有计划管理与控制下平稳发展。改革开放后，新一轮的现代化发展进程给乡村社会发展带来了前所未有的机遇，乡村社会蓬勃发展。在城镇化、工业化推动下，广大农民逐步从乡村社会、农村土地上脱离出来，实现了职业及身份的转变。随着经济社会的深刻变革，民众的生活水平、生活方式、消费方式、价值观念、行为方式日趋市民化。在经济快速转型与发展中，广大农民的各种利益需求内容及层次日益扩展，与国家及其生活的基层社区紧密联系起来。在国家的现代化进程中，国家与社会、个体与个体、个体与集体之间的关系在实践中潜移默化地发生变迁，个体化、利益化日趋明显，公平、公正、民主观念日益深入人心。不同行为活动涉及的利益主体日益广泛，行为活动中的利益矛盾及冲突不断增加，社会矛盾日益凸显。在现代社会发展中，农业、农村、农民正在发生全新的变革，这种转型是急剧的、多维度的，乡村社会治理方式却呈现滞后性，城乡二元体制依然存在，这些都成为乡村社会现代化发展的重要阻滞。因此，创新基层社会治理体制机制成为新时期基层治理改革的重要内容。

第一节　乡村社会开放流动与结构变迁

首先，我们认为，“城镇化”主要是指由农村人口转变为城镇人口的过程。其实质是劳动力逐步由农业生产转向非农业生产，由农村分散居住向城镇适度集中，同时生活方式、生产方式、风俗习惯等发生变革的进程。从宏观上来看，城镇化会在一个较长的历史时间段呈现出来，它体现在乡村经济社会的各个方面，更为直观地体现为广大农民生产、生活方式的变迁，生活环境、行为方式及价值观念的变迁，体现为乡村社会的现代化发展现实和趋势。

一、开放、流动与异质

改革开放之后，以国家为主导的计划经济向以市场配置资源为基础的市场经济转轨，我国进入了政府与市场相结合推动的城镇化新时期。随着经济体制的转换，政府逐步向社会下放权力，重点向经济领域放权，以期活跃经济发展。1984 年，党的十二届三中全会《中共中央关于经济体制改革的决定》提出，要在公有制基础上有计划地实施商品经济发展。经济体制的转换改变了计划经济时期对农村社会的全面控制方式，使其逐步摆脱“政社合一”的格局，获得了较大的自主空间。这些变化体现在农村经济、社会、政治等多个领域，尤其是“家庭联产承包责任制”在根本上解放了农村劳动力。另外，乡村市场化及工业化发展进一步推动了我国乡镇企业的蓬勃发展。到1988 年，我国乡镇企业总数已达 1888.2 万家，总产值达 4764.3 亿元，乡镇企业职工人数达 9545.5 万。乡村经济发展逐步改变了传统农村的面貌，其明显标志之一是部分农民从靠天吃饭的农耕生活开始适应并进入到乡镇企业打工，逐步实现了身份的转化。到 2017 年，全国乡镇企业从业人数达 1.69 亿，总产值达到81.6万亿元，实现利润6.68万亿元。[①] 乡镇企业发展有力地推动了城镇化进程。

户籍制度的松动及工业化的步伐加快推动着乡村社会走向开放，大量农民从农村转出。同时，适应经济体制的转变，国家逐步放宽农民进城限制，出台了诸多促进小城镇发展的新政策。1984 年，国务院先后放宽农民进镇落户限制和建制镇设置标准，为小城镇的发展创造了宽松的政策环境。在商品经济发展和乡镇企业异军突起的推动下，传统的小城镇逐步得到恢复，许多新兴小城市和城镇也在商品集散地基础上发展起来。[②] 这些新出现的城镇或小城市不仅是经济要素的集聚地，也成为广大农民进城后新的居住、生活和工作的场所。工业化及市场化发展吸纳了农村居民，改变了他们的从业方式及

---

① 农业部乡镇企业局：《2017 年全国乡镇企业发展平稳向好结构进一步优化》，http：//www.moa.gov.cn/zwllm/jcyj/zh/201801/t20180125_3208632.htm，2018 年 9 月 21 日。

② 何树平、戚义明：《新型城镇化使命》，《瞭望》2013 年 7 月 23 日，http：//www.lwgcw.com/NewsShow.aspx？ newsld=32456，2014 年 9 月 21 日。

经济水平，同时也聚集了人气，加速了城镇化发展进程。国家重视城镇的基础设施建设，提升小城镇的社会管理与服务水平，改善广大进城居民的生活环境及生活质量，这正是一个广大农民进城与融城的过程。经过几十年的发展，我国城镇化进程取得了显著进展，特别是近几年来，城乡社会流动明显加快，大量乡村人口流向城市地区。国家统计局数据显示，2017年，全国农民工总量为2.87亿人，比上年增长1.3%。其中，外出农民工为1.78亿人，增长0.4%；本地农民工人力资源存量为1.09亿人，增长2.7%。[①] 此外，在大量农民流向城镇的同时，部分农民也开始在乡村内部横向流动。

改革开放初期，有些农村地区抓住了我国市场经济发展的先期机遇，大力推进乡镇企业发展，不仅提升了广大农民的经济收入，改变了广大农民的从业方式，还推动了农民的非农化发展，加速了城镇化进程。温州模式、苏南模式的产生，正是由于乡镇企业发展带动了当地乡村社区经济社会的快速发展与进步，推动着传统乡村社会向现代社会的转型。“温州模式”侧重于市场促进下的企业参与农村新社区建设，而“苏南模式”注重通过以集体经济为基础的乡镇企业带动农民就业，实现农民的非农化和乡村社区的城市化发展。[②]2014年7月30日，国务院公布了《关于进一步推进户籍制度改革的意见》，指出建立城乡统一的户口登记制度，这意味着自20世纪50年代就开始实施的农业户口与城市户口分别管理的“二元户籍制度”开始逐步被取消。2017年政府工作报告和国务院批转的《关于2017年深化经济体制改革重点工作意见》，也提出“抓紧实施户籍制度改革”。据不完全统计，新疆、黑龙江、河南、河北、四川、山东、安徽、贵州、山西、陕西、江西、湖南、吉林、福建、广西、青海16个省份是最快发布本地区的户籍制度改革意见的省份，并开始逐步探索建立统一的城乡户口等级制度。“城乡二元户籍制度”的消亡，将进一步推动城乡社会的开放、流动与融合。在开放与流动中，乡村社会成员的同质性也逐步被打破，异质性特征更为明显。

二、乡村社会结构变迁

中国传统的乡村社会是一个熟人社会，呈现相对静止与固化的生态，民

① 数据来源于“国家统计局”官网，2018年9月。

② 高汝岭：《中国特色城镇化发展模式探讨》，《城市建设》2009年第11期。

众彼此相互熟悉，具有内在默契性，社会关系并不复杂，个体的活动空间及行动空间主要局限于乡村社会内部，地方性共识、道德伦理是个体的重要行为规范，乡村社会的边界意识及内聚力较强。自新中国成立后，在国家的大力推动下，传统意义上的乡村社会遭到了重大冲击。在政党、政权下乡的“政社合一”过程中，中国传统村落的封闭性、同质性及内聚性被打破，社会结构发生转型。改革开放后，自由市场功能得以发挥，乡村社会在经济机制的推动下开始发生第二波转型，“伴随着地方性共识的瓦解和乡土逻辑的日趋变异，乡村良性秩序的维系日益艰难，道德秩序日趋瓦解”①。广大农民被卷入工业化、市场化、信息化、城镇化大潮中，乡村社会也逐渐失去了内在自我保护与修复功能。在刘玉照看来，在外部力量的推动下，不同于传统村落共同体的基层生产共同体——乡村社会形态逐步形成，继而引起乡村社会基本结构的改变。一是改变了农村在城乡二元体系中的原有位置，农村地位更加重要；二是突破了市场和行政双重等级体系；三是对村落共同体和基层市场共同体产生了重大影响；四是新的乡村共同体运行机制形成。②乡村社会性质发生变革，当然这种变革受到了传统与现代因素的共同影响。正如贺雪峰指出的，当前乡村社会正处于急剧变迁中，但这种变迁从短期来看，现代因素与传统因素可能不是相互替代，而是相互支持、共同生长，乡村社会更具特性。③

总体上来看，在现代社会转型发展中，乡村社会开始发生结构性变迁，并呈现去传统化特征。总体上说，主要体现在以下几个方面：其一，在社会形态上，乡村社会从封闭、同质日趋走向开放、异质，城乡之间的流动性、融合性特征日益明显；熟人社会逐步向半熟人社会或陌生人社会转型，无论是乡村社会关系，还是乡村社会的内在联系机制都在潜移默化中发生转变。转变社会中的乡村社会既呈现传统社会的某些特征，同时又与现代市场特征紧密联系起来。其二，在村落形态上，在内外力量的冲击下，传统的村庄单位正逐步消失。田毅鹏等认为村落终结的形态主要有以下三种：一是城市扩

① 陈柏峰：《“熟人社会”变迁研究》，《江海学刊》2014 年第 4 期。

② 刘玉照：《村落共同体、基层市场共同体与基层生产共同体——中国乡村社会结构及其变迁》，《社会科学战线》2002 年第 5 期。

③ 贺雪峰：《乡村社会性质研究的九大命题》，http：//www.snzg.cn/article/2006/1101/article-535.html，2016 年 9 月 22 日。

张将周边村庄吸纳；二是偏远农村在人口老龄化、“空心村”等背景影响下被迫消失；三是城镇化进程中，一些村落在多个村庄合并成社区进程中走向终结。①村庄被卷入现代化进程后开始发生分化，村庄类型也开始发生变化，出现了以血缘、宗族为联系机制，以庙宇、水井等为核心公共活动空间的部分传统村庄；现代国家建构出来的以集体产权、户籍、明确地域边界为基础的行政村庄；以经济发展为基础，经济实体及形式不断扩大所形成的超级村庄；因征地、拆迁形成的一些新的安置社区、搬迁村庄，等等形态，不一而足。与此同时，还有些村庄受到现代化冲击并不明显，村庄外在形态及内在社会关系上兼具传统与现代两种性质。总体上来看，在现代化冲击下乡村社会正发生结构性转型，村庄类型日趋多元化。

另外，乡村社会的组织结构、成员身份、从业结构及利益需求也发生着重大变革。农村经济要素的市场性特征明显体现出来，村集体社会组织逐步与经济组织发生分离，并趋向按照市场化机制运行。与此同时，经济联合形式日趋多样化，经济组织日趋多元化。乡村社区边界日益开放，生活在一个社区内的居民也不再是传统意义上的本村居民，本地居民与外来居民共同居住在一起，社会关系不断扩展。社区社会生活、活动也发生了变迁。在工业化、市场化推动下，农民从业方式、职业结构都发生了较大变化，生活方式及思想观念也不断发生变迁。总体上来看，现代化发展所带来的一系列新变化，都对广大居民生产、生活赖以存在的基层乡村社区产生着重要冲击。乡村社会正经历着根本性变革，当代乡村社区治理日益进入了一个流动、开放的新时代。②总之，乡村社会的新变化是工业化、市场化与城镇化交织推动的必然结果，也是新时期基层社会治理面临的新环境。

第二节　从业、生活和行为方式之变迁

马克思指出：“农业人口这种现代社会中最稳定最保守的因素正在消失，同时工业无产阶级正是由于现代生产的作用，在大城市中围绕着巨大的生产

① 田毅鹏、韩丹：《城市化与“村落终结”》，《吉林大学社会科学学报》，2011 年第 2 期。

② 李增元：《开放、流动社会中的乡村社区治理改革与创新》，《社会主义研究》，2014 年第 2 期，第 121–122 页。

力聚集起来。”[①]而可能令马克思没有想到的是，在当今社会，广大农民被卷入现代化大潮中，具有了与现代社会相适应的一些新特征，正经历着上述历史蜕变。

一、传统“小农”之连续性改造

中华人民共和国成立后，为构建与新的社会形态相适应的基层社会基础，国家对传统农民进行了改造。这种改造以农业生产关系的变革为前提，首先通过分配地主土地来消除封建剥削阶级；在此基础上，为实现集体公有制，国家又引导鼓励农民实现合作化大生产，并最终走向人民公社大集体，培养农民的集体主义及奉献精神，消灭剥削阶级和相应的生产关系赖以存在的经济及体制基础。当然，改造传统小农是一个长期的过程，任务艰巨。即使从1958年开始，中国共产党在全国范围内开展了人民公社化运动，通过国家对整个社会的全面控制，以意识形态及政治动员为基础对广大农民进行生产、生活及行为方式的深入变革与改造，却终因无法调动广大农民的积极性而失去了这部分体制、资源优势。由此，也可以看出国家政权强力推动社会变革有其本质缺陷。实际上，广大农民是具体的、历史的，社会环境对广大农民具有重要的塑造作用，而广大农民又具有自己的理性选择意识，会根据自身意志去改变并创造相应的制度，徐勇称其为“基层社会与创造性政治”[②]。在历史的长河里，广大农民就是一个个的理性实践行动者，有其特定的行动逻辑。即是：随着工业化进程的推进，经济发展，技术提高，自动化程度加深，小农最终会得到彻底改造。[③]

二、从业方式与职业身份之变化

现代生产方式已经占领农业领域，由此带来了农村生产、生活方式的三大改变。[④]改革开放后，工业化、市场化及城镇化发展给乡村社会带来了巨大变革，这些变化从乡村经济、社会等微观领域展现出来。折晓叶等人通过对

① 《马克思恩格斯全集》(第11卷)，人民出版社1995年版，第662–663页。

② 徐勇：《农民改变中国：基层社会与创造性政治——对农民政治行为经典模式的超越》，《学术月刊》2009年第5期。

③ 《列宁专题文集——论社会主义》，人民出版社2009年版　第203–204页。

④ 张德化、程业炳：《马克思、恩格斯的农民转型思想与实践价值》，《当代经济研究》2012年第10期。

中国东部和南部乡村的实证研究指出，在乡村工业化与城镇化的发展进程中，大量的乡村经济实体成为推动乡村社区变迁的重要力量，不断推动着传统乡村社区向现代“超级村庄”的转型。[①] 毛丹通过对40年来农村改革开放的深入分析指出，改革开放后，在工业化、城镇化的进程中，村庄正经历着从农业生产共同体到城乡社区衔接带之弱质自治社区的转型，具体体现为经济共同体的转型、治理共同体的转型及农民社区的转型。[②]项继权在对河南南街村、山东项高村、陕西方家泉村的调查研究中，充分说明了具有市场化特征的集体经济力量在推动乡村社区变迁中所呈现出来的重要力量。新时期，以市场运行机制为基础的经济实体与社区成了一个紧密联系的利益共同体，各类经济实体不仅追求自身利益最大化，也承担起相应的社会责任，以其独特的方式推动着乡村社区的发展。[③] 其中以乡村企业成为推动当代农村社会转变的重要力量，能更深刻地影响着农民从业方式的转型。

更进一步，改革开放的深入推进，使整个社会结构开始分化，新的社会阶层逐步形成。陆学艺以职业及对资源的占有为基础，将整个中国社会划分出十大阶层。[④] 在现代化推动下，越来越多的职业兴起，职业的分化给广大民众创造了更多的就业机会，传统的农业种植的自身优势在现代化发展中日益消失。非农职业为广大农民提供了更多的经济收入及其他收益，农民更加趋向选择经济收入较高的非农产业工作。即使是在经济不发达、相对来说较为封闭的西部乡村地区，广大农民的职业结构与从业方式也开始发生明显的转型，经济效益比较高的非农产业越来越成为广大农民的首选，很大部分中青年农业人口已经完全从农业中脱离出来，从事非农产业，职业身份发生了根本性变化。

三、生活方式、行为方式之变化

市场经济体制的深入发展创造了更多的就业机会，促使大量农村剩余劳动力向城市流动，使广大农民实现了从业方式及职业的转换。由此，广大农

---

① 折晓叶、陈婴婴：《超级村庄的基本特征及“中间”形态》，《社会学研究》1997年第6期。

② 毛丹：《村庄的大转型》，《浙江社会科学》2008年第10期。

③ 李增元、宋江帆：《“企业推动型”乡村社区治理模式：缘起、现状及转向》，《甘肃行政学院学报》2013年第2期。

④ 陆学艺：《当代中国社会阶层研究报告》，社会科学文献出版社2002年版，第8页。

民的生活水平及生活质量也得到了明显提高，同时引起了生活方式和行为方式的改变，进而对农民阶层思想意识形态的改变起到了巨大的推动作用。雷雨运用统计学理论，采用线性回归模型、灰色预测模型等定量方法对当代中国农村居民的消费支出水平进行了预测。他指出，我国农村居民收入每增加1元，消费支出相应地就增加0.778元。我国农村居民的消费支出在2012—2018年将依然保持强劲的增长，农村居民家庭消费水平有望超过10000元。[①]随着工业化、市场化及城镇化的快速发展，广大农民收入水平、消费水平不断提高，生活消费支出比重明显提高。与此同时，经济社会发展水平快速提高，直接促成了城镇化的大力推进，也使广大农民的生活方式及生活习惯日益向城市居民接近。

在马克思看来，在城镇化进程中，“尽可能实现劳动人口的平均分布，实现劳动力在城市和乡村的融合，使城乡之间的文化和生活条件日益接近”[②]。广大农民生活质量与生活水平显著提高的同时，农民的行为方式及思想观念也发生了较大的变化。他们思想日趋开放，主动接触社会，追求富裕幸福的生活，形成了敢于冒险、敢于竞争的心理品质，冲破封闭保守的传统观念束缚，创造条件获得更多的合法财产性收入。[③]在当今文化全球化的历史背景下，当代中国人的精神性消费也趋于多元化，很多西方的思想观念、文化艺术形式等传入中国，形成了与中国民族文化的融合和激荡之势。[④]现代社会发展对广大农民的精神及行为方式产生了重大冲击，在精神文化方面：一是娱乐性、消遣性消费多，发展性、智能性消费少；二是精神文化消费的媚俗性和失范性；三是经营精神文化消费的价值取向发生偏差。[⑤]自改革开放后，中国农民被真正卷入工业化、市场化大潮中，他们的从业方式、生活方式及思想观点都在发生深刻的变革，这种变革在城镇化背景下尤为明显。这是一个传统农民蜕变的过程，也是农民与城市居民逐步趋同的过程，是传统农村社会向现代农村社会转变的过程，深刻地改变着民众的行为及心理，整个农村社会呈现全新的社会形态。

---

① 雷雨：《中国农村居民消费水平的量化分析》，《统计与决策》2018年第6期。

② 《马克思恩格斯全集》，人民出版社1964年版，第313页。

③ 周军、田克勤：《中国农村现代化进程中农民文化价值观的变迁及其引导》，《东北师大学报》（哲学社会科学版）2013年第3期。

④ 孙文营：《生活方式变迁与中华文化》，《岭南学刊》2010年第2期。

⑤ 王奎清：《农村社会分化对农民精神生活领域的解构和建构》，《前沿》2011年第9期。

四、农民利益与需求之渐趋扩张

在一些人的印象中，中国农民历来精于算计，不容易合作。曹锦清在对河南省一些边远和落后地区农村的人类学考察中指出“中国村落农民，历来善分而不善合”。[①]美国著名的政治学和人类学学者詹姆斯·C·斯科特（James C Scott）在《农民的道义经济学：东南亚的反叛与生存》中提出了“道义小农”的概念，指出这种小农具有公平互惠原则；波普金于1979年在其《理性的小农》一书中也指出，作为政治行动者的小农，就如一个在政治市场上的投资者，小农是一个在权衡长短期利益之后，为追求利益最大化而做出合理的生产性抉择的人。最大利益驱动行动者和精于算计是小农的根本特征。

从我国的实际来看，在市场经济环境中，广大农民获得了较大的自由及行动空间，也正是由于市场经济的发展及工业化、城镇化的推进，我国农村社会发生了根本性的变革，民众的整体生活水平及生活质量也发生了明显的提高。在新的历史时期，经济社会不断发展，广大农民需求日益提升。随着联产承包责任制的推行和改革的深入，市场成为人与人相联系的中介，农民作为利益主体的自主权也在不断扩大，农民社会分化所产生的不同群体的利益意识不断被唤醒和强化，不同的农民阶层都有了实现自身利益最大化的愿望。[②]在经济利益及自由、民主、平等价值观的指引下，广大农村社会日益分化，民众的需求也呈现一定的差异性，并与这个社会日益紧密地联系起来。在新的历史时期，广大农民更多关注种植、养殖和外出打工所需要的技能、农田水利建设农产品市场供求等，诸多与民众日常生产、就业、生活紧密相关的利益需求日益凸显出来，并呈现多元化发展趋势。

在现代社会，广大农民的利益需求与整个时代发展紧密相连。如果说个体的内在需求是一个人为维持最基础的生存发展所必须获取的条件，那么外来社会环境变化所引发的个人需求的扩展则是个体为适应社会所带来的必然结果。在竞争性的市场社会，个体的自身素质及水平直接决定他的就业竞争力及自身发展前途，因此，教育培训等其他需求日益凸显出来，特别是对于职业技能培训的迫切需求。代俊兰、李合堂通过调查发现，越来越多的农民

---

① 曹锦清：《黄河边的中国：一个学者对乡村社会的观察与思考》，上海文艺出版社2000年版，P114。

② 康来云：《改革开放以来中国农民价值观变迁的共性特征》，《郑州大学学报》（哲学社会科学版）2009年第5期。

希望自己能够受到良好的教育。[①]同时，在个性化需求日益增多的同时，广大农民的其他公共服务型需求也日益增多。

总体上来看，现代社会发展不断改变着传统的乡村社会面貌，无论是在乡居住、生活的农民，还是流入城市打工、居住的民众，他们所生活的环境已经发生了根本性变化。在新的环境下生存与发展，他们需要具备更多的条件，基本需求及个人利益都在呈现急剧扩张性，这种扩张性一方面是应对环境发展所必需的；另一方面是随着物质生活水平的提高，广大农民对高质量生活水准和精神层面的追求，同时体现在物质及精神两个层面的变化当中，深层次的、个体的价值观念及行为意识也不断发生变化。

第三节　基层治理体制尚需完善

改革开放后，市场经济的迅猛发展使得整个社会的创造性、自主性更为明显，同质性、封闭性的乡村社会结构逐步被打破，乡村社区的边界越来越模糊，乡村社会横向之间的流动及城乡之间的流动日益加快。农民的从业方式、职业身份都在发生变化，生产、生活方式更加现代化，个体的独立性、自我支配性增强。总体上来看，乡村社会正经历着从传统农业社会向现代工业社会的转型。[②]然而，在转变社会中，当代农村基层治理仍然沿用传统的思路与方法，无法适应现代乡村社会发展的需求。

一、政府职能转型之尴尬

如果说中华人民共和国成立后的40年是我国巩固政权并以国家全面控制社会的方式向现代化迈进的发展时期，那么改革开放之后的40年则是国家放权到社会，并与社会共同合作治理迈向现代化的新时期。不过在税费时代，基层政府仍然重视管理职能，在社会的分化转型中，以传统的管理方式维护社会稳定是基层政府运行的主要行为逻辑，诸多学者称其为“不出事逻辑”。与此同时，如何从乡村社会提取充足的资源是其重要任务，因此这个时期政府对乡村社会的管控性特征较为明显。税费时代终结后，基层政府面临着日

① 代俊兰、李合堂：《中国农民精神生活质量述论》，《云南社会科学》2007年第6期。

② 李增元、葛云霞：《集体产权与封闭乡村社会结构：社会流动背景下的乡村社区治理——基于温州的调查分析》，《甘肃行政学院学报》2014年第3期。

“管制型政府”到“服务型政府”的转型。然而，基于思想转变滞后，人力、物力、财力有限等原因，基层政府在实践中呈现“悬浮”状态，与乡村社会脱节。

不过，乡村社会的发展并没有因为政府职能转变的滞后而止步不前。在工业化、城镇化、市场化的推动下，乡村社会的秩序分化、结构转型，以一种全新的形态展现出来。乡村社会的现代化发展对地方政府管理与服务提出了更高的要求，倒逼着政府改革，强化管理与服务能力，适应现代乡村社会开放、流动和结构分化的新要求。在此基础上，国家提出了统筹城乡发展、实现城乡基本公共服务均等化的战略要求，并通过新农村建设运动构建新型农村生活共同体，重塑乡村社会。然而新时期的乡村社会重建必须实现政府思维的转换，以强化服务、满足民众的现实需求来提升社会管理水平。制度化、民主化、科学化及以民为本是新时期乡村治理的重要要求，这不仅要求政府运行要调整理念，还应在现代社会发展要求下不断进行治理方式创新，构建“有限主导—合作共治”模式。“有限主导”主要是指乡村治理不应完全摆脱政府，应在政府宏观指导下进行，保证国家权威在乡村社会的主导地位；“合作共治”则是指多元主体相互合作，共同推进农村地区经济社会发展。①不过，从现实来看，基于各种因素考虑，基层政府在治理转型中具有明显的利益偏好，更加注重经济效益而非社会效益，更加注重社会稳定而非引导乡村社会力量发展壮大，更加注重管理而非服务。滞后的治理逻辑无法适应乡村现代化的发展要求，难以通过与乡村社会的互动合作解决现实问题，反而引发多重矛盾与冲突。

二、内在体制机制之弊端

基层治理的困境不仅体现在政府治理层面，还体现在基层社会内在治理体制机制方面。改革开放后，国家明确提出实现村集体经济与村庄社区的分离。然而，为了便于管理，节省成本，为村民自治制度的有序运行提供经济基础，各地在实践中基本上实行村委会与村集体经济组织合二为一的“村社一体化”运作模式。作为村庄的“政权核心”，村委会直接掌握着集体经济利益的分配权，村级治理成为不同派系明争暗斗的场所。与此同时，“在‘村社

① 于水、杨萍：《“有限主导—合作共治”：未来农村社会治理模式的构想》，《江海学刊》2013 年第 3 期。

一体’条件下，人们习惯用集体经济的积累来办理村级公益事业，以及本应由国家承担的社会管理和公共服务，集体经济组织被动地承担了大量的社会负担，政治原则取代了经济原则，村集体经济受到政治的干扰，承担着过多的社会管理和服务职能，失去稳定性和竞争力”。在“政社合一”背景下，村委会的成员也是村集体经济组织的当然成员，可以无偿分享集体的产权和利益，造成诸多的矛盾和冲突。如果只要是集体成员都有权无偿获得一份土地，将会造成村集体内部永不停息的土地再分，土地承包经营权不能稳定，加剧了村集体的内部矛盾。此外，由于土地不断细分，村民更难以实现农业的规模经营。同时，迁入村集体意味着有权分得土地，造成对原集体村民利益的损害，会遭到村民的抵制。而原村民集体如果离开也意味着土地权益的丧失，因此，他们不会轻易放弃土地。自由流动使农村土地难以充分利用，这也是我国集体经济难以发展的制度性根源。①

在实践中，村集体所有的公共财产，捆绑于政经不分的村级基层管理组织，表面上每一个农民人人有份，但这种占有实际上处于虚化状态，成为农民自由流动的重要束缚。“村社一体、政经不分”，将广大村民村级民主自治权与经济权捆绑在了一起，自治权代行经济权，产权归属不清，广大农民本应该享有的集体经济利益及其他个体合法财产难以得到有效保障。为了有效保护自己的农村经济利益，他们身处异地，游走于城乡之间，离土难以真正离乡。实际上，从治理结构来看，村委会作为一种公权力的行使者，应侧重于对涉及全体社区成员的公共事务的处理，而集体经济组织作为由特定成员组成的经济性质的组织，在市场经济体制下，应该与其他经济社会组织一样，追求经济利益的最大化。有学者对法律规定及现实层面加以深入研究后指出，尽管实践中两者主要以合二为一的形式存在，但由合并走向分离都是两者关系构建中理性的路径选择；并进一步指出，即使村委会有经济管理职能，也应该是宏观的、间接层面的。②

① 项继权、李增：《经社分开、城乡一体与社区融合——温州的社区重建与社会管理创新》，《华中师范大学学报》（人文社科版）2012年第6期。

② 张丽琴：《村委会及集体经济组织关系构建的路径选择》，《安徽农业大学学报》（社会科学版）2017年第6期。

三、乡村治理制度之滞后

现代社会发展和科技进步改变着传统的经济社会结构，开放性、流动性及社会分层已经成为当前农村社会发展的基本趋势。与过去相比，当今广大农民不仅实现了区域上的自由流动，而且职业身份、从业方式、生活方式都在发生显著变化，传统农民的现代市民特征开始呈现出来。长期以来，传统乡村社区的户籍制度、社区组织制度规范、集体产权制度及经济分配方式、农村财产所有权及处置方式等等方面，共同构筑出了一个开放社会中的封闭、排外的乡村社会圈层结构，广大农民被一系列制度嵌入这种特定社会结构中，农民的经济、社会行为及行动自由都受到了较大限制。在开放性、流动性社会发展中，大量农民仍然游走于城市与乡村之间，利益捆绑式的村级治理从根源上限制着个体的自由流动，村民的行动受到集体组织及集体经济的约束。集体组织制度、产权制度、户籍制度等及附着其上的利益关系使广大农民面临“离土难离乡”的尴尬境地，离开集体，各项权利及权益将很难得到保障。农民社员身份与经济组织身份合一，经济组织成员身份固化，广大民众对传统社区具有高度依附性，无法自由流出。

与此同时，乡村社会呈现外在排斥性。社会的开放性与流动性，使大量外来居民逐步进入农村。然而，基于村社合一的社会制度及经济利益连带性，外来人员无法真正融入当地社区。虽然本地人与外来人共同生活在同一乡村社区中，但是乡村社区社会内在呈现圈层社会结构，外来人员所构成的是乡村社区的外部社会圈层。基于社区集体经济利益的排斥性，外来人员被排斥在外部。在共同居住、生活中，外来居民也有自身利益需求，经济利益及公共产品分享机制仅仅局限于村庄社区范围内，外来人员无法进入这种封闭性的福利分享机制，较少地享受到与本地居民同等的服务待遇，参与当地的社区治理的机会不多，各种权利及权益也很难得到有效保障。

基层社会治理的非公平性与非公正性，不断引发各种社会矛盾与冲突，威胁着社区社会秩序的和谐稳定。另外，虽然大部分农民实现了乡村内部的跨界流动或者进入城市地区生活，但是受到集体产权制度及社区组织制度的束缚，他们很难从农村社会结构中脱离出来，城乡二元户籍制度又使他们无法真正融入城市生活，这也是当今乡村社区治理困境的重要表现。

与此同时，在市场经济背景下，农村的各类要素逐步被卷入市场化机制中，然而，集体产权的封闭性、排外性使要素本该具有的能动性及由此产生的经济效益无法发挥出来，变相地剥夺了农民的经济自由及经济权益。总体上来看，建立于村庄之上以集体经济制度、地权制度、财产制度为核心的集体产权制度，以及以集体产权制度为基础围绕农民居住、生活所产生的村庄组织制度、管理制度，无形中构建出了一个封闭的乡村社会结构。在社会日益走向开放与流动中，整个社会结构却内在地呈现某种程度的封闭性及机械团结模式，既阻碍着内部人员的自由流出，也阻滞着外部人员的自由流入，这是当代乡村社区治理面临的最突出的问题。

四、城乡二元分治之模式

自新中国成立后，基于现代化发展的战略选择，城市与乡村社会承担着不同的职能，采用不同的社会治理模式。改革开放后，随着经济体制的转轨，城市单位居民走向社区社会，城市社区成为国家治理城市社会的重要组织载体。在具体的治理实践中，政府将城市社区工作人员的工资、办公经费、办公用房全部纳入公共财政范畴。城市社区治理是以社区地域为基础的治理方式，生活于社区内的居民都被纳入公共服务的范畴。在农村地区，取消农业税之前，农村基层治理成本基本上都由村集体承担。取消农业税之后，基层政府面临着从管制型政府到服务型政府的职能转型。然而，实践中基层政府治理能力不足。新时期推进的乡村社区治理改革，更类似于政府对传统管理单位的调整，将若干个村庄合为一个社区，扩大管理区域，减少管理单位数量。在治理中，政府投入的财力都非常有限，重点依靠中心村投入经费。在实际运转中，大量村干部不仅承担着村庄自我治理事务，同时也承担部分政府公共服务职能，政府的财政补贴较少。与城市基层社区不同，乡村社会仍然是基层治理的重要成本承担者。

值得注意的是，在社会发展的历史进程中，城乡关系是沿着城乡混沌——城乡对立——城乡关联——城乡统筹——城乡融合的历史发展脉络推进的，城乡融合是城乡关系发展的最高目标，更是未来社会发展的基本趋势和特征。[①]随着改革开放的深入推进，城乡社会日益走向一体与融合，城乡社区逐步成为多元身份居民共同居住、生活的社会单元。在城乡社会日益走向

① 薛晴、刘俊英：《马克思主义城乡融合思想与我国省域城乡一体化发展》，《改革与战略》2012年第1期。

融合、一体的背景下，城乡二元社会治理模式却成为城乡社会逐步走向一体与融合的最大障碍，也是当代乡村社区治理的根本困境。

五、基层自治能力之不足

治理的能力及水平直接反映着作为国家治理主体的政府对整个社会的驾驭能力与掌控能力，是国家治理现代化的重要体现。基层社会作为国家治理的重要基础，在国家治理社会中处于基础地位，基层社会治理能力直接反映着一个国家治理社会的整体水平。在转型社会，国家与社会的关系不断调整，国家赋予乡村社会的自主空间日益扩展。与此同时，国家也更加重视对乡村社会的管理，积极推动乡村社会的现代化发展。然而在急剧变化的乡村社会发展中，基层整体治理能力仍显不足。

第一，社会管控能力有限。改革开放后，随着治理体制的调整与转换，乡村社会获得了更大的自主空间，国家也着力通过各种手段去改变传统的乡村社会，乡村城镇化、工业化、市场化及乡村社会建设正是由国家及市场力量共同推动的乡村振兴计划的手段。然而，在振兴过程中，地方政府在各自利益的基础上，功利主义倾向明显，进而引发乡村社会的各种矛盾与冲突。中国社会科学院发布的《2018 年中国社会形势分析与预测》蓝皮书指出，2017 年受国际大环境影响，中国在收入分配、就业等方面面临挑战。群体性事件发生次数、规模加大。很多群体性事件是由征地引起的，且环境污染和劳资纠纷引发的群众性事件约占三成。[①]在乡村社会的各种矛盾中，因基层政府侵占、侵害民众利益的社会矛盾及纠纷不断出现。

当然，乡村社会的矛盾是多元的、复杂的，既体现为乡村社会个体之间、个体与集体之间利益纠纷引发的矛盾，也有因经济发展导致环境破坏而引发的矛盾，更有地方政府侵害老百姓利益而引发的矛盾，还有社会管理不到位引发的矛盾。这些矛盾涉及面较为广泛，影响较为深刻。在新的社会发展环境下，利益成为不同行为主体的重要行为动机，追求利益最大化是每个行为主体的最主要出发点。不同活动领域都涉及相应的私人利益，而往往忽视、侵害他人利益，进而引发各种矛盾纠纷。另外，市场主体在进行市场行为时往往重点追求经济利益而忽视承担社会责任，进而将成本转嫁到民众身上，

① 常红．社会蓝皮书显示我国每年群体性事件达数万起（N）．新浪网，2012-12-18。

严重侵害了老百姓的切身合法利益。基于地方财力的限度，地方政府无法为老百姓提供相应的服务需求，也成为诱发各种社会矛盾纠纷的重要根源。总体上来看，当代乡村社会发展进步中隐含着很多潜在风险，这些风险以各种社会矛盾与问题的形式呈现出来。然而，在社会转型发展中，基层政府驾驭社会的能力有限，还未从根本上改变原来的管理思维，对社会的管控能力十分有限。

第二，基层治理制度供给能力不足。任何一个时代的社会治理都离不开相应的治理制度，治理制度是治理社会的规范与约束，是对社会运行、个体行为的规范性指引。良好的治理制度能够使治理主体与治理对象形成融洽的关系，整个治理呈现和谐发展状态。从宏观上看，在国家治理社会中，大部分治理制度都是自上而下颁布的，治理制度供给状况也反映着国家治理能力及治理水平，是国家治理体系及治理能力现代化的重要体现。在快速的现代化进程中，我国基层政府治理能力呈现弱化状态，“表现为财政危机、政策失灵、权威下降和制度异化，一些制度不适应社会需求，无法有效运转”①。基层治理制度供给能力不足也正是基层社会矛盾频发的重要原因。在现代社会，随着经济社会的不断发展，民众的各种愿望与需求都不断增多，这些愿望与需求需要通过一定的制度化渠道得以表达，然而既有的政策无法为满足民众的利益需求或利益表达提供畅通的渠道，进而造成了地方政府与社会之间的紧张关系。从地方政府实践来看，基层政府的行为方式仍然沿用传统的行政命令式做法，导致少数乡村“附属行政化”及其干部“官僚化”。有的乡镇则不够作为，放任乡村自生自灭，以致部分村庄过度自治，成为独立王国。②在地方实践运行中，地方政府无法为社会运行提供适合的制度保障。如早期的调查显示，当问及“您觉得通过何种制度进行参与可以实现社区有效治理”时，有 358 人选择了民主选举，仅有 78 人选择了民主决策，32 人选择了民主管理，70 人选择了民主监督，2 人选择了其他。总体上来看，民主选举是他们直接行使政治权利的根本体现，而民主决策、民主管理及民主监督等制度大部分被社区管理者把持，普通民众被排斥在制度范围之外。如何从乡村社会现实出发进行有效的制度供给是提升基层社会治理能力的关键所在。

---

① 张静：《基层政府权威重建之关键》，《博览群书》2016 年第 7 期。

② 陈荣卓、唐鸣：《农村基层治理能力与农村民主管理》，《华中师范大学学报（人文社会科学版）》2014 年第 2 期。

第三，回应社会需求及引导社会参与能力不足。政治参与是政治稳定的关键性要素和基础，民众政治参与的扩展一定程度上体现着政治民主化程度。在处于现代化之中的社会里，农村民众开始介入国家政治是政治参与扩大的一个重要节点。[①]自改革开放后，随着民主政治制度的日益健全与完善，民众民主参与的途径日益增多，这不仅体现在广大民众通过民主选举及意愿表达来参与宏观的国家政治生活，而且体现在广大农民更多地参与同自身生产、生活关系日益密切的基层社会治理中，尤其是基层社区治理及乡村社会治理的实践中。浙江温岭创造的“民主恳谈会”正是基层政府积极引导社会参与地方治理，并积极回应社会需求的重要实践形式，其他地区也各自创新形成了很多引导社会力量参与的制度化形式。但是整体上来看，基层政府引导社会参与的能力仍然不足，在治理社会中，更多地采取的是自上而看的治理思维，将基层社会及民众当作被管理的对象，善于运用行政手段进行社会治理，易于从主观意愿角度治理基层社会，对基层社会提出的各种需求缺乏回应的动力，仍然具有很强的人治思维。这又进一步造成了各种矛盾与冲突。其根本原因在于没有积极引导社会力量参与，有序释放社会能量，积极回应社会需求。良好的治理是通过理想的方式，“处理农村基层的国家权力、社会权力以及农民群体个人权利之间关系而形成稳定的管理框架，科学地平衡国家发展、农村进步与个人发展之间的关系，实现农村治理与国家权力控制的良性互动，使基层治理与农村社会活力有效结合起来”[②]，在积极引导社会参与和积极回应社会需求之间架起桥梁，既能够满足民众的需求，也能够在参与中增加社会对政府的信任，提升基层社会的治理能力。

---

① ［美］塞缪尔，亨廷顿：《变革社会中的政治秩序》，李盛平等译，华夏出版社 1988 年版，第 24 页。

② 彭彭：《农村基层治理体系和治理能力现代化发展的价值理念与建构目标》，《湖湘论坛》2015 年第 1 期。

第二章

乡村社区建设的动力机制

社区是社会的基础，也是民众日常生产、生活、社会交往的基础性场所，因此，社区的社会性特征较为明显。与此同时，当社区被纳入国家化轨道后，社区的国家特征也日益体现出来，社区是国家治理基层社会的重要组织载体，只不过在不同的历史时期，国家赋予社区的功能有所不同。在新的历史时期，国家明确提出了将乡村社区打造成新时期的社会生活同体，因此，社区的社会性特征不容置疑。不过，社区还承担着提升农村社会管理与服务能力的重任。在新的历史时期，在对国家政策的积极响应下，各地都对乡村社区进行了重构，重新搭建新载体。从农业为主型地区、非农型地区及工商化程度较高地区来看，各地在基层治理单元重构中也各有特色。

第一节　乡村经济社会发展之转型

传统乡村经济的现代转型发展问题是现代化的重要内容，也是衡量现代社会发展水平的重要维度。自21世纪以来，我国城镇化进程加快，而城镇化是我国农村经济社会发展及转型的根本体现，它“不仅是农村人口向城镇集中，也涉及农民生产和生活方式的转变、农业及农村经济社会结构的变化，以及农村人居空间、生存环境的改变”[①]。在城镇化进程中，整个乡村社会在内外力量的作用下发生质性变革，这种变革在农业型地区、非农型地区及工商化程度比较高的地区呈现一定的差异性。因此，这三类地区面临着不同的农村经济社会发展转型任务，农村新社区建设及治理的背景及动力也具有一定的差异性。

一、资源整合与产业园开发

加快推动乡村传统经济方式变革是以农业为主型地区面临的重要任务。

---

① 宋亚平、项继权：《湖北新型城镇化与治理转型研究》，湖北科学技术出版社2014年版，第2页。

在市场经济发展大潮中，农业为主型地区由于缺乏经济发展的优势资源，不具有后发优势。在新的历史时期，推动农村经济发展是这些地区急需解决的问题。在劳动力广泛自由流动的大背景下，大量农村人口进镇入城；村民外出务工、经商，导致土地抛荒现象时常发生，农村土地耕种对部分农户而言已成副业，有些村民甚至不愿耕种，宁愿撂荒。与此相反，有些农户有种养加工的强烈意愿，想上项目以扩规模，却无法经过调整获得土地。这一矛盾制约了农村经济的发展，迫切要求将分散在一家一户的土地、劳动力、资本等生产要素整合利用，进行规模化、集约化经营。

广西某农业型乡镇有养殖户 2000 余家，但没有一家规模化养殖场；有 4000 余户种植苹果 1.1 万亩，600 余户种植草莓 1000 亩，但仅有种植基地 3 个、龙头农业企业 4 家。这种状况严重制约了农村经济的发展，阻碍了农村现代化进程。在社区建设背景下，通过土地流转，可以将土地、劳动力及资本借助社区平台实现有机整合，既有助于加快农村经济发展转型，也有助于解放农村劳动力，还可以推动农民生活、居住方式向城市化转型。

广西某农业大县，可供利用的资源较少，发展村级集体经济缺乏条件，项目落地难，土地流转空间小，制约农业了规模化发展，产业难以形成规模优势。2011 年，全县村级集体经济收入为零的村有 410 个，占 34.3%；集体积累为零的村有 529 个，占 44.3%。实施社区管理后，不但有效地降低了村级运转成本，而且能够在更大范围内统筹资源、加快发展。该县把产业发展作为乡村社区的基础支撑，把社区建设与现代农业、观光旅游进行通盘考虑、统筹规划，以农业园区、产业基地为载体，一手抓社区、一手抓园区，促进“两区”融合，实现居住向社区集中、产业向园区集中、土地向规模经营集中的理想目标。根据社区区位、资源优势，在搞好社区规划的同时，一并规划农业园区、观光旅游区，积极推进农企对接，引导企业投资社区建设、发展农业基地，农民以土地经营权入股，把流转出的土地组建成合作农场，发展观光旅游，农民获得土地租金、工资报酬和入股分红三块收入，真正从土地上解放出来而变为产业工人，实现企业增效、农民增收和产业发展三者互利共赢。在访谈调研中发现，基层政府十分注重以农村资源整合推动经济发展。由于该县的某镇属于山区，同时也是库区，因此注重生态立镇，不仅发展林果业，同时还强调工业的发展，一个土生土长的农用微耕机的企业其产能达到每年 10 万套。该镇还利用现有的资源优势搞一些规划，拓展旅游项目。总体上来看，当前农业型地区在开展农村新社区建设时，充分利用国家的土地流转、规模化经营、特色产业、休闲旅游等政策，依托社区建设的体制优势，更为注重推动农村经济社会发展转型。

二、促进二、三产业发展

与以农业为主型的地区相比，加快第三产业发展，以工业开发助推农村经济发展是非农型地区的重要任务。对于大部分非农型地区而言，农业已经不再是这些地区的主要产业内容，第二、第三产业及其他特色产业是这些地区发展的重要内容。广西某乡村社区有30余家企业单位，其中有些是规模以上企业，这些企业共为社区带来了800余个就业岗位，年经济总收入达1.9亿元。该地区的社区建设与工业化建设有着重要的内在联系。我们在对该社区的调查访谈中，也明显感觉到该社区建设正是工业化推动的结果。该社区同时还有集体经济、合作社经济及个体经济等，社会经济结构由单一集体经济到多元性质经济并存。

农村社区发展第三产业多元化，统筹城乡产业布局和产业的发展，建立高效的生活服务体系。由于农村社区是通过整合散落的村庄聚在特定地区，所占土地面积小，在此地理劣势下要充分考虑居民生活的多样性特点，居民通过开展餐饮服务业，发展城市近邻休闲型服务，增加田园观光、生态农业体验等多种服务经营项目，这些经营比较具有灵活性，盈利也相对优越的行业，在充分体现地方特色，推进了社区的经济发展，又完善了居民的生活环境。

近几年来，基层政府推进农业与旅游业相结合，打造生态农业与休闲旅游业的完美契合，发展休闲、观光、旅游一体的多功能新型农业产业，发展特色景观农业和精品休闲农业，将农产品转变为旅游商品，扩展了农产品供给方，减少农产品产量囤积的现象，促进居民增收渠道。农业与旅游的结合为传统的农业拓展了新的领域，为农业的发展升级提供了新动力，也在一定程度上解决了基本的三农问题，打破原有农村落后的发展方式，以创新的思维理念打造品牌，随着产业的带动居民的生活水平会不断地提高。

十八届五中全会上，加强生态文明建设首次被列入国家五年规划中；十九大报告中提出，人与自然是生命共同体，我们在创造物质财富和精神财富满足生活需要的同时，必须尊重自然、顺应自然、保护自然。在生态保护上，政府部门从上至下，统一思想，高度重视生态建设，积极传播自然与人相协调发展，做好天然林的保护，大力监管破坏生态的现象发生，打造生态文明社区，提升居民保护生态意识；在环境质量上，政府完善社区环境基础设施，增设垃圾固定排放点，将生活垃圾集中处理，杜绝了垃圾无法分解造成的白色污染现象；定时组织农村社区居民清洁改善社区环境，对农村社区周边的溪流、田野小路进行定期的改善和治理，充分发挥社区管理者作用，引导居民开展环境治理监督机制。

另外，基于每个地区自身的特色，比如地理环境、人文环境，大部分地区也会将其作为自己的特色进行发展，并使其成为当地的特色产业，以旅游业为代表的第三产业便是其中之一。通过加强农村新社区建设，改善农村环境，提升管理与服务水平，可以更好地推进本地区旅游业的发展。

三、产业结构调整与城市化

与农业型及非农型地区相比，加快产业结构调整及实现农村城镇化是工商化地区推动农村新社区建设的重要动力。在研究过程中，我们走访了温州，作为经济发展较快的沿海城市，工业化发展对乡村社会的冲击更为明显。就温州市当前的112个农村集镇（除市区2个镇及4个人口规模在10万人以上的县城外）来看，54%以上的工业分散在农村集镇和村庄中，农村的工业化程度较高，绝大部分农民从业非农化，就从业性质来看，第一产业从业人员仅占32.2%，大量农民已经从农村转出，从事第二、第三产业。温州有外出经商者近300万人，每年新增外出人口10万人。在部分乡镇，几乎所有的青壮年劳力都外出打工。2010年温州人均GDP超过了5000美元，已经达到中等发达国家水平，农业在GDP中仅占3.1%。

从总体上来看，温州市农村经济发展及农民从业方式已经逐步实现了从传统农业社会向现代工业社会的转型。然而，集体产权制度、户籍制、村庄组织制度，严重制约着他们从农村向城镇的转移。在现实中，农民离开农村和农业，不再享有集体经济、土地使用等方面的各种权益，离开农村和农业的农民“弃土”动力不足，“两栖”现象较为普遍。另外，广大农民虽然可以自由进入城镇地区打工，但是与城市居民在待遇、权利保障等方面有较大的差距，是名副其实的城市边缘人。因此，如何将2/3以上的农业户籍人口向城镇转移，向二、三产业转移，并彻底脱离与农业、农村的关系，是温州市面临的紧迫任务。与此同时，在开放与流动中，温州农村成为大量外来人口的集聚地，外来居民虽然生活于乡村社会，却难以真正融入当地社会，无法参与当地的社区公共治理，无法享受到国家提供的合作医疗、社会保险等基本公共服务待遇，生存与发展机会不足。如何适应现代经济社会发展要求对乡村社会进行改革与治理重构，是温州市推进农村新社区建设的重要背景与动力所在。

第二节　乡村社会治理之推动创新

转变社会中的乡村社会具有传统社会的某些特征，又与现代市场经济紧密联系。在城镇化推动下，民众的利益需求也呈现多样性、层次性发展趋势，因利益引发的社会矛盾层出不穷。另外，随着社会的发展，改革开放以来积累的各种社会矛盾及社会发展中出现的各种矛盾，也导致农村社会管理面临诸多新挑战。如何创新农村社会治理，推动基层社会建设，成为当前基层治理改革需要解决的问题。对于不同的地区，社会治理创新各有侧重。

一、降低上访率并增强管理和服务水平

农业为主型地区有其特殊的地理和资源环境，在长期的传统农业发展中也形成了诸多特定的现实矛盾与问题，特别是在现代化快速发展进程中，广大农民的需求日益增多，由于缺乏相应的资源条件，地方政府治理基层社会的能力及资源不足。借助国家推进的农村新社区建设解决这些问题，为地方政府提供了重要动力。

（一）降低上访率

在现实的农村基层治理实践中，基于各种原因，一些地区的村民自治权最终集中到了少数势力比较强的家族手里，或者集中到了村党支部书记或村委会主任手里，村民自治演化为有利益需求的少数人或单个人的“能人治村”。与此同时，各种乡村社会黑恶势力及乡村混混也进入基层治理体制内，试图获取相应的利益，乡村社会治理呈现黑化现象。这些黑恶势力侵蚀和控制村民自治，导致村民本应该享有的各种经济社会利益遭到了严重侵害。同时，村干部违法乱纪屡禁不止，农村基层干部贪污腐败及民众利益受损在贫

困农村地区也较为突出。因此，农村新社区建设的重要初衷在于通过社区建设，削弱村干部权力，消除宗族势力在村庄治理中的影响，防止贪污腐败，保障农民的合法权利及利益，维护社会和谐稳定。

通过社区建设，权力“上提”与“下放”相结合，将村干部原先在村里的权力上提到社区，一定程度上削弱村干部的权力。把村级权力收到社区，强化了对村级工作的全程监督，解决了农村干部“本土化”带来的利益纠缠不清的弊端，强化了农村干部干事责任，弱化了管事权力，从源头上减少了不稳定因素。

另外，大部分农业型地区经济基础比较薄弱，农民收入水平有限，大量农民外流，村干部人才不足，农村基层管理缺乏能人。通过撤村建社区，实现社区内人才资源的整合，从社区所辖的村庄范围内选拔优秀人员担任社区居委会干部，拓展了用人渠道。社区干部不能干涉社区下辖村庄的集体经济利益，不能干涉村庄财务，专心从事社区的管理与服务工作，既能够打破村庄无人治理的困局，也能够消除村庄治理中的宗族、家族势力之争。同时，通过社区平台建设，也能够将政府行政管理延伸进社区，强化对社区基层干部的管理与监督，维护社会和谐稳定。

（二）整合下乡资源，改善服务状况

自 21 世纪以来，与广大农民日常生产、生活紧密相关的各种利益需求增多，对农业地区来说，地方税基薄弱，地方政府财力有限，难以拿出足够的资金用于农村建设，需要充分整合利用各种资源，发挥规模效益。同时，一些失业、离退休返乡人员和到农村创业的城镇居民、融入农村的外来流动人口，致使农村的社会结构、人员成分等都发生了深刻变化。随着新农村建设的推进，许多惠农政策、公共投资向农村倾斜，如果不适当整合村庄，调整人口规模，势必造成公共资源的分散和浪费，也造成公共服务的不均衡。另外，以村为单位，公共服务设施难以推进，政府钱少，每个村都建个学校、医院，不现实。因此，应将七八个村组成一个社区，政府统筹考虑，推出便民服务措施，特别是公共服务借助社区平台延伸进乡村社会。

在实践中，对于农业人口多、土地贫瘠、资源短缺的农业地区来说，借助农村新社区建设，能够整合各种资源解决农村管理与服务落后的问题，也能够促进社区治理的公正性。调查中发现，成立社区后，每位社区村委会干

部分工明确，根据分工统管社区所辖所有村庄某一方面的事务，村干部之间相互监督，避免了原来社区建设之前本村干部管理村庄事务中的不公正行为。

二、改变传统村庄治理方式

与农业型地区相比，非农型地区虽然经济社会发展已经有了很大进步，但是基层治理方式仍然比较落后。推动基层治理方式转型，实现城乡一体化发展是这些地区亟需解决的问题。从当前来看，在现有治理模式下，村委会通过对辖区内村民的管理来完成对村庄的治理，是乡村自我治理的权威主体，广大农民的自我管理、自我教育、自我服务多建立在集体土地产权基础上。随着市场经济发展和农村改革深化，乡村由封闭走向开放和流动，越来越多的农村“集体人”和“单位人”身份逐步向“社会人”身份转变，越来越多的乡村社区涌来了“外地人”或“新居民”。原有的集体化和集中化的生产、生活共同体已经改变；农民从集体获得资源减少，农民的集体意识弱化；市场经济进入乡村，引发村民在身份、利益诉求等方面进一步分化；同质性的社会和社区日趋多样化和异质化。[①] 基于村庄集体经济建立起来的村社不分、组织封闭和城乡分割的村级组织、管理、服务、控制和整合机制，不仅阻碍了农村人口和资源的流动和城乡一体化，也难以实施有效的社会管理，无力为全体居民提供均等化的服务，衍生出诸多的社会矛盾和冲突。基于村集体和家族血缘关系的认同也不断弱化，村庄日益失去凝聚力。如何实现农村基层管理、服务的现代转型，促进社会融合，成为当前亟待解决的问题。

新形势下，村民外出务工、经商和留守的老弱病残情况较多，农村土地耕种对部分农户已成为负担，有地不愿种，而有种植项目、有资金的农户却由于缺乏土地无法扩大规模，严重制约了农村经济的发展，迫切要求在社区范围内促使分散在一家一户的土地、劳动力、资本等生产要素整合利用，进行规模化、集约化经营。同时，该镇地处城郊接合部，项目招引和园地建设需要大量的集中连片土地，分散的村庄居住点成为障碍，不利于企业的做大和园区的集中建设，且为日后企业和居民区混杂布局埋下了矛盾隐患。总体上来看，破除封闭乡村治理体系，构建新型现代化治理体系，提升农村社会

① 项继权：《中国乡村社区及共同体的转型与重建》，《华中师范大学学报（人文社会科学版）》2009 年第 3 期。

管理与服务能力，并统筹乡村社会土地、资产等各种资源的有效利用，是现代社会发展的根本要求。

三、化解农村矛盾并实现农民市民化

对于工商化程度比较高的农村地区，在市场化、工业化推动下，农村产业结构得到了较大程度的调整，广大农民逐步实现了从业方式及职业身份的转换，农村的外在面貌也发生了一定的变化。但是，总体上来看，这些地区的经济发展速度与水平远远高于基层社会治理水平。化解农村矛盾、实现农民市民化是工商化程度比较高的地区推进农村新社区建设及治理改革的重要背景，也是需要解决的重要问题。

（一）化解农村社会矛盾

改革开放后，在农村基层治理中，我国实行的是政经合一体制。这一体制一定程度上为村庄社会治理提供了相应的经济基础，但同时，也造成村“两委”控制村庄各种经济资源，滋生腐败，村干部成员也容易争权夺利、以权谋私。村社一体、政经不分，经济利益关系复杂，村庄社区治理成为各种势力较量的场所，因涉及村庄公共建设所开展的拆迁土地征用等，所引发的矛盾也更为严重。温州市永嘉县10名村干部瓜分价值18亿元的316套安置房，曾经成为新中国成立以来村级干部集体贪污的第一大案。

对温州市鹿城区的调查显示，有28.7%的村民指出，在涉及征地补偿、宅基地批复、修路等村庄公共事务时，只有很少部分通过村民代表会议讨论，23.9%的村民指出村里的重要公共事务处理并不经过村民开会决定，基本上都是村干部说了算。在村级事务决定中，民主决策很少开展，有63.7%的村民并没有参加过任何形式的村民大会，参加过三次以上的也仅占14.3%。①

温州发展事实上面临双重困难：一方面，传统体制阻碍了城乡之间、地区之间及农村内部人口、土地和其他资源要素的自由流动，严重制约经济和社会发展；另一方面，城乡开通、社会开放及不断增加的人口、土地和资源流动对现存的社会组织、管理和服务体制造成巨大冲击，现存体制日益失去对社会的有效组织、管理、服务和调控能力。温州发展也因此面临改革和宣

① 张鸣：《我国基层民主决策中的问题和对策——以温州市鹿城区为例》，《法制与社会》2010年第23期。

建的双重任务：一方面，必须进一步深化改革，破除一切制约生产要素和社会自由流动的制度障碍，解放生产力，释放社会活力；另一方面，必须加快构建与开放流动和市场经济发展相适应的更有包容性、更富弹性、更加公平和更有效率的新型社会组织、管理和服务体制。也正因如此，温州市委、市政府下决心推进城乡统筹综合改革，一方面，大力推进产权、金融和市场要素改革，进一步完善市场经济体制；另一方面，大力推进政府体制和社会管理体制改革，着力破除城乡二元体制，推动政府治理转型、基层治理体系重建和社会管理体制创新。正是基于上述诸多现实原因，在新时期，温州市积极推进农村新社区建设及治理实践改革。

（二）农村工商化中实现农民市民化

改革开放后，计划经济被市场经济替代，但是由于农村经济发展基础薄弱，农村各地经济发展呈现严重的不平衡性。在基层社会管理与服务中，各级政府向基层社会投放的资源相对有限，农村社会服务能力有待提高，即使较为发达的沿海地区也是如此。以温州为例，改革开放前，温州经济社会发展缓慢，是当时中国最为贫穷落后的地区之一。改革开放 40 年来，温州人民摆脱贫困，实现了总体小康。自改革开放后，温州市抓住经济发展机遇积极探索，取得了辉煌的成绩。

不过，改革开放以来，温州经济社会发展走的是一条城市包围农村的发展道路，土地被城市化，生活还是纯农村化，出现了“城市欧洲化、农村非洲化”的现象，温州农村大部分是城中村、城边村、城郊村，城市化不彻底。温州市民政局的统计显示，全市共有5406个建制村，其中空壳村占一半以上。小且散的村居结构增加了公共管理的难度，也提高了公共服务的供给成本，对城乡公共服务均等化形成了障碍；温州行政村的多、小、散问题严重制约温州农村经济社会发展，严重阻碍温州城乡统筹改革发展。由于农村城乡人口和资源不能自由流动，大量的人口滞留于农村，加剧了农村人口、资源和社会矛盾，也带来诸多的发展和管理难题。全市 80% 以上的农村劳动力虽然主要从事非农产业，但还是“离乡不离土”，有非农的生产方式，户籍身份还是农民，生活方式还处在农村层面，造成大量农民的生产方式与生活方式严重背离；长期重城轻乡的财政投入和公共服务体制，导致农村公共服务严重不足。城乡公共服务水平严重失衡，也造成城乡社会的分裂；大量的人口游走甚至游离于城乡；给城乡社会管理带来极大困难。不仅大量的本籍非农人口和离乡农民不能融入城市，不能享有平等的市民待遇，温州有近300万的外来人口也难以落户温州，难以享受与温州本地人相同的待遇，造成严重的身份歧视和不平等，也为社会冲突的发生和矛盾的激化埋下了种子。

总体上来看，基于温州的特殊地理位置、资源特征及政策制度，温州市的社会发展滞后于经济发展，城乡社会发展差距较大，农村社会管理与服务水平较大程度上落后于城市社会发展水平，城乡基本公共服务之间的差距较大，如何在农村工商化中推动农民的市民化，成为推动温州市进行农村新社区建设及治理改革的重要动力与基础。

第三节　城乡一体化建设之实践

新型城镇化建设已经成为助推我国农村现代化发展的重要动力，也是我国农村社会转型发展的必然出路，对实现城乡一体化发展与推动城乡社会融合都具有重要的战略意义。由于我国农村社会基础不同，各地经济社会转型发展进程及方式不同，我国城镇化发展水平也呈现较大的差异性。城镇化不可能实现全部农民向城市转移，实现就地城镇化已经成为当前城镇化发展阶段真正改变农村社会发展面貌及发展质量的重要方式。农业为主型地区、非农型地区及工商化程度较高地区的发展阶段不同，基础不同，就地城镇化的侧重点也呈现一定的差异性。

一、改善生产条件与生活环境

从广大农民日常生产与生活的切身利益角度出发，改善他们的基础性生存发展条件，是农业为主型地区就地城镇化的重要内容，也是农村新社区建设的重要推力。在税费时代，农村负担过重，乡村经济基础薄弱，农民生产及生活条件一般。农业地区经济社会发展水平较为落后，严重制约着民众的日常生产与生活。另外，由于地方财力及农村经济发展条件有限，为改善农民生产、生活条件投入的财力相对较少，农民的生产、生活条件较差，为寻求更好的生活质量、寻找更好的工作，大量农民外流。

正是在此背景下，大部分农业地区抓住国家推动农村新社区建设及治理改革的机遇，改善农民生产条件与生活环境。在一些农业县，近年来，尽管付出了大量精力，做了很多工作，但成效并不理想，全县农村面貌总体上没有发生根本性的变化。主要表现在：行政村数量虽多，但多数村经济实力薄弱；投入农村的资金虽多，但单村受益少，农村发展缓慢；农村干部虽多，但“三高、三强”型人才少。村级班子战斗力普遍不强。当前，城镇化已是大势所趋，不改变以行政村为单元的管理体制，延续村与村各自为战、资源分散的格局，不仅农村改革发展难有大的成效，城镇化的推进也会受到影响。要想改变这种落后的面貌，加快推动城镇化建设，通过改善农民的生产、生活与居住环境，实现农村“就地城镇化”“单元城镇化”是其重要出路。随着农村劳动力的流失，农村有很多空闲土地，没有多少人住了，也没有人提供服务。通过社区建设，在社区中心村集中投放公共管理与公共服务资源，将来在乡村居住的留守人员集中向社区居住，就可以解决将来农村面临的养老、教育教学这些问题，改善农民居住环境。

二、推动城市之扩容改造

自 21 世纪以来，我国已经进入了快速城镇化发展新时期，随着大量农村人口流入城市地区，大城市及中等城市数量迅速扩展，城市扩张成为新时期城镇发展的新动向，城市地域范围及人口范围都在扩展，越来越多的城郊村或城中村被纳入城市核心区域，城市基础设施建设不断推进。在新的历史时期，城市建设及工业开发不断推动着乡村社会的现代化发展。

从当前来看，对于大部分靠近城镇的非农型农村地区，村庄的社区化建设与城市建设及工业开发有着密切的联系。自 21 世纪以来，着眼于建设国际水准的滨海城市和富有特色的精品城市，日照市坚持用高水平规划引领、指导旧城改造建设，进一步优化城市空间布局。坚持以项目为抓手推动旧城改造建设，突出抓好三类项目：一是彰显城市特色的精品项目，建成一批能够展现滨海城市形象的精品工程；二是提升城市功能的基础项目，提升城市服务水平；三是实施便民惠民的服务项目。日照市北京路街道车家村正是在城镇化背景下逐步实现从村庄到社区的转变。日照车家村作为一个城中村，总户数 164 户，人口 459 人，正是在城市建设的有力推动下，成为经济开发区唯一一个“省级精神文明村”“省级卫生村”，结合城市发展及日照公共基础设施建设中的土地征用，推动村庄转型，实现了村居环境与条件的改善，与几年前不同的是，在现在的车家村，将近一半的村民住进了统一规划的小别墅。另外，车家村利用政府政策投资建设了57亩园区，园区现一年收入120多万元，同时充分利用地理优势，建立了租赁厂房及休闲垂钓山庄，不仅增加了社区的集体经济收入，也改善了民众的生活水平与生活质量，推动了整个村庄的社区化转型。

三、改变滞后的城镇体系

与农业为主型、非农型地区相比，工商化程度比较高的地区的农村经济社会虽然实现了较大的转型，基层组织体系却成为经济社会深入发展的重要阻滞，改变僵化、滞后的城镇体系就成为该地区城镇化建设的重要动力机制。截至2017年，温州全市乡镇总人口为641万人，平均每个乡镇仅有2.45万人，乡镇人口数量悬殊，人口最多的龙港镇有24.45万人，人口较少的平阳县南麂镇有0.24万人，人口最少的文成县下垟乡仅有0.17万人。另外，人口在10万人以上的乡镇只有7个，人口在5万~10万人的乡镇有16个，人口在3万~5万人的乡镇有32个，人口在2万~3万人的乡镇有50个。然而，人口在1万~2万人的乡镇却有77个，占全30.53%。如泰顺县黄桥乡仅下辖黄桥村一个行政村，常住人口有700多人，是名副其实的“麻雀乡”。500人以下的行政村占总行政村数的40.5%，人口分布较散，功能集聚不足，基础设施落后，温州市乡镇平均面积、平均人口普遍低于浙江全省水平。但是，作为一级政府，无论乡镇规模有多小，财税、工商、公安、城建、土地、规划、房管等部门的“七所八所”一应俱全，每个乡镇都有学校、卫生院等机构，这就造成了大量资源的闲置浪费，无法实现资源的合理配置，不能真正满足基层社会发展需求。[①] 乡镇间规模差异巨大，一边是30多万人口的特大镇，发展空间不足，管理跟不上，“小马拉大车”；另一边是大部分乡镇规模偏小，人口不多，人气不旺，生产难以发展。以各县（市）规模排名前三和后三的乡镇做比较，平均面积相差5倍，平均人口相差13.5倍。这一现象在苍南、平阳、永嘉、瑞安、乐清等平原山区相结合的县（市）尤其突出。随着人口向中心镇不断集聚，小乡将更小，大镇将更大，不仅人口差距将进一步拉大，乡镇间的实力差距也将拉大，经济两极分化不可避免，小乡大镇难

① 参见李增元《分离与融合：转变社会中的农民流动与社区融合——基于温州的实证调查》，博士学位论文，华中师范大学，2013年。

以协调共进。

温州最突出的表现有五种。一是城乡二元结构改革滞后。这一状况导致要素市场化程度不高，没有能够实现要素自由流动，土地、资本和劳动力在城乡之间都有一个体制障碍，影响了资源配置效率，阻碍了生产力发展。二是社会形态低散状况严重。城乡二元结构带来半城市化问题，半城市化导致整个社会资源难以整合形成规模优势。三是社会组织发育不全。企业发展所需要的各类社会组织发育不健全，服务不到位。四是社会服务发展缓慢。社会服务体系不健全，公共品供给不足。五是社会价值多元冲突。民间有强烈的创业冲动，但也存在一些过度的投机逐利行为。这些问题都是社会建设方面存在的突出问题，其深层次原因是体制改革滞后。由于城乡二元治理体制的约束，温州市城乡资源要素难以自由流动和合理配置，人口不能合理集聚，导致城镇化严重滞后于工业化水平。虽然温州的农业仅占 GDP 的 3%，非农产业占 97%，但是其城镇化程度不高。目前温州城镇化率的统计数据为 60.7%，但这一比例是被高估了的，因为大量统计学意义上的城镇人口（比如农民或外来务工人员在城镇居住半年以上便被统计在内），并不是真正的市民。城镇化发展缓慢，最终导致资源、人才、资本等要素缺少集中平台，制约温州经济社会发展。① 基于僵化的城镇发展体系，2012 年，温州市出台了《温州市城市总体规划（2012～2030）纲要。

在新型城镇体系中，温州市采取“1650”结构布局大都市区空间，“1”指的是大都市核心区及其扩展区，即温州中心城区和永嘉原上塘镇，乐清市北白象、柳市，瑞安市塘下等；“6”指的是乐清、瑞安、平阳、苍南、文成、泰顺 6 个副中心区域；“50”指的是除大都市核心区外全市共培育的约 50 个网络化城镇节点，包括新市区和中心镇，如平阳昆阳新市区、苍南灵溪新市区、洞头县大门等。② 其中，“1”和“6”在原有基础上，打破乡镇街道行政区的限制，规划建设大都市的功能区，实施撤乡镇、建街道。调整后，乡镇人口原则上要求达到 3 万人，形成一批对经济社会发展有重大推动作用的都市型功能区和一批区位特色鲜明、社会事业进步、生态环境优良、功能设施完善的区域中心镇，并最终发展成为小城市，有效推动全市城乡一体化和新

① 吴理财、杨桓：《城镇化时代城乡基层治理体系重建——温州模式及其意义》，《华中师范大学学报（人文社会科学版）》2012 年第 6 期。

② 章映．“1650”，全新设计温州大都市（N）．温州日报，2012 年 11 月 6 日。

型城市化进程。在城镇体系重构中，50个中心镇处于大中小城市网络体系中的节点位置。中心镇改革的总体要求是，以要素市场化“三分三改”为核心，以农村经济社会转型发展为目标，把培育发展中心镇作为促进城市化发展的重要战略支点和节点，实施乡镇行政区划调整，促进产业整合提升，深化行政体制改革，建设生产、生活、生态相融合的集聚型中心镇，最终发展成为小城市。在大都市主中心、副中心和功能区范围内，按照公共服务、人口分布、基础设施聚集要求，整合过小乡镇，建立街道；其他地区实施乡镇撤、扩、并。

其中，中心镇发展和改革以做大做强“1”（中心镇建成区）、做精做优“x”（建成区以外的新社区或村居）为要求，每个中心镇制定“1+x”村镇建设规划，优化规划布局。在县级出台实施意见以后，根据镇与镇之间的区位、产业基础、集聚吸引力等差异，每一个中心镇制定包括农用地流转、建设用地流转和农房改造、村集体资产产权制度改革、人口集聚等一套具体操作办法，实行“一镇一策”。每个县、市、区，由其主要领导负责，在一个中心镇组织试点，每个中心镇主要领导负责搞一个新社区试点。中心镇建设“1+X”总体框架，其中“1”就是中心镇，在中心镇建设若干个上规模、高集聚的大社区；“X”就是在中心镇之外，建设“X”个中心村社区，“X”应不大于现有每个乡镇（街道）的行政村个数。同时，统筹安排镇域的资源、人口、产业和公共服务设施布局。

总体上来看，温州市尝试通过构建与现代城市发展相适应的城镇体系，改变传统的基层乡镇低、小、散的状态。同时，通过城镇体系的重新调整，形成一套与现代工业、商业发展相适应的现代城镇体系，在推动农村现代化基础上，引导农民向中心聚集，形成更为紧凑的城镇体系，在优化基层治理体系中提升社会治理能力。对于温州而言，农村新社区建设及治理体系调整是经济社会发展到一定程度的结果，农村新社区是支撑新型城镇体系建设的重要载体与微观基础。

本章小结

在新的历史时期，农村新社区建设及治理改革从形式上来看是由国家主导推动的。然而，基于农村经济社会发展的不平衡性，以及各地在开展农村新社区建设中所面临的环境及基础不同，通过上述比较分析发现，农业型地区、非农型地区以及工商化程度比较高的地区推进农村新社区建设，实施乡村社区治理改革的背景与动力既呈现诸多共性特征，也有诸多差异之处，具体体现在以下几个方面。

一、各种类型乡村社区治理之动力共性

通过对农业型地区、非农型地区以及工商化程度比较高的地区推进农村新社区建设及治理改革的背景和动力机制分析，不难看出，三种类型地区的相同点主要体现为适应新时期城镇化发展的现实要求，推动农村经济发展与产业调整，提升农村社会管理与服务能力，在转型期促进社会和谐稳定发展。具体来说，主要表现在以下三个方面。

第一，提升农村社会管理与服务水平，促进当地新型城镇化建设。自改革开放后，随着经济结构的转换，城市获得了更好的发展机会及发展空间，而对于农村地区来说，改革开放后较长的时间内，农业财政使国家对农村社会仍然采取过度的资源提取方式，这一定程度上增加了农村社会的负担。与此同时，在较长的时间内，国家向农村社会投放的各种资源有限，农村经济社会发展无法获得充足的资源。在后税费时代，无论农业型地区、非农型地区，还是工商化程度比较高的地区，整个乡村社会管理与服务水平普遍不高，原有的相关社会管理体系难以适应现代化发展的要求。与此同时，乡村社会的公共服务欠账太多，民众的服务需求与日俱增，这进一步导致城乡社会之间的差距拉大，不仅脱离了现代民生国家的建设要求，也偏离了党的战略发展目标，进一步影响到国家政权的稳定性。因此，自2006年之后，在新农村建设中，国家提出了农村新社区建设规划，旨在提升农村社会管理与服务水平，这也契合了农村社会发展的现实要求。总体上来看，三类地区都紧紧抓住新型农村新社区建设契机，提升农村社会管理与服务水平，加强乡村社区社会治理，推动当地新型城镇化健康有序地发展。

第二，促进产业结构调整与经济发展，推动传统农村经济转型，提升农民生活质量。农村经济发展状况直接决定广大农民的生活水平，决定民众需求的满足程度。总体上来看，各种利益冲突的产生，其重要原因之一在于利益需求未得到满足，经济利益是其核心所在。从当前来看，很多农业型地区基于传统的农业发展方式无法满足民众切身经济利益需求，乡村经济发展相

对落后，城乡差距不断拉大。在快速的经济社会发展中，乡村社会逐步走向衰败，更多的民众逐步流向发达地区。农业型地区、非农型地区及工商化程度比较高的地区虽然面临的基础与条件不同，但总体上来看，仍然具有诸多共性的农村特质。实现农业现代化经营，结合农村各地资源及区位优势，发展第三产业或特色产业，实现农村工业化发展，推动传统农业发展方式的现代转型，实现农村致富，提高农民收入，是各地开展农村新社区建设共同面临的问题，也是社区建设及治理改革的共同基础与动力所在。

第三，消除基层社会矛盾，促进社会和谐稳定。在社会转型发展中，乡村社会结构及利益格局发生了很大变化。当乡村社会被卷入工业化、市场化、城镇化大潮后，因经济利益、价值观念冲突、社会纠纷、生态环境、产权关系等引发的各种矛盾与问题层出不穷。这些新矛盾涉及主体不断扩展，既涉及村民、村干部，也涉及外来居民、相关企事业单位、不同政府部门，很多矛盾呈现对抗性与冲突性。与此同时，在社会发展中，各种社会建设问题也逐步出现，要解决这些问题，就需要从基层治理体制、社会服务管理方式、价值观念引导、经济社会发展等多个方面入手，而新社区建设正是尝试通过解决这些方面的问题，作为实现社会和谐稳定的重要方式，只不过不同的地区面临的问题侧重点不同，需要解决的具体方面不同而已。

二、不同类型乡村社区治理之动力差异

基于区域性差异及基础、发展路径的不同，三类地区在创建农村新社区社会治理动力及基础方面又存在一些不同点，可以简要地概括为经济基础的差距、各地不同的发展规划以及各地存在的不同的实际问题。具体体现在以下三个方面。

第一，面临的社会背景不同，社区建设及治理改革的逻辑起点也不同。每个地区在当地的经济社会发展过程中都会遇到阻碍或其他不利的因素，如城区快速扩张的同时，城市管理跟不上，或是城镇格局规划不合理，抑或是农村经济发展急需突破瓶颈，各地区都将这些问题的解决纳入社区建设的考量之中。不同的社区建设有不同的社区治理需求，而这些因素的加入，便导致了社区治理的多样性与选择性。农业型地区由于自身经济实力的差异，侧重于从民众利益最急需的居住环境及基础性公共服务做起；非农型地区由于基础条件较好，更侧重于推动城市社区生活、居住的一体化，并重点解决转

移人口的就业及发展等后续问题；工商化程度比较高的地区更多地从推动城乡一体及促进工业化发展角度实施农村新社区建设，围绕当地城镇化与工业化协调发展进行规划及合理布局，实施农村新社区建设。

第二，处于不同的经济社会发展阶段，社区建设的目的各有侧重。三类典型地区处在各自不同的经济发展阶段，而在不同的经济发展阶段，社会生活中的具体社会问题也会存在多样性，并都体现着各自发展阶段的特性。在农村新社区建设的过程中，各地将如何处理各自地区存在的实际问题纳入社区治理模式、治理方式的考量中。农业型地区的实际问题大都与农村生活、农村社会治理有密切联系，如部分乡村社区中存在的村干部以权谋私、权钱交易等损害村民利益的实际问题。在新社区建设过程中，通过采取下派社区干部等方式，促进类似问题的化解。如东港区西部山区由于受地方财政经济实力的限制，只能变通地执行“就地城镇化”，节约农村新社区建设开支。而在非农型地区，城镇化发展较农型地区要早，经济发展带来的新现象、新问题也较多，如城区的扩张、城市的管理等，都需要各地政府抓住农村新社区建设的机会，采取相应的措施促进相关问题的解决。如山海天作为非农型地区，旅游产业是当地重要的经济来源，经济基础较好，地方政府财政实力较为雄厚，因而在社区治理的投资上力度较大。对于工商化程度比较高的地区，则从改变滞后的城镇体系及提升农村社会管理与服务水平入手，将农村新社区作为新型城镇体系的基础载体，以此从各个方面进行农村新社区建设，促进城乡社会的融合。

第三，面临不同的现代化发展阶段与任务，社区建设与“四化建设”协调发展的内容不同。整体上来看，由于我国农村经济社会发展呈现极大的不平衡性，有些地区基于相应的资源及区位优势，同时抓住了国家的改革开放政策，经过几十年的发展，农村经济社会发展已经取得了长远的进步。但是有些地区，除了先天基础优势不足，也没有抓住经济发展机遇，当前处于现代化发展的后进队伍中。在新的历史时期，城镇化、工业化、市场化、农业现代化是农村经济发展面临的现实环境，不同地区开展的农村新社区建设结合的内容不同。对于农业型地区，改变农村经济社会发展的落后局面，实现农村城镇化，必须进行经济改革，而农业现代化建设是改善农村经济发展水平、推动城镇化建设的重要任务，同时以集中居住为基础的社区建设也能够为工业化建设提供更为充足的土地资源。在以农为主的农业型地区，在进行农村新社区建设之后，大量土地出租给了当地企业使用，或是被政府收回进行经营，耕地大量减少，出现大量无地农民，剩余劳动力大量增加，解决就业问题便成为当地社会治理的重中之重。因此，农业型地区在社区建设过程中出现村企联建型社区也就不足为奇了，这可以很好地吸收当地大量的剩余劳动力。而非农型地区的广大农民已经不再以传统的农业作为收入的主要来源，农村生活、居住环境已经有所改善。农村新社区建设更多地与工业化建设、市场化建设与城镇化建设相结合，推动农村经济社会发展整体性转型，缩小与城市的差距，逐步融入城市社会。而工商化程度比较高的地区的农村新社区建设，更多地考虑如何通过社区建设为工业化水平的提高提供更多的开发建设用地，并以工业化推动城镇化发展水平，改善居民生活、提升公共管理与服务水平，推动城乡一体化发展。

第三章

乡村社区治理的组织变革

统筹城乡发展是中央作出的重大战略部署，必然要带来国家管理体制和社会治理方式的一系列变化。农村社会组织的兴起和发展在农村的社会治理发展、演进中正在产生积极的作用。研究和分析我国乡村治理中存在的问题及原因，重视农村社会组织在乡村治理方式变革和完善中的重大意义，采取积极措施扶持农村社会组织发展和推动基层政府职能转变及体制创新，对于改善乡村的社会治理状况和落实城乡一体化发展战略有积极的现实意义。

第一节　乡村社区之党组织与领导主体

“政党是现代化进程的产物。政党在现代化过程中产生，也必然随着现代化的发展而发展。”[①] 从我国农村基层发展历史进程来看，农村基层党组织在农村基层治理中一直处于领导地位。在新的历史时期，随着经济社会的深入发展，党组织运行的内外环境及职能都在发生变化，客观上要求党的领导组织体系的创新与发展。农村新社区建设是新时期党和国家在农村推动的一项新的民生建设、民主建设、社会建设工程，借助乡村社区平台，如何强化党的领导组织体系建设、发挥党的领导作用，事关国家政权的基层稳定性，也直接关系到社区建设的质量与水平。总体上来看，在组织体系创新中，各地的总体做法大同小异，都是以社区为平台构建大党建格局，突出党组织在基层治理中的领导地位，在具体落实上略有差异。

一、融合行政村界党组织

党组织是推动农村新社区建设与发展的核心力量，在农村新社区建设中发挥着不可替代的作用。从实践角度看，农业型地区的农村新社区基层党组织建设，注重打破原来以行政村为单位的党组织设置方式，在社区层面中发

① 王长江：《政党论》，人民出版社 2009 年版，第 284 页。

挥着不可替代的作用。在社区层面设立党总支，社区党总支由所在乡镇街道党委直接领导，是社区内各种组织和各项工作的领导核心，逐步将原来的村庄党组织、新形成的“两委”组织中的党员全部纳入社区党组织体系中来。另外，结合当地经济社会发展的情况，根据产业、功能和特色设置服务型党支部，形成横向到边、纵向到底的社区党组织领导体系，建设融合型党组织。因此，以乡村社区为单位设立党委或党总支，原来乡镇街道以工作片为单位设置的党总支逐渐被社区融合型党组织所替代，配备专职工作人员，建立制度，保证经费，发挥领导核心作用；将层级管理、决策把关、支出审核、公章管理、信访责任、计生服务等各项职责赋予社区党组织，实现了社区党组织工作的全覆盖、实体化；在社区党委或党总支之下，对于传统的管区（片区）型社区，下设党支部。分散居住型社区在原行政村、企事业单位和经济组织等分别设置党支部；合村并居型社区根据需要设置种养业、农民合作社、社会事业发展和调解维稳等服务型党支部，突出基层党组织对社会的整合与覆盖能力。

社区党组织在乡村社区各项工作开展中处于领导核心地位，发挥着“整合资源、凝聚党员、服务群众、促进发展”的功能和政治核心作用。具体职责有以下几方面：贯彻执行党和政府各项重大任务；监督、管理、推进社区重要项目和事务；开展公共服务，发展农村经济社会事业；管理社会组织，引导其发展，保障依法行使权利；做好党务工作，对党员进行管理、教育、服务。从调研情况看，当前农业型乡村社区党支部主要从事社区重大事务的决定及领导工作，不过过渡期完成后，党支部将成为社区群众性自治组织的领导核心，以实现对基层社会的再整合。

在社区党组织的人员构成上，社区党支部书记一般都是由上级政府党委下派的工作人员构成，社区党委成员多为原来各个村庄的村党支部书记及企事业单位党委一把手。行政村撤销后，多数村庄的村委会随之被撤销，村庄党支部仍然保留，是村庄各项经济社会发展事业的领导核心。

总体上来看，农业型乡村社区在党组织体系的建设中，试图将社区范围内的所有党组织都整合进以社区党委、党总支或党支部为核心的党组织体系中，实现党组织政治资源的融合。通过党组织上下级之间的领导关系，优化党员队伍结构及提升党组织在基层社会的领导核心地位，发挥党组织在整合各类经济社会资源以推动农村社会发展方面的作用。不过，由于没有经验借鉴，又要保障基层社会发展的稳定性，社区领导组织体系建设也呈现一定的刚性。社区党组织的行动往往为了突出上级党委的领导作用，加强对基层社会的控制，进而成为党组织建设中的实践者，应避免形成为社区自治的障碍。

二、做好以乡为单位的大党建

随着农村经济社会的发展变化，农村党建工作“必须依托一定的载体，譬如手段载体、阵地载体、活动载体等，农村党建工作创新发展，与时俱进，其所依托的载体也必须创新发展，与时俱进”①。与农业型地区相比，非农型地区的乡村社会呈现某些城市社区特征，这些地区逐步演化成为不同类型民众居住、生活的公共场所，共同体特征较为明显。与此同时，非农型地区也逐步成为各类企业单位入驻的场所。这些新变化都对传统单位化党组织领导体系提出了较大的挑战。构建区域性党组织体系，实现对基层社会的广覆盖，也是新时期非农型地区基层党建的重要内容。在党委、政府的领导下，制定完善社区党组织工作制度、社区党组织工作职责、党组织工作规则、社区党组织生活会制度、党员行为规范、党组织各成员工作职责、党风廉政建设制度、党务公开制度、联系群众制度等，并将各种制度严格落到实处。社区党委党总支是社区各种组织和各项工作的领导核心，在社区各个方面的治理中将发挥重要作用。

在建设新社区时首先成立社区党委，所辖行政村的党支部书记都是社区党委成员，同时社区所辖的事业单位、企业党组织也被纳入社区党组织体系中来，形成大党建格局。墩头社区党委的主要职责体现在对社区经济社会发展各个层面的领导，主要涉及经济合同的签订、变更和解除，各类集体资产的拍卖、发包、租赁和抵押等，土地征用、调整、承包和流转，社区规划建设，发展党员，社区“一事一议”资金收缴及使用，社区各项建设及资金使用、招投标方案（包括农田水利、修路架桥、旧村改造、村村通硬化路、自来水、有线电视、卫生室、学校等公益事业），制定和修改社区居民自治章程、社规民约，社区党委认定的其他重大事项。在农村新社区建设的初期阶段，无论是农业型地区，还是非农型地区，乡村社区党支部都是在上级政府党委的领导下产生的，大部分实行的是任命制，以强化对基层社会治理的绝

① 朱志和：《农村党建工作创新》，江苏人民出版社 2004 年版，第 41 页。

对领导地位。

总体上来看，非农型地区乡村社区党组织体系建设和农业型地区具有相类似的特征，都是在合村建立社区的基础上实现党组织体系的再整合。在社区层面上建立社区党总支或社区党委，由上级党委选派一位乡镇干部挂职任社区党总支或社区党委书记，社区所辖村庄的原党支部书记担任社区党委成员，同时积极引导将驻社区的各类单位的党组织纳入党组织体系来，形成网格化党组织体系，并将原来行政村的党支部转变为党委下的党小组，形成横向到边、纵向到底的党组织领导体系，实现对基层社会的绝对领导与控制。

三、"1+N"型党建组织体系

中国社会结构的深刻变化，对于以传统的单位组织为党的社会根基的中国共产党来说，就面临着如何适应中国社会结构逐渐从单位制结构向社区制结构转化的客观趋势。借助社区平台，将社区内所有的党组织整合进统一的组织体系中，实现党组织的优化与整合，是当代乡村社区党组织建设的重要发展方向。作为经济条件较为发达，工商化程度较高的农村地区，温州市在社区建设中十分注重优化基层党组织体系设置。在社区重建中，温州市结合当地农村结构日益分化、多元主体并存及流动性较大的现实特征，提出了党建社区化思路。所谓"党建社区化"，即"1+N"设置模式，依托农村"转并联"改革，以现有社区为基本党建工作单元，通过调整设置基层组织、统筹管理党员队伍、整合使用党建资源，将区域内农村、社区、非公经济组织、社会组织、机关、学校等各类党组织统一纳入党的工作范围，建立跨系统、跨行业、跨所有制、跨隶属关系的区域性横向联动的基层党组织网络和工作机制。其中"1"为社区党组织，全面负责整个社区党建工作；"N"为隶属于社区党组织管理的单建和联建党组织。其中联建党组织主要负责没有党组织单位的党员发展、教育及服务工作，并发挥党组织"孵化器"和党员队伍"蓄水池"的功能。对社区内未建党组织单位的党员，组织关系统一转到联建党组织。

具体来看，在乡镇党委的领导下，在农村新社区中设立社区党委或党总支，下设若干个所辖村（居）党支部和其他可隶属于社区党组织管理的党支部，对于辖区内设立党支部的两新组织，建立联合党支部。同时，依据属地管理的原则，未建立党组织的两新组织党员由两新组织联合党支部管理。另外，在党组织建设中，逐步形成“关系在单位、活动在区域、奉献双岗位”的党员教育管理方式，逐步实现党组织对乡村社会党员的全覆盖。总体上来看，工商型地区的农村新社区党建，是按照“社区建到哪里，党组织、居委会（管委会）等社区组织就建到哪里”的思路，坚持以党建带群建、以群建促党建，实现城乡社区组织的全覆盖。

对于社区党组织领导班子成员的配备，实行的也是单位代表制。根据辖区内的村（居）、驻区单位和两新组织的党组织数量而定，一般不超过9人，社区内重点村（居）、驻区单位和两新组织党组织负责人一般担任社区党组织委员，组织关系不隶属于社区党组织管理的单位党组织负责人可担任兼职委员。

总体上来看，工商化程度较高的农村地区，在社区建设与发展中也非常注重党组织体系的创新与发展。与其他地区不同，工商化程度较高的农村地区经济结构较为分化，各种经济组织及经济产业蓬勃发展，新出现的各类经济及社会组织中也逐步建立了党组织。在新的发展时期，实现对基层党组织的有效整合是加强党组织的凝聚力与战斗力的重要基础，也是实现区域化党建发展的重要内容。另外，工商化程度较高的农村地区发展更加趋同于城市发展机制，实现城乡一体的党建格局也是这些地区党组织建设的发展方向。

第二节　管理服务组织体系建设

治理能力反映着国家或政府对社会的管控能力，也内在地体现着国家制度供给、政治参与及政治稳定之间的关系。随着社会形势及国家治理任务的变化，提升农村社会管理与服务能力成为当前农村社会治理的核心所在。值得注意的是，提升对基层社会的管理与服务能力，既需要相应的抓手或者载体，同时还需要相应的治理参与人员。从现实来看，农业型、非农型、工商化程度较高地区都非常注重搭建管理与服务组织载体，并强化人员配备，提升管理与服务能力。不过，基于不同地区的基础条件不同，动机目的不同，创新管理服务组织体系的侧重点和做法有所差异。

一、“网格化”管理服务体系建设

改革开放后，农村基层治理进入了“乡政村治”管理时代。在实践中，乡镇与村之间往往还存在一个乡镇政府的派出机关——管区（办事处），农村基层治理在实践中就形成了“乡镇—管区—村庄”三级管理体制。乡政村治时期建立的农村社会管理体制，既保障了国家政权对乡村社会的有效控制，同时又保持了村民自治的空间。改革开放后，随着市场化、工业化、农业现代化不断发展，传统基层治理体系难以适应现代社会发展的需要，新型服务体系已经成为时代发展的必然选择。

在此大背景下，在农村新社区建设中，农业型地区十分注重社区管理与服务体制及体系建设。从山东省日照市新农村新社区建设实践来看，在政府的统一规划下，逐步构建了“天上有眼（数字监控系统）、地上有格（社会管理网格）、中间有网（互联网）”的立体化网络管理与服务平台，建成视频监控系统，全市农村安装视频探头 1.8 万余个，58 个农村派出所全部新建或升级完成监控平台。按照城乡一体、整体覆盖的要求，综合考虑“地、物、情、事、组织”等因素，积极构建“社区—村居—村民小组”三级网格化组织，各级网格配备专兼职相结合的网格员，并建立完善分析研判、上报反馈、定岗定责等 10 项制度，实现了“网中民情全覆盖、格上服务零距离、重点人群全掌握”。53 个乡镇街道、239 个社区先后建成社会管理综合信息平台，通过基础信息、事件处理、绩效考核、应急处置等模块管理，提高农村社会管理的预警性、主动性和协同性。

以管理网格为基础的社区网格化管理体系创新，是农业型地区乡村社区管理服务建设的一大特色。其做法是建立新社区后，逐步取消原来的行政村庄，将社区所辖范围内的原来所有的村庄划分为多个村民小组，在此基础上再将一定数量的农户划到一个网格，实行精细化管理与服务。山东省日照市东港区西湖镇小花社区覆盖小花崖、竖旗岭、韩家沟、小岭村、花园村 5 个自然村，共 2573 户、7061 口人。在社区建设中，按照“地缘相近、规模适度、群众认同”原则，采用“多村一社区”模式，将 5 个自然村作为一个社会管理单元开展管理和服务，推行“百户联网”网格化管理办法。每个网格设立 1 名网格长，网格长由各村的村“两委”成员、会计、计生主任兼任，网格长人员不足的，从原村民小组长或党小组长中择优选用，并给予适当的工作报酬。网格长接受所在社区“两委”的直接领导，构建起横向到边、纵向到底；配套联动、疏而不漏的“三级联动”管理模式，实现“小事不出网格、大事不出社区”的管理目标。社区网格化治理体系的构建，可以将社区管理服务延伸到社区的每一个“神经末梢”，最大程度上方便了社区村民的生产与生活。在社区管理与服务人员配备上，东港区通过招聘专职工作人员、下派机关干部、村干部轮流值班等方式，每个社区有固定工作人员3~6名。总体来看，日照市各县（区）乡村社区人员配备专兼职人员较少，在当前主推的“多村一社区”社区建设模式中，服务人口较多，社区人员配备就显得较为单薄。

总体上来看，社区化管理服务体制的转型、网格化管理机制的创新改变了过去基层治理中重管理轻服务的职能定位，不仅推动了管理理念的变革，而且结合社区服务中心建设及服务职能下乡，逐步构筑起了横向到边、纵向到底的服务管理体系，提升了对基层民众的管理与服务能力。当然，由于农村新社区建设及治理改革仍然处于不断探索与发展阶段，社区化管理体制及网格化，管理机制在实践中还需要不断完善与发展。

二、“混合型”管理服务体系建设

从现实来看，以新社区为载体的“社区化治理”是当代农村基层治理的发展方向，实现基层治理体系、治理制度、治理机制的创新与完善，正是实现乡村治理体系与治理能力现代化的过程，亦是国家治理体系和治理能力现代化在乡村基层治理中的直接体现。在开放、流动的社会中，创新政府与社区自治组织的管理服务体系，是乡村社会治理的核心内容。如有的社区在社区服务中心建设中设置了“一办五中心”，即综合办公室、经济发展服务中心、社会事务服务中心、财政经管服务中心、综治维稳服务中心、计划生育服务中心，下派政府服务人员，将街道的惠农资金发放、财务管理审计、公章监管、计划生育、社会救助、五保供养、老年证、残疾证、宅基地等初审权下放到社区，将村级组织的育龄妇女台账管理、村级重大事项、宅基地规划、行政村合同管理、发展党员等职责上提到社区。与此同时，社区十分注重自我管理与服务体系建设。墩头社区在成立社区村委会的同时，配套健全了下属组织，推选产生社区村民代表108名、村民监督委员会9名，负责社区的决策把关、监督；划分了36个村民小组，作为社区自我管理与服务网格，以小组为基本单元实施网格管理服务；成立了9个经济合作社，负责管理原行政村的资产、资源、资金。为方便社区居民办事，非农型地区的社区也实行定期坐班制，由政府下派人员、外聘服务人员及原社区村干部共同组织社区办事人员轮流坐班，为社区居民提供基本公共服务。

非农型地区的乡村社区还组建了诸如治安联防协会、卫生保洁中心、文化艺术中心、计生协会、调解中心、日间照料中心、法律援助中心、慈善救助中心、便民服务社、经济技术协会等组织，充分发挥其承接社区服务、参与社区治理、促进社区发展的作用，为乡村社区发展奠定社会基础。

在社区人员的配备上，非农型地区主要采取乡镇下派、村干部兼任、公开招聘、公益性岗位开发、高校毕业生社区就业等方式，配备专职工作人员1800多人，保证乡村社区有人办事。其中，东港区通过招聘专职工作人员、下派机关干部、村干部轮流值班等方式，每个社区有固定工作人员3～6名，其中招聘社区专职工作人员27名，并根据农村生活生产实际，实行错时工作制、预约服务制、上门服务制等，满足了群众需求。

总体上来看，非农型地区的乡村社区管理服务体系创新，首先突出了以社区服务中心为基础的基本公共服务组织体系建设，强化阵地建设，实现政府工作人员及办事机构下沉，侧重公共管理与服务。同时积极发挥各类民间社会组织及群团组织的作用，积极引导它们参与到社区各个方面的建设中来，注重多主体参与的管理与服务组织体系建设，以管理与服务维护基层社会的和谐稳定发展。

三、“交叉型”管理服务体系建设

社会管理及其价值目标的实现是一个复杂的系统性过程，仅凭一方力量难以实现，需要多元力量相互合作。[①]在当代乡村社区治理改革中，对于工商化程度比较高的地区，经济发展水平较高，民众的需求内容及需求层次也较高，这些都客观上推动着政府服务能力及服务机制的转型。基于民众服务需求的扩展，温州市在农村新社区建设中基本建构起社区公共服务、志愿互助服务、社会化服务相衔接的社区服务组织体系。

在社区公共服务体系建设中，乡镇便民服务中心是温州市开展乡村社区公共服务的重要载体。自2008年开始，温州市就开始在全市展开试点，建设乡镇便民服务中心，强化政府公共服务职能，将多个职能部门合并成立一站式服务大厅，大大简化了办理程序。社区便民服务中心是政府下沉乡村社会

---

① 张继良：《多元共治、政社互动的法治化社会管理》，《当代世界与社会主义》2013年第6期

的公共服务机构，方便为民众提供服务，也是当前工商化程度比较高的地区进行农村新社区建设的关键所在。

在社区便民服务中心建设方面，一般都设有与民众利益需求密切相关的职能部门，如平阳县在乡村社区服务中心设立警务室、综合治理办公室、社会事务站、卫生（计生）服务站等服务站所；集中为社区居民开展社会治安、社区矫正、公共卫生、计划生育、优抚救济、社区教育、劳动就业、社会保障、医疗保险 9 大类 37 项服务项目。又如，龙湾区在农村新社区建设中规定，农村新社区中心用房不得少于 350 平方米，规模在 2000 户以上的社区要按照每百户 20 平方米的要求配置，一般设置社区“五大服务中心”，即便民服务中心、养老服务中心、计卫服务中心、文体服务中心、社会管理服务中心（含警务室）。社区综合服务中心下设便民服务、综治服务、文化活动、党员服务和信息建设 5 大功能型服务中心。

温州市在乡村社区服务组织体系建设中，不仅加强社区服务中心建设，还注重村级便民服务中心建设。在人口聚集区，建立一站式便民服务大厅，由村干部、大学生村官、专职社区工作人员具体负责工作开展，提供相关服务；在交通不便的地区，为了方便村民办理业务，避免资源浪费，设立简易便民服务点，根据当地条件每周确定若干个半天，统筹安排人员进行值班。便民服务中心（点）建设坚持做到“一个场所、一块牌子、一套制度、一本台账、一部电话、一台电脑、一个公示栏、一名以上代办员、一套办事须知、一张便民服务卡”。社区建设逐步实现功能的合理划分，将一些与群众日常生活密切相关的如计划生育、养老保险、农民建房等服务事项统一纳入便民服务中心办理。

除了加强政府公共服务建设外，温州市在农村新社区建设中还积极推进志愿服务建设。温州市积极推动能够协助政府承担事务性工作，提供公益性服务的生活服务类、社区事务类、文化体育类等各类社区公益性社会组织建设。各类社会组织的工作得到社区党组织与社区居委会（管委会）的积极支持，社区党组织与社区居委会（管委会）负责对各类社会组织进行分类归口管理。积极发挥各类社会组织在引导公众参与社区事务、反映社区居民利益诉求、增强社会活力等方面的作用，逐步形成多元主体协同参与、民众各方面需求得到满足的社区社会组织服务机制。同时，温州市结合组织等级评估制度，建立符合温州实际的社会组织评估体系，实现社会组织优胜劣汰，提高社会组织为农村新社区提供服务的质量。

在注重加强社区公共服务和志愿服务的基础上，温州市还充分发挥农村公共服务的市场化优势，通过优化服务的方式解决民众的自我服务需求。如为应对人口老龄化、高龄化和家庭小型化的发展趋势，温州市实施以家庭为核心，以社区（村）为依托，由公益性组织或中介服务机构向居家服务对象提供以生活照料、家政服务、医疗保健、精神慰藉、文体娱乐等为主要内容的社会化养老服务。社会化养老服务分两种形式：一种是政府购买服务补贴。该形式的补贴主要针对两类对象。第一类是对具有温州市户籍，60周岁以上低保或低保边缘困难家庭中生活不能自理或不能完全自理的老人，每人每月补贴100~200元，其中纳入重度残疾人托（安）养工程计划指标的老人，按现行重度残疾人托（安）养政策对其提供保障。第二类是对具有温州市户籍，80周岁以上独居、纯老家庭或子女无赡养能力（如子女弱智、残疾和低保家庭等）的老人，每人每月补贴80~100元（一、二两类对象不重复享受），服务对象经评估确认按等级补给。100周岁以上老人高龄津贴按现行政策执行。服务对象可向其户籍所在的民政部门或民政授权部门提出申请并经综合评估后，确认为政府购买服务对象。另一种是自费购买服务，对有居家养老服务需求、自愿自费购买服务的服务对象，向社区（村）居家养老服务站提出服务申请，由服务机构指派服务人员提供有偿或低偿服务。[①]由此，形成了对老年人的全方位服务体系。

与此同时，作为工商业较为发达的地区，温州市在开展农村新社区建设中，积极创新社区服务机制，组团式服务机制是其重要创新所在。组团式服务建立在网格化基础上，村（社区）按照人口规模、风俗习惯等划分为若干网格，一个网格有100~150户，有专门的联户党员和服务队员，具体对网格内的居（村）民提供多元化、个性化服务。这种由政府、社区及村组织共同组建服务团队，协同提供服务，整合乡村各种资源建构的乡镇主导、多元参与、协同治理的服务机制，实现了村民自我服务与政府公共服务的有效结合。[②]

各地还积极探索网格化服务机制，如瓯海区岩下社区2800户居民被划分

---

① 《温州市社区（村）居家养老服务标准》，http：//wenku.baidu.com/view/f4de781cb307e87100f6965c.html，2014年12月24日。

② 卢福营：《“协同服务”：农村基层社会管理的创新模式——浙江省舟山市岱西镇调查》，《学习与探索》2012年第1期。

到4个责任网格中，并在这一基础上，将每个责任网格划分成6~7个微格，每个微格再设立2名民情联络员。对应起来，每个民情联络员负责联系30多户居民，26个微格52名民情联络员基本消除了基层管理服务的“空白地带”。这些民情联络员的身份，除了是优秀的党员和村民代表外，更重要的是，他们就是微格内的本地居民，一天24小时，一年365天，他们大部分时间都在微格内，可以时时掌握微格内困难党员和居民的情况，任何矛盾发生后，他们都能第一时间赶到现场，进行调处，在群众与社区党总支、居委会及服务团队中搭起一座无形有爱的连心桥。① 在网格组建过程中，积极下派驻村干部、中层副职和街道其他中坚力量担任社区网格驻格员，形成“驻格员＋社会管理、公共服务队伍”的“1+2”工作模式，促进社会管理与公共服务职能的有效发挥。

总体上来看，工商化地区的乡村社区现代化程度较高，乡村社会发展水平日益与城市社会趋同，民众对各种服务的需求不断提高，地方政府更加重视对基层社会的服务能力建设，逐步构筑起全方位的服务体系，满足广大民众日益增长的物质文化需求，并将外来居民逐步纳入服务对象中来。

第三节　社会自组织体系建设

乡村治理是乡村发展的必由之路，也是村民自治必须面对和解决的重点问题，做好乡村治理工作为村民自治提供建设环境，也为乡村振兴、基层民主提供基础和条件。因此，乡村治理体系的构建和完善决定了乡村社区未来的发展环境和乡村发展的路径选择，有利于乡村实现振兴步伐的加快，但同时也给村民自治的完成带来了新的难题，因此，做好乡村治理体系的构建有利于乡村振兴的发展。社区建设及治理是一个有机的体系，离不开社会力量的积极参与。社区社会组织是社会建设的基本单元与重要依托，只有改变基层政府的观念和制度设计，才能推动社区社会组织内涵式发展成为社会建设的微观主体。② 草根性的社区社会自组织发展、发育程度直接关系到社区是否能够具有生机与活力，是否能够支撑起社会治理的有效基础。在当前由国家发动的乡村社区治理改革中，加强社区自组织体系建设是不同类型地区开展

① 黄忠：《社区“微格”内民情联络员搭起一座连心桥》，《温州日报》2012年6月5日版。

② 焦若水、陈文江：《社区社会组织：社会建设的微观主体》，《科学社会主义》2015年第1期，第90页。

社区建设及治理改革的重要内容。

一、自治性 + 社会性 + 经济性

在新的历史时期，农村新社区建设及治理改革的重要目标之一是强化社会自治能力。从日照市来看，所辖地区都非常注重社区社会组织的培育与建设。对于实行“多村一社区”的，在村庄合并前，在社区层面设立社区管理委员会作为议事协调机构，暂行社区村委会的部分职责，待农村新社区顺利运转后，乡村社区管理委员会被撤销，依法选举产生社区村民委员会。在合村之前，作为议事协调机构，社区管理委员会主任可以由社区党组织负责人兼任，也可以由上级组织委派，其他成员由覆盖村村委会主任担任，具备条件的社区也可以由民主选举产生。社区管理委员会在社区党组织领导下开展工作，主要职责是，宣传党的大政方针，贯彻执行党的方针、路线、政策，依法实行民主选举、民主决策、民主管理和民主监督；召集和主持乡村社区村民（代表）会议，执行会议相关文件规定，完成会议提出的经济社会发展指标；指导村委会开展管理服务村民的各项工作；管理本社区财产；提供公共服务；调整民事纠纷，维护社会稳定；支持和组织村民发展各种形式的合作经济和其他经济，支持服务性、公益性、互助性社会组织依法开展活动，承担本社区生产生活服务和协调工作。主要权利是，对社区村民的教育管理权、对社区公共事务和公益事业的办理权、支持和组织村民发展经济的权利、社区村民（代表）会议决议的执行权、对政府部门和其他组织在社区服务情况的监督权。

对于已经合并村庄的社区直接设立社区村民委员会，中心村辐射型社区设立议事协调委员会，负责社区内重大事务的协调组织和社区自治工作，通过逐步撤并辖区行政村建制等方式依法向社区村民委员会过渡。在乡村社区村委会下设社区议事委员会、治安调解委员会、计划生育委员会等下属专门委员会，增强社区村委会协助基层政府提供公共服务的能力。

对于社区村委会成员的产生，在社区成立初期实行的都是代表制，即将名额分配给每个村庄，让每个村里至少保证有一个代表在社区村委会里担任村委会委员。

除了社区村委会外，诸多农业型乡村社区还建立了其他社会组织。一是建立健全社区群团组织。二是成立社区社会组织，成立社区治安联防协会、卫生保洁中心、便民服务中心、社区计生协会、社区文化艺术中心等社会组

织，同时成立了社区庄户剧团、社区阳光理发志愿者服务队、社区巾帼志愿者服务队、青年志愿者服务队等志愿服务组织，各组织自主开展服务活动，为社区村民提供贴心服务。三是建立自治体系。社区合村后，社区村委会制定完善了社区自治制度，成立社区自治组织；召开会议制定了社区自治章程，建立健全了村民会议制度、村民代表会议制度、社区村委会工作职责、村规民约、村务公开等工作制度；采用户代表推荐的方式产生了社区议事会、监事会、村民组长、村民代表等，并配套村委会下属组织；建立以社区村委会为主体的社区自治体系。村委会成立后，依法选举出了社区议事会、社区监事会、村民组长、村民代表等，成立了计划生育协会、治安联防协会等社会组织。

在建立各种类型的社区社会组织的同时，有些乡村社区还在村庄合并中积极构建新兴经济合作组织，推动集体经济发展。一般地，在撤销行政村村委会成立社区村民委员会后，原行政村村委会行政职能被撤销，根据社区合村原行政村的土地承包关系不变，原行政村的各项承包、租赁合同及合理优惠政策不变，原村级资产、债权债务不变，原村名不变，原行政村村民的福利待遇不变"五不变"原则，依法保障社区各自然村村民合法权益，明晰社区各自然村的资产、资源、资金权属性质。保留原经济管理职能，成立经济合作社。其主要职能在于大力发展农民专业合作社、专业协会等经济组织，社区根据经济发展、产业布局成立相应的经济合作组织，积极开展信息交流、技能培训、技术推广、市场营销等生产经营和服务活动，通过整合资源、创建农产品品牌、发挥各地特色优势、开拓市场等方式，将千家万户的分散经营逐步转移到依靠专业合作组织带动发展上来，壮大集体经济，增加农民收入。

对于农业型地区来说，提升对这些地区的社会管理与服务水平是现代化发展的重要体现，是缩小城乡差距的重要途径。与此同时，社区自我治理水平的提高也是乡村社区治理改革的重要内容，这就需要推动社会建设，并注重引导农村经济发展，通过实现农业现代化发展提升农村经济发展水平，改善农民生活质量。当然，基于农业型地区农村经济社会的薄弱基础，各项工作的开展必然会面临各种问题，乡村社区新型治理组织体制的建设需要经历较长的探索过程。

二、自治性 + 社会公益性

正如彼得·德鲁克所指出的，“我们迫切需要以建立社区为目的的非营利社会部门的快速成长，才能使社区成为新社会环境，也就是都市的主角”①。在城乡社区社会发展中，引导社区社会组织的逐步成长与发展，是解决各类社区社会问题的重要基础，各类志愿性、公益性的社会组织能化解矛盾、让民众利益的得到充分体现。

在新时期的农村新社区建设中，基于社区范围的扩展，以及在开放与流动中留守社区居民群体的变化等因素，非农型地区的乡村社区非常注重自治性与公益性组织体系建设。东港区河山镇申家坡社区成立了社会管理服务中心、志愿者服务中心等多个服务组织。其中，社区志愿者服务中心主要工作在于宣传和发动社区群众参与社区服务工作，组织各类具有奉献意识的社区志愿者开展各种形式的服务，根据不同的服务对象，倡导无偿服务、有偿服务相结合，为社区居民提供方便；倡导尊老助残、扶贫济困的中华民族的美德，弘扬中华民族互助友爱的光荣传统，促进精神文明建设，做好社区的公共事业和公益事业。社区共建理事会推动社区自我建设与发展。社区以每年“学雷锋日”、九九重阳节为契机组织带领企业、社区部分志愿者到河山歌老院看望孤寡老人，为他们送去米、面、水果等慰问品，并帮老人们打扫卫生、整理被褥；在暑假期间，针对部分家长外出打工，家中孩子无人照看的情况，在社区开办“假期来吧”，并配备大学生志愿者为孩子辅导功课；申家坡社区内有 30 多家企业，定期联系园区企业开展招聘活动，志愿服务队在活动中做好宣传、服务等工作，既为企业解决招工的难题，又为社区失业青年提供及时的就业信息。社区积极开展精神志愿服务活动。每天晚饭后组织青年志愿者带领社区居民在社区广场学习广场舞，既带领居民们锻炼了身体，又丰富了社区的精神文化生活。在国庆节、中秋节、元旦等节日，带领青年志愿者组织举办内容丰富多彩的文艺晚会，为社区居民的生活带来了欢声笑语。

慈善性社会组织在非农型地区也逐步出现。有的社区还成立了爱心合作社，它是以青年夜校学员、彩虹之家学员父母为志愿服务主体，结对帮扶社区中有需求的老年人、残疾人等弱势群体，通过“受助—助人—互助”“奉

① ［美］彼得·德鲁克：《下一个社会的管理》，蔡文燕译，机械工业出版社 2013 年版，第 129 页。

献—积累—回报”的合作模式，打造爱心帮扶新机制，带动社区志愿服务事业发展，增强人际互信，促进社会和谐。总体上来看，农村新社区建设中的各种民间组织在社区建设与发展中发挥了一定的作用，不仅提升了民众的社区参与意愿，同时能够从社区现实出发解决与民众日常生产、生活切身利益密切相关的各项需求及服务。

与此同时，非农型社区也积极倡导建立经济合作组织，推动当地农民增收，促进当地经济发展。如申家坡社区的日照市旭光果蔬专业合作社成立于2008年，合作社主要从事苹果、蔬菜的标准化种植、生产、加工、储藏、流通，对社员进行“科技培训、科技推广、科技示范、产品销售”等各项指导服务。合作社拥有旭光牌苹果注册商标，2011年获得绿色食品证书，2012年获得有机食品认证，水果种植面积已发展至5000余亩。

总体上来看，作为一类逐步向城市社区过渡的乡村社区，非农型社区在社区建设中十分注重社会组织的再造，通过引导成立各种类型的社会组织积极参与社会建设，配合自上而下建立的网格化管理机制，形成政府、社区、社会共同推动的基层社会管理服务机制，将重建社区后的广域型治理区域通过各种组织化机制重新纳入新的治理体系，推动基层治理在新时期的平稳过渡与转型。

三、管制性＋社会性

在现代社会中，随着经济社会的时代性变迁，政府职能与角色也需要重新定位。现代意义上的社会管理是一个政府分权、社会增权的过程。即政府的权力从社会领域适当退出，留下的空间由社会组织填补。①重构自治性的社会组织体系就成为当代乡村社区改革的重要任务。

在社区建设中，温州市260个街道办事处陆续被撤销，被转制为农村新社区。街道办事处机构在过渡时期被称为乡村社区管理委员会，与社区党组织实行两块牌子、一套班子的运作模式。在选举成立社区居委会前的过渡期，社区居委会的部分职责由管委会暂时代行。农村新社区建立后依法推选产生居民代表，建立健全居民代表会议制度。温州市平阳县麻步镇树贤社区在农村新社区建设之前，被称为麻步镇树贤街道办事处，下辖10个行政村，在改

① 王义：《从管制到多元治理：社会管理模式的转换》，《长白学刊》2012年第4期。

制过程中，办事处行政机构被改制为社区管理委员会，党委被改制为社区党组织，并与管委会实行交叉任职。在设立社区居委会之前，社区居委会的部分职责由管委会暂时代行，待农村新社区运转机制基本顺畅后，依法选举产生社区居民委员会取代了管委会，全面负责乡村社区事务。在社区管理组织体系得以完全理顺后，基层社区管理将逐步形成“政府—社区”两级组织体系，实现政府行政管理与社区自治的有效衔接。不过，从现阶段来看，由于社区是转制而来的，社区管理组织体系的行政性仍然较为明显。

在过渡期，社区管委会主任由上级政府任命，一般由社区党总支书记或副书记兼任，其来源主要有两个途径：一是乡镇政府直接下派干部通过高配副科级干部的形式任职书记或主任；二是将原办事处书记或主任直接转制为管委会主任，办事处工作人员转制为社区干部，社区管委会成员一般由所辖各村社区村委会主任组成，其成员根据所辖村庄数量而定。如文成县 17 个试点社区通过“挂牌招才”，选任 87 名专职干部，社区党组织及管委会一把手专职化率达到 100%，便民服务中心（站、室）及驻村干部按工作需要实行专职化。不过，从现实来看，乡村社区管理工作仍然由社区管委会具体负责，社区的行政管理特征比较明显，社区干部基本上都是由办事处人员转制而来。

由此，社区组织性质及功能容易产生混乱。在后续调查基础上，我们认为：需要将现存的社区管理委员会明确为乡镇在社区设立的公共管理和公共服务中心，或者是区域性公共管理和服务平台，可称之为“政务服务中心”，其人员由上级派任，主要承担政府性公共管理和公共服务事务，贯彻上级政府的政策，指导社区进行工作。同时，另设社区服务中心，作为社区自我组织、自我管理和自我服务的平台。政务服务中心和社区服务中心共同组成“社区综合服务中心”，或者各自独立和分设。由此，政府公共管理与社区自我管理、政府公共服务与社区自我服务实现了相互合作、有效衔接和良性互动。社区管理委员会的转制及干部的分流安置也将为社区选举创造条件。[①]温州乡村社区改革的最终目的是将村级组织的权力不断削弱，构造以社区为基础的基层治理单元，其通过“三分三改”中的政经分离，剥离村委会与村集体经济组织，将村委会管理和服务功能上提社区。温州改革力图推动基层民

---

① 袁方成等：《从村民自治到社区自治：基层民主的新发展——温州村级组织转制与新型社区建设调查研究》，中国社会科学出版社 2014 年版。

主自治制度从村民自治向居民自治转变，打破集体的土地边界和村民、村庄及村组织的边界，变仅仅拥有村集体产权的村民自治为在社区生产和生活的居民自治，试图把社区建设成为管理有序、服务完善、社会和谐的生活共同体。[①] 在社区管理组织体系得以完全理顺后，基层社区管理将逐步形成“政府—社区”两级组织体系，实现政府行政管理与社区自治的有效衔接。

在社区自治组织创新中，温州市也建立了社区议事监督委员会。按照规定，社区议事监督委员会负责社区重大事项的研究讨论，协调涉及居民共同利益的重大活动，监督社区居委会依法履职等。社区居民议事监督委员会由7～9名成员组成，主要对居民代表会议负责并报告工作。社区居民议事监督委员会主任由社区党组织成员兼任。在瑞安市塘下镇调研中，场桥办事处党委委员陈冬梅就指出，“现在社区党支部成员是村支部书记，管委会成员是村主任，议监会成员是村组长，办事处前副科级干部任社区主任”。在具体的管理服务中，和其他地方一样，温州市也逐步建立了网格化管理服务体系。在实践中，将150户左右的农民划分到一个网格，做到“定格、定人、定责、定流程”，做到人员沉下去、情况摸上来，及时排查化解基层矛盾纠纷，维护社会稳定。如温州市文成县珊溪社区在社区治理中建立了两级网格，即党支部支格、党小组小格。珊溪社区的网格划分是以原生产队或自然村为基础，这就充分考虑了传统乡村的建制、组织机构及乡村文化风俗等多方面的因素，在管理队伍配备中，实现政府人员与村干部、民间人员的结合。

温州市积极建设生活服务类、社区事务类、文化体育类等社区社会组织。是文成县珊溪社区社会组织架构。积极发挥各类社区社会组织在提供公共服务、扩大公众参与、增强社会活力等方面的作用，逐步构建多元主体参与、满足居民多层次需求的组织服务体系。各类社会组织的工作得到社区党组织与社区居委会（管委会）的积极支持，社区党组织与社区居委会（管委会）负责对各类社会组织进行管理。根据社会组织的种类、特点，以及活动领域和功能作用，对社会组织实行分类归口管理。政府职能部门原则上不再作为社会组织业务主管单位，但并不是放任不管，更多的是指导性工作，搞好管理服务，推动其独立发展。同时，温州市结合组织等级评估制度，建立符合

---

① 袁方成等：《从村民自治到社区自治：基层民主的新发展——温州村级组织转制与新型社区建设调查研究》，中国社会科学出版社2014年版。

温州实际的社会组织评估体系，实现社会组织优胜劣汰，提高社会组织为农村新社区提供服务的质量。①

总体上来看，温州市乡村社区社会组织体系的创新，具有“行政＋自治”的双重特征。当前探索创新中的社区组织体系是由原来的“乡镇（街道）—办事处—村庄”组织体系转变而来的，在过渡期，为保障社区治理的有效转型，在撤销办事处之后设立社区管委会，代行政府行政管理与服务职能，并逐步过渡到由民众选举产生社区自治组织，但是这个过程较为漫长，并需要长期的探索。另外，在对基层社会的具体治理中，以社区为依托，逐步建立起了以村庄、村组为基础的社区管理服务网格，将原来的包村干部、村干部等吸纳进社区管理体系，形成对基层社会的协同管理与服务。

本章小结

现代化发展是一个全面系统的过程，它不仅涉及经济领域，还涉及政治领域与社会领域，在乡村社会的变迁发展中尤为凸显。现代化发展从外在工业化、市场化发展开始，并日益涉及其他领域，政治现代化、社会发展现代化、城镇化、农业现代化都体现着现代化发展的印记。诸多领域的现代化发展都与乡村社会发展有着必然的联系。在新的历史时期，农村新社区建设正是农村现代化建设的重要表现。而这其中，治理组织体制的改革不仅涉及基层政治体制的现代化，还涉及社会治理的现代化。而农业型地区、非农业型地区、工商化程度较高地区的乡村社区组织体制改革正向着实现现代化进程方向努力。不过，由于基础、条件、政策等综合因素的差异，三类地区乡村社区治理组织体制的改革既有诸多共性特征，也有相应的差异之处。

一、多层次管理服务体系建设

第一，建立区域化大党委组织体系，增强党组织的领导能力。加强党的领导组织体系建设是任何一个时期农村基层社会治理改革的核心内容，巩固党的执政基础是基层社会改革发展的重中之重。在当前推进的农村新社区建

① 项继权等：《“温州新政”：社区重建与治理转型——温州城乡一体化背景下的社区建设研究》，中国社会科学出版社 2014 年版。

设与治理改革中，农村党建也是重中之重。在新时期的农村新社区建设中，无论是农业型地区、非农型地区，还是工商化程度较高地区，都积极响应党的号召，在社区层面上建立社区党委或党支部，将社区范围内的基层党组织吸纳进社区党组织体系，作为社区党委或党总支的分支。同时通过党组织任命方式尽可能将政府党委人员任命为社区党委或党总支书记，对社区内的村庄、非公经济组织、社会组织、企业、学校等单位的党组织一把手赋予社区党委或党总支成员身份，并建立相应的党建联席会，形成以社区为载体覆盖基层社会的网状化党组织体系。通过政党上下级之间的强有力的领导、支配关系，增强党组织的凝聚力与向心力，巩固党的执政地位，并通过发挥党组织的领导作用，充分调动一切经济社会资源参与农村社会发展。

第二，探索重建由多个村庄合并成立的社区自治体系，提升基层自治能力，解决社会发展矛盾与问题。无论是从理论上来看，还是从法律及政策上来看，乡村社区的社会生活共同体特征都较为浓厚，应该凸显自治性。在社区建设中，农业型地区、非农型地区及工商化程度较高地区都尝试向这一方向努力。在实践中，逐步引导取消村级行政建制，通过上提的方式，将村庄原来的管理职能提升到社区层面，并在社区层面逐步建立起社区监督议事组织等自治组织，将社区所辖范围内的村庄都纳入社区自治体系中，通过灵活性的制度安排，做到每个村庄在社区内都有代言人，形成社区层面的自治体系；原有村委会逐步被取消，由村党支部代为管理社区经济等事务，社区经济及财务等都受到社区党委及自治组织的约束与监督，这样就避免了原来村委腐败、权力滥用、争权夺利等问题。同时，也有利于在社区层面上对社区所辖地域范围内的公共事务及经济发展问题进行统筹协调。

第三，创新多层次、网格化的社区管理与服务体系。由国家推动的当代农村新社区建设的重要内容之一在于通过社区平台建设实现公共管理与服务下乡，提升农村基层社会管理与服务水平，不断满足民众日益增长的物质文化与精神文化需求。由此，在社区平台基础上必须构建全新的管理与服务的组织体系。因此，创新社区管理与服务体系是三类地区都十分注重建设的内容。从总体上来看，在社区服务方面，三类地区通过加强社区服务中心建设，都实现了涉及民众切身利益的公共服务办理事项下乡，便民服务延伸到社区中来。与此同时，社区积极倡导在村庄层面上建立各种志愿性服务组织体系，将原来的村庄逐步改革为一个社区便民服务站，为本村庄的民众提供公益、志愿服务，并将村庄党支部改造为服务型党支部，发挥党组织的模范带头作用。另外，社区积极创新管理方式，在实现警务进社区的同时，结合撤销行政村建制的实情，将社区所辖范围内的所有村庄划分为不同的管理服务网格，将原来的村干部、小组长纳入管理网格队伍中来，形成由社区干部领导，各村庄原有村干部、小组长及热心公益的村民为网格长的管理网格体系，实现对所辖网格居民信息登记、舆情监测、社会治安、维稳防控、民意反馈、信息及政策传达、矛盾纠纷解决等功能，逐步将社会管理延伸进了乡村社会内部。

二、组织性质与关系的差异

总体上来看，各类地区在推进乡村社区治理组织体系改革中有诸多共性特征，但同时我们也看到，基于经济社会发展的差异，各地的出发点不同，政策落实中面临的具体问题不同，不同类型的地区也有诸多差异之处。

第一，乡村社区自治体系改革进度及态度不一。乡村社区治理体系改革是乡村社区治理组织体系建设的重要内容，不过基于不同地区面临的任务及实情不同，改革的进度及态度不一。农业型地区经济相对落后，建立在这种经济基础之上的农村自治也就存在较多的问题，村“两委”组成人员的选举、任免，以及对村委工作的监督等都存在较多漏洞，自治体制不健全。比如，农业地区村民自治过程中存在大量贪污腐败、利益交换、上访事件。因此，在社区建设中，它们采取一刀切措施，撤销了全县所有的行政村建制及村委会，在社区层面上通过选举成立了社区村委会作为社区自治机关，通过村党支部维持村庄的有效运转。而对于非农型地区，在社区自治体系改革创新中处于观望状态，先选定一部分地区进行先期改革探索，在过渡期，先建立社区管委会，作为政府派出机关，成员由政府工作人员和村干部共同组成，待条件成熟时，对于合村取消行政建制的社区再举行选举。由此，在实践中呈现社区村委会、社区管委会两种自治组织并存的局面。与农业型、非农型乡村社区相比，工商化程度较高地区的乡村社区更面临着社区自治体系重构的紧迫任务，具有更高的政治意识与觉悟。这些地区不是实验区，在改革过程中较为慎重，普遍采取的做法是先建立社区管委会，作为一类向社区自治组织过渡的组织，即使取消了行政村建制，在较长时间内仍然由政府工作人员、村干部组成的管委会来管理社区公共事务，并依靠建立的管理与服务组织保证社区管理与服务功能的运转。毕竟从法律意义上来看，村民自治组织是国家法律规定的自治组织，而如果在乡村社区层面上进行选举，如何寻找法律依据，如何将村民自治和城市社区自治联系起来，将村委会组织法律和城市社区自治法律结合起来，寻找乡村社区自治的法律依据是村民自治组织十分关注的问题。村民自治组织在法律框架下逐步探索城乡社区共性的法律规范，指导乡村社区自治体系建设及改革，同时采取先行探索、谨慎为之的态度。但是，工业化程度较高的地区确实面临着构建城乡一体化的社区自治的发展趋势，这些都需要国家层面法律的支持。

第二，社区社会服务体系建设及服务水平不一。不同地区的社区社会服务能力及水平呈现差异性。对于农业型地区而言，由于总体上来看仍然是农村地区，农业生产、农业经济发展仍然是这些地区的重要内容，生产、生活条件较差，便民性服务是这些地区社会服务的重要内容。社区服务更多地体现在公共服务层面，通过社区建设将医保、计生、政策咨询等涉及农民切实需求的各项服务下沉到基层，方便他们办事，重点满足他们的生产、生活需求。与此同时，引导广大农民自我组织起来，成立各种邻里互助组织、道德文化组织，发挥这些组织在调解邻里矛盾、评判利益纠纷、维护社会治安、互帮互助等方面的作用，同时结合农村特点，引导形成尊老爱幼、互敬互助的道德文化新风。另外，积极引导成立各种经济合作社和协会，将农民组织起来，推动农村经济发展。将有公益精神的农民组织起来，建立文体娱乐组织，在农闲时节带领广大农民开展文化娱乐活动。在非农型地区，广大农民的生活水平及生活质量有了明显的提高，农业种植已经不再是他们的主要生活来源。在经济社会发展中，他们对生活水平与质量有了更高的要求，因此当地居民会将更多的注意力转到普遍意义上的追求城乡服务均等化上，更加注重为广大农民提供便捷的服务，这不仅体现在基本公共服务方面，而且逐步强化文体娱乐设施建设，更加注重文化组织建设，并定期组织文化娱乐活动。特别是诸多非农型社区范围内存在驻社区单位，基于处于城郊的优势，各种单位也为社区公益服务的开展提供了有利条件。同时，基于生活习惯更加接近城市地区，各单位也逐步自组织起来形成了各种志愿服务队伍，改善社区卫生环境，开展公益服务活动。与之相对比，工商化程度较高地区的农村新社区建设更加注重与城市社区服务相适应，将城市居民应该享有的基本公共服务逐步覆盖到农村居民，并逐步探索将外来居民纳入当地的基本公共服务体系范畴。另外，在做好社区公共服务下乡、加强社区各类志愿服务组织建设、推动城乡基本公共服务均等化的过程中，逐步推动社会服务向纵深处发展。基于这些地区经济发展基础较好，政府服务理念更为先进，社会组织发展活跃，政府更加注重社会建设，将老弱病残人员服务纳入政府服务的范畴，通过政府购买服务，帮扶、引导社会力量参与，对各类弱势群体开展多种内容、多层次的服务，以适应现代老龄化社会发展的现实要求。

第三，社区自治改革中对原有村党支部、集体经济组织、村委会关系定位不同。当代乡村社区治理组织体制改革的重构过程，涉及厘清原有村党支部、村集体经济组织、村委会组织关系，这些关系的厘清直接关系到社区治理的效果。农业型地区更加注重加强党组织实体化，在社区层面上设立党支部，将原有的村党支部作为社区党支部的分支，直接取消村委会组织。在村庄合并过程中，由于村庄的债权、债务及集体经济状况不同，实现村庄之间的经济融合较为困难，因此，各个村庄的经济仍然归各个村庄来管理，村名不变、债权不变、债务不变、经济合同不变、土地权属不变，村庄的一切事务由村党支部来负责。对于非农型的农村地区，在社区建设中，也基本上与此相类似，在撤销行政村的地区，由党支部代行村集体经济功能，有条件的地区逐步设立村集体经济组织，在国家的政策推动下，开始探索农村集体经济股份制改革，引导设立集体经济股份合作社。对于过渡期未撤销行政村的地区，仍然由村委会来管理，但是在社区层面建立的社区管委会作为政府派出机关，又是村委会的直接管理单位，形成了混杂不清的关系。对于工商化程度较高地区，农村开放、流动程度较高，乡村社会的开放性、异质性和农村经济的市场要素特征更为明显，因此，这些地区改革较为彻底。在撤销行政村建制的同时，地区一般都进行了集体经济股份制改革（具体内容在第五章介绍），这样就厘清了原来村党支部、集体经济组织与村委会的关系。通过把村委会与集体经济组织剥离开来，集体经济组织通过股份制改革成为集体股份经济组织，是市场经济下的法人单位，村民的股民权利受到法律保护，相关权利及权益不因自由流动而受到损害，这样就厘清了产权关系，也有助于推动集体经济运行方式的市场化。政经分开也破除了乡村社会的封闭性。村委会原有的管理功能上提到社区层面行使，现有的村党支部是社区党总支的分支，管理所在村庄的党务。工业化地区乡村社区的这套改革做法总体上来看，代表了我国未来农村经济发展的基本方向。

三、村民自治的理论和实践逻辑

村民自治模式是中国农村发展最具特色的政治举措，为农村发展带来了广大的发展的空间。如何推行村民自治，如何解决村民实践过程中的自治问题和如何完善村民自治成为专家学者探讨和争论的话题。现阶段，国内大多数学者研究的角度都是从农村基层的民主研究，村民自治的发展和村民权利的使用对基层民主化的影响，以及村民自治与乡镇政府的关系研究，强调“还权于民”，尊重农民的首创精神，乡镇政府不应该干涉村民的自治活动，乡镇政府只能拥有指导权，不能够领导村民自治，乡镇政府与村民自治是一种指导与被指导的关系。

由于各国的政治制度、社会结构不同，欧美国家不存在与我国相类似的城乡二元体制。但是，我国村民自治的发展也受到许多国外学者的关注。一部分国外学者从发展主义的视角出发，试图探寻中国的农村民主改革与经济发展的关系。欧博文研究发现，绝大多数成功执行《村民委员会组织法》的村庄都是那些相对富裕和有着较好集体经济基础的村庄，富裕村庄的村干部带领村民走向富裕，并且用掌握的村庄资源来为村民提供公共服务。那些经济落后的村庄，村干部不仅无力为村民提供令人满意的公共服务，甚至还要从村民收取提留，来执行国家政策，这直接导致了村民的不满和村干部与村民之间关系紧张。也有一些学者却持反对观点，劳伦斯和洪朝辉的个案调查表明，在经济欠发达的村庄，村委会选举和村民自治都得到了很好的落实。

村民自治的实行是一次伟大的历史里程碑，是实现社会长治久安的重大政治举措，为中国社会有效治理和基层民主政治建设开辟了一条新的道路，为实现农村的发展提供了政治条件和良好的发展环境。村民自治是广大农民阶层所具有的民主权利，是实现人民当家做主的体现。实践证明，村民自治符合中国农村社会发展的实际需要，适合我国的基本国情，充分保障了农民的主体地位，为农村发展提供源源不断的动力，村民自治也是农村基层民主建设的力量源泉，是促进农村发展实现农村社会现代化的必由之路，因此，坚持村民自治模式是实现农村经济发展、社会和谐稳定的根本保证。乡村振兴战略的提出，为村民自治带来新的发展机遇，同时也会面临一些挑战。

第四章

乡村社区治理的意愿与评估

改革开放以来，乡村社会的封闭性、同质性被逐步打破。在工业化及市场化大潮的推动下，大量农民开始在城乡间自由流动；而在东部沿海发达地区，又有成千上万的外来人口流入乡村。在现代化的大视野下，广大农民的生产、生活、组织方式正在发生着根本性的变化：一是以传统村民为基础的封闭型村庄社区逐步解体，使得乡村社区的边界日益开放；二是大量农民已经从传统农业、农村中解放出来，职业身份发生转型。在开放与流动中，固有制度所构筑的社区社会具有较大的封闭性与排外性，现实中的乡村社会即呈现出内在分割的圈层社会结构。

第一节　治理的主体和利益相关者

外部的自由流动背后体现着现代化进程中农民的生存与发展权问题。关于这一点，较早时期，折晓叶、毛丹、项继权等在村治研究中就敏锐地指出，自改革开放以来，工业化、城镇化发展对传统乡村社会制度产生了重大冲击。正是敏锐地觉察到了现代化发展对乡村社会产生的影响，项继权指出："构建城乡一体的社区制度，将是我国农村基层组织与管理体制的第三次重大变革"。杜睿云从户籍改革角度指出，在上述情势下，要做到"破冰"和"融冰"，着眼于剥离户籍制度背后的、与公民社会生活密切相关的利益权利，以使其能够合理流转。周作翰、张英洪则强调，尊重和保障农民的人权，应该成为新一轮乡镇体制改革的核心价值所在；应彻底进行户籍制度改革，保障农民的迁徙自由。[①]李强则认为，"在权利体系中，应保障公民的自由迁徙权，维护社会秩序得以形成的各种条件"[②]。总体上来看，学界已经意识到了开放、流动社会背景下基层社会制度的滞后性，并试着从破解各种制度入手，促进

① 周作翰、张英洪：《农民自由发展与乡镇体制改革》，《湖南师范大学社会科学学报》2004年第4期。

② 李强：《户籍制度、迁徙自由与社会秩序的型构》，《行政与法》2003年第2期。

社会的自由流动与社会融合。

值得注意的是，从现实来看，社区村民既是社会组织成员，同时也是经济组织成员，社区经济利益关系及在此基础上的权益分配格局变得更为复杂。袁方成指出，乡村新社区建设，最重要的在于以村庄土地集体所有制为基础的社区产权的深刻变化。[①] 与此同时，基于现代化发展对当代乡村社区产生的巨大冲击，诸多学者提出了构建现代乡村社区的相应路径，可以概括为：重塑社区公共性、重建乡村社区文化、强化农村公共服务、构造社群共同体“四种路径”。不过，这些并没有从根本上改变流动社会背景下的村庄社区的封闭性，仍然以原有的村庄为基础，无法解决外在流动下的内在排斥与封闭的困境。在现代化进程中，广大农村居民是乡村社区的重要主体，他们的大部分生产、生活、交往等活动仍然都是在社区中进行的。

正是基于上述现代社会发生的一系列变化，党和国家在新时期通过一系列方针、政策等逐步地提出了农村新社区建设的规划，旨在推进社区建设及治理改革，改善广大农村居民的生产、生活环境，提升农村社会的治理水平，不断满足广大农村居民日益增长的物质文化生活需求，加快新农村建设步伐。早在 2006 年，十六届六中全会通过的《中共中央关于构建社会主义和谐社会若干重要问题的决定》就做出了“积极推进农村社区建设，健全新型社区管理和服务体制，把社区建设成为管理有序、服务完善、文明祥和的社会生活共同体”的战略部署。之后，各地政府根据当地实际情况，全面开展乡村新社区建设，逐步形成了具有典型性的五大代表模式，即“以城带乡”的胶南模式、“城乡一体”的义乌模式、“一会五站”的江西模式、“撤组建社”的秭归模式及江苏太仓的“12345”工程模式。[②] 分析我国当前农村新社区建设的具体实践后，我们可以看出，乡村新社区建设的推进行动主要集中在科学实施方案制定基础上的乡村社区建设规模、运行机制等国家外部整合机制的构建。政府在农村新社区建设中起着主导作用，农民的主体作用没有凸显，其他参与主体的作用也被忽略，某种程度上阻碍了农村新社区建设的进程。从乡村社区治理改革实践探索来看，政府在社区治理中仍然发挥着主导性作用。

然而，值得注意的是，社区建设及治理的最终受益主体是居住在农村的

---

① 袁方成：《治理集体产权：农村新社区建设中的政府与农民》，《华中师范大学学报（人文社会科学版）》2013 年第 2 期。

② 本刊县域经济观察员：《农村新社区建设的试验田》，《领导决策信息》2007 年第 16 期。

广大群众，社区居民最能直接感受到社区的变化。我国地域辽阔，广大乡村地区情况各异，社区建设及治理实践在各个地方情况不一。广大农村居民对乡村新社区建设及治理的认知、意愿、评价不同，农民的公共需求也呈现地域性、多重性和复杂性。当然，农民的主体作用能否得以真正发挥，取决于农村居民对农村新社区建设的主观态度和评价，而这也能够从侧面反映出社区建设及治理改革是否达到了预期效果，是否契合了广大农村居民的“所思、所盼、所想”。

20 世纪 30 年代的乡村建设运动以及中华人民共和国成立后乡村治理体制变迁的实践经验和失误，都在提醒我国政府在进行顶层制度设计时，应抓住农民这个主体，充分发挥农民在社区建设中的作用。①从农村新社区建设的主体——农民自身的角度，来了解当前广大农民对社区建设的所思、所想、所需，把握他们对新社区建设及治理的态度和看法，以及参与状况、需求满足程度，能够对由各级政府从上而下构建社区的思路和做法形成一种有效的回应，寻找当下社区建设及治理的不足，能够为更好地推进社区治理改革与优化社区治理奠定基础。为此，2018 年，我们对广西、山东、河南、江苏、浙江等五省 18 个地级市的 28 个乡镇多个社区居民进行了问卷调查。调查范围涉及城中村、城乡接合部的郊区社区、集镇社区、中心村社自然村（湾）、居民点等不同类型的乡村社区，具体调查对象囊括了居住在乡村社区内的本地居民及外来户籍居民两类群体。此次调查共发放问卷 1000 份，回收有效问卷 960 份，其中本地居民 540 份，外来居民 420 份，回收率达 96%。通过调查研究，进一步从社区居民的视角来了解当下的社区建设及治理改革，但深入其中发现，根本性的问题在于对社区主体的认识和实践仍有偏差。

第二节　社区对于管理和服务的意愿

农村新社区建设的主体是农民，其需求能否得到有效满足在某种程度上决定着农村新社区建设的成败。当前，随着市场经济深入农村地区，社会阶层不断分化，诉求各有不同，不同地区、不同个体对公共服务的需求千差

---

① 袁方成、王剑虎：《社区建设中的农民：认知、意愿和公共需求——基于一项全国性主题调查》，《华中师范大学学报（人文社会科学版）》2009 年第 3 期。

万别，这对政府提供公共服务的能力提出了更高的要求。农民的需求有轻重缓急之分，只有在低层次需求得到满足时，才会去追求更高层次需求；农民在农村经济发展的不同阶段需求也不相同，较低阶段伴随着较低需求，较高阶段伴随着较高需求；而不同农民群体对需求的侧重点也不同，有的侧重于生存，有的侧重于发展，有的侧重于享乐。了解农民最迫切的需求，由此决定提供公共服务的内容和顺序，是政府在提供服务时应该了解和掌握的基本内容。

一、不同群体居民的共性与差异

乡村社区的公共服务，主要包括行政服务、科技服务、商品服务、文娱服务、安全服务、教育服务。提供公共服务的目的是不断完善公益性和鼓励营利性的群众文娱、体育、科技、教育投入，组织开展丰富多彩、健康有益的文化、体育、科普、教育、娱乐活动，提高社区居民的文化知识水平，增强社区居民的政治参与意识，丰富社区居民的生活，形成文明和谐的社区文化氛围。经过几十年的社区建设，究竟社区服务供给如何、民众的感受如何，都需要做一个总体性评估。因此，了解农民需要哪些公共服务就显得尤为重要。通过问卷调查发现：外来居民和本地居民最急需的共性公共服务是保障类的公共服务；外来居民渴望获得就业技能培训等发展类公共服务，本地居民对文化娱乐等享受性服务需求较高。在对540位本地居民的调查中，针对“您现在最急需以下哪些服务？”这个问题，489人选择医疗保险，456人选择养老保障，345人选择娱乐文化活动，167人选择贫困救助，89人选择科普文化，82人选择小额贷款，67人选择就业技能培训，49人选择计生、办证，45人选择政策咨询，14人选择其他。而针对420位外来人的调查，最需要服务的前两位也是医疗保险（389人）和养老保障（356人），而与本地居民不同，居第三位的是就业技能培训（321人）。因此，基于个人偏好不同，不同群体的公共服务需求呈现一定的差异性。

二、多元主体的分类与合作共担

社区公共服务的供给方式及供给水平直接决定着民众服务需求的满足程度，因之，公共产品及服务的供给不能仅凭政府的财政拨款来实现，或者说，某一个主体难以实现社区对公共服务及产品的全面需求。按照公共管理体系的“多元治理理论”，必须也应该由多元主体共同承担这一责任。

“社区养老”是这一责任的突出表现和理论关注点。近些年，我国城乡互助养老模式逐步兴起，在一定程度上缓解了农村地区老龄化问题严重导致的“养老难”问题。但国内对于城乡互助养老的研究尚处于积累阶段，仍存在研究主题分散、研究视角单一、实证及定量研究不足等问题。可以预测，未来的研究将继续以空巢、留守、独居老人为主要研究对象，以农村互助养老、社区互助养老为主要研究方向，研究主题则将围绕“互助养老”的可持续发展进一步聚焦，逐步扩展研究视角、加强实证定量研究，实现从积累阶段到成熟阶段的过渡。少数民族地区的农村老人养老问题更加严重，与社会的保障体系矛盾更为尖锐。这些地区不仅容易受到自身、社会环境以及生存环境的影响，更是由于社会保障政策的不全面覆盖、落实难到位等原因加深了问题的复杂性。

总体上来看，不同农民群体对各类公共服务和合作组织的需求程度不同。不同地区经济社会发展的程度不同，影响甚至决定其在公共服务和合作组织需求上的优先次序差异；在供给方式方面，多数农民认可由政府、社会组织、居民和企业等共同承担的公共服务提供方式；农民对各类合作组织的需求程度相当高。

第三节　社区居民对于治理主体的看法

实际上，对社区建设的“参与”，其核心要义仍在于对权力和利益的重新分配。有的学者提出，发展中的参与至少可以从政治、制度和文化三个层面进行解读：“政治维度”在内容上主要表现为发展过程中的赋权本质，形式上表现为自下而上、平等参与、民主协商等指导原则；“制度维度”主要表现为参与式发展过程中的权力资源的再分配，决定了发展主体参与的制度安排；“文化维度”主要表现为团队合作、平等协商、大胆尝试等。① 居民在社区中进行公共参与的广度与深度反映了居民在社区中的地位。总体上来看，经过近十年的发展，各类主体已经开始参与社区建设及治理。首先，村民、外来

① 参见卢敏等编著《参与式农村发展：理论、方法、实践》，中国农业出版社2008年版，第2页。

人员、新型社区形态基础上的多元化居民个体都积极参与到农村新社区建设实践中，打破了村治状态下村籍身份的限制，扩展了民主参与权利；其次，社区内部各类经济、文化等组织团体以组织的力量来凝聚乡村社会力量，投身农村新社区建设，有利于培养社区居民的自我负责精神，及其认同感与归属感；最后，社区外部各类企事业单位及社会组织等社会力量也积极投身社区建设，不仅有利于实现社会资源的有效整合，更有利于培养各类社会主体的责任心、参与意识，形成多元互动基础上的交流、信任与互惠，深化民主参与能力。

不过，值得注意的是，在社区居民参与这一方面，由于中国传统文化中根深蒂固的官本位思想，大部分社区居民自身的参与意识淡薄，对自身享有的权利和应履行的义务尚不明晰，对自己能起的作用也比较悲观，相关参与知识的缺乏让他们多数时候处于一种被动的位置，参与的积极性和参与程度比较低；而在社会组织方面，人民公社解体后，乡村社区便鲜有组织可以依托，既没有传统意义上的家族可以聚集，也没有现代意义上的社团可以参与，农村新社区建设所能够发动的社会组织数量有限，组织结构化程度也比较低；虽然乡村社区已经建立了大量的社区组织如老年人协会、志愿者协会等，但是其“参与”的行动价值往往形式性大于实质性。另外，作为追求经济利益最大化的市场各类主体，虽然也有承担社会责任的意识，但是参与社区治理的动力不足。

一、政府主导

虽然从当前对“服务型政府”的理论推崇和实践追求来看，政府应该尽量在治理实践中逐步退出，将公共管理领域让渡给社会，而不是既当“裁判”又做“运动员”；然而，从我国转型期间特殊的国情来看，乡村治理仍然需要政府在其中发挥主导作用，而且这种“主导”作用非但不能弱化，还应当适度强调，尤其是在对整个治理机制的引导和推动作用角度。这可以说是理论上的“尴尬”，也是现实的需要。

在前述所引概念中，“认知”是农民对政府行为的一种反应，农民是承受者，政府是主动者；而“意愿”则是农民对政府行为的一种回应，在这个层次上，农民是主动者，政府是承受者。因此，从乡村社区治理的终极趋势（即“自治”）角度上说，农民意愿在社区建设中占有更加重要的位置。

正因为农村新社区建设“是一项重大的历史任务和一场宏大的持久战，其进展及效果不仅有赖于政府的引导支持，更取决于广大农民的积极参与和创造，必须把调动和保护农民的主动性、积极性、能动性、创造性作为出发点和动力源，充分发挥其主体作用”①。随机采访谈的540位农民回答了“您觉得所居住的社区由哪些主体共同管理与服务会更好？”这一问题。其中199人认为农村新社区建设应该依靠社区居委会；187人为应该依靠政府部门；175人认为主要依靠社区党支部；154人认为应该依靠社区本地居民；97人认为应该依靠社区民间社会组织；88人认为应该依靠社会力量；48人认为应该依靠企业；仅有45人认为农村新社区建设应该依靠社区外来人口；还有9人认为应该依靠其他。总体上来看，广大农民的主体意识仍然不强，具有较大的依赖心理。

二、居民参与

乡村社区是广大农民生产、生活、发展的特定公共空间，广大农民是农村新社区建设的最终受惠者，也是社区家园建设的主体。从实践来看，当前社区更加注重动员农民个体积极投身农村新社区建设，更加强调农民个体在农村新社区建设中的民主参与作用。社会流动引起基层居住格局的变迁，大量乡村呈现本地居民与外来居民共主局面。受户籍、占有资源影响，本地与外来居民在社区建设中的参与程度、质量各不相同。

（一）本地居民参与程度高于外来居民

随着城市化进程的推进及大规模人口流动，原来封闭的村落变得开放，社区建设的主体更加强调以共同生活为基础的社区所有居住者的全员参与，不再局限于传统村治村民的身份限制。在理论和政策的推动下，我国“村民自治”实施20多年以来，极大地推动了基层民主的发展，居民民主参与意识不断增强。当问及本地居民“您参加过以下哪些社区活动？”时，有503人参与过社区选举活动，498人参与过社区居民会议等民主活动，422人参与过社区文体娱乐活动，116人参与过社区募捐活动，57人参与过社区志愿者活动，38人参与其他活动。由此可见，本地居民参与社区事务程度有所提高，

---

① 李明清：《充分发挥农民主体作用加快新农村建设》，《新重庆》2006年第7期。

尤其是在民主选举等基本政治参与方面。

随着市场经济的发展和人口的不断流动，传统农村从封闭逐步走向开放，接纳了大量的外来打工者、务农者、商贩等流动人员。当前农村新社区建设实际上是在构建具有开放性、包容性的新型农村社会生活共同体，共同的社会生活是其重要社会特征，而农村社会的开放性、流动性也客观上要求将外来人员纳入社区民主管理的范畴。但在传统的村治模式下，对参与乡村自治的主体进行了严格的身份限制，具有法定的村民权利资格是获取村民自治权利的前提和基础，“村民自治的主体是由户籍关系归属于村的全体村民所组成”[①]。从村民自治制度产生及运行的法律文本来看，村民自治仅仅是拥有村集体产权的“村民”的自治[②]，广大外来人员事实上不具有社区民主自治的权利。因此外来居民被排斥在社区活动之外，问及 420 位外来居民参加过哪些社区活动时，参与人数多的是文化娱乐活动，也仅有 122 人；参与集体经济活动的有 65 人，参与社区公共事务决策的有 36 人，参与社区选举活动的有 26 人，参与社区志愿服务活动的有 23 人，参与社区其他活动的有 6 人，什么活动也没参加的高达 256 人。

（二）社区治理参与质量有待提高

中国传统政治参与模式是政府主导型的，民众参与多处于被动状态，在参与的人数、内容、广度、深度、途径、行为方式、有效度等方面都略显不足。

首先，社区成员参与社区建设的普遍性不足。社区建设的目的是体现居民意识，并且为社区成员服务，社区成员的参与程度直接决定社区发展的水平与质量，但是总体来看，社区居民参与效果并不理想。当问及“您所在的社区治理状况如何？”时，有 248 人回答社区治理状况不理想，当问及是什么原因造成的，回答居前两位的是政府失职（34.68%）和社区领导干部的不作为（25.40%），首先将原因归于政府和社区，而没有意识到自己才是社区治理最重要的主体，应该为社区治理的不理想负主要责任。

另外，当问及外来居民“您闲暇时间主要干什么？”时，到社区活动中

---

① 崔智友：《中国村民自治的法学思考》，《中国社会科学》2001 年第 3 期。

② 项继权：《从“社队”到“社区”：我国农村基层组织与管理体制的三次变革》，《理论学刊》2007 年第 11 期。

心参加娱乐健身活动的社区外来居民仅有7.62%，大部分外来居民或者看电视（48.33%），或者聊天、打牌消磨时间（37.62%）。访谈中，我们得知外来居民并没有真正融入本地社区，以晚上广场活动为例，参加活动的几乎都是本地人，外来人觉得都不熟悉，不愿意参与，他们没有将自己看作社区的主人。

其次，社区成员参与社区建设的广度与深度均有限，而且参与效果欠佳。当问及“您觉得以何种方式进行参与可以实现社区有效治理？”时，有358人选择了民主选举，仅有78人选择了民主决策，32人选择了民主管理，70人选择了民主监督，2人选择了其他。访谈时，当问及“为何认为民主选举可以实现社区有效治理？”时，受访者均认为：“目前民主选举落实还可以，基本都能够去投票，但其他的社区事务落实不理想，社区事务决策是几个人决定的，具体程序和内容我们不知道。”“民主管理那是政府和社区领导的事，我们哪有资格管理！”“民主监督？怎么监督！有人听我们的吗？！”可见，社区成员参与社区建设的广度与深度均有限，而且参与效果欠佳。

最后，居民的参与行为呈现碎片化、非组织化的特点。调研中发现，虽然社区成立了一定的兴趣组织、娱乐健身组织，在政府和社区的指导下也成立了一些福利性组织和志愿者组织，但居民的职业组织、利益组织等远未发展起来。就最贴近居民利益的社区委员会来说，很多社区近三年之内未开过一次会，对现任的社区主任和书记都熟悉的有345人（64%），但仍有近30%的人只熟悉一位，6%的人都不熟悉，理由是：“不怎么打交道，偶尔才会见到”。

三、社会力量参与

农业、农村、农民是决定国家整体发展进程的关键因素，农村发展对推动社会全面发展具有重要的现实价值与决定意义，构建新型农村社会生活共同体已经不再是国家与农民两者的责任，它应该是国家、农民、社会三方力量共同推动的结果，是公民社会的一种责任。改革开放后，经济体制的深入变革使农村经济社会结构发生深刻的变化，国家权力逐步退出乡村社会，村民利益需求及管理、服务的需求成为农村社会发展亟需解决的问题。在这一背景下，社会自组织产生，成为新时期推动社区建设及社区治理的重要力量。在缺乏国家权力和自治组织力量的背景下，民间社会自组织力量逐步聚合起来，应对民众个体生产、生活发展中出现的各类问题，推动了基层社会的有序运行。在近几年来以国家力量推动的农村新社区建设与治理中，国家只起到外部引导的作用，成立社会组织成为社区内部自我治理的重要形式。

社区民间组织是地方社团的重要组成部分，对推动乡村社区建设具有重要的现实意义。组织内部有序的社会秩序有利于形成公正、平等的权责意识及对组织负责的精神，组织的有序化训练不仅避免了社会成员的无序表达，而且有利于成员在实践中形成对社区的自我负责精神，逐步形成对社区的认同感与归属感。从当前来看，各地区都注重通过构建各类社会民间组织、协会的形式来积极投身乡村社区建设，以组织的力量来凝聚乡村社会力量，其中成立了经济组织或合作社、志愿者服务组织、工会、同乡会、教会、宗族组织、老年协会等，整合农村社会力量，推动乡村社区各项事业的全面发展。

尽管社会组织参与农村新社区建设的深度、广度不断扩大，但社会组织自身发育不健全，阻碍了农村新社区建设的进一步发展。具体体现为，社会组织与政府的关系尴尬，社会组织面临信任危机，社会组织运作策略的市场化偏向严重。在调研过程中，我们与部分社会组织负责人及村民谈过社会组织的发展，现将部分有代表性的答复摘录于此："我们起步很困难，很多审批程序需要政府点头，一些资金也来自政府，所以我们不得不为政府服务""成立之初还能反映我们村民的诉求，帮助解决一些事，现在不干了，都替政府发声""啥社会组织啊，打着公益、服务的旗号，做赚钱的买卖"。

四、市场主体参与

农村社区发挥多元功能性、多项服务性、多重保障性的重要作用，需要市场主体的广泛参与和支持，应当充分发挥市场主体的活跃者、合作者、资助者作用。以乡村社区的金融服务为例，应当充分鼓励和支持国有银行和商业银行在乡村社区设立网点和办事机构，便利农民办理储蓄业务和贷款业务，减少农民进行金融活动的交易成本和效率损失，为农民生产、生活提供舒适和便利。在乡村社区中还应当实现购物、医疗、教育、卫生、养老等多项职能，这些职能都可以引入市场主体参与以提高效率和质量。尤其在医疗、教育、养老等公共职能上，可以引入政府购买市场服务的形式，通过政府出资招标、市场主体提供产品服务竞标的方式，政府与市场主体建立合作伙伴关系，同时引入乡村社区群众的绩效评估和民主评议制度，形成宽进严出、刚柔并济的制度体系。在乡村社区的开发和建设中，还应借助市场主体的资金优势和产出优势，形成参与入股、合作开发、共同受益的新模式。调研中，居民也期待企业能在社区经济发展、道路交通、卫生环境、社区治安、社区就业、医疗、教育、食品安全、社会保障、养老、留守儿童监护、文化娱乐等方面发挥积极作用。但当前农村新社区建设中企业参与力度不足，很多方面都缺位，“企业占了村里的土地，但村里修路啥的，企业根本不出钱”“企业来了并没有带来啥好处，村里还有大量的人外出打工，过着颠沛流离的日子”。

我国走的是一条工业优先发展的现代化发展思路，国家实行高度集权，并通过一系列措施消除社会组织及市场力量的发展空间，试图通过构建一个由国家力量组成的强大组织体系来实现对农村基层社会的强有力控制。然而，事实证明，过分的国家干涉不仅不能有效实现对基层社会的治理，还有可能导致民众政治认同感的降低。改革开放后，国家逐步向社会下放权力，重点向经济领域放权，促进了市场经济的快速发展，进一步激活了基层社会的组织活力。以市场运行机制为基础的经济实体逐步与乡村社区紧密联系起来，经济实体和社区成了一个紧密联系的利益共同体，企业不仅追求自身利益最大化，也承担相应的社会责任，以其独特的方式参与社区事务，推动乡村社区的和谐发展。

总之，与传统乡村社区相比，当前新型乡村社区构建具有农村社会再造的特点，农村社会再造也体现着工业反哺农业、城市支持农村的基本特点。农村社会再造更进一步突出了多元主体的乡村社区民主参与机制，更体现社会治理的开放性、公开性与透明性，更充分注重村民个体、社会、企业（市场）在农村新社区建设中的参与性，实际上也印证了社会各部分之间的必然联系。农村社会发展是各方力量共同推动的过程，社会主体力量的参与有利于培养社会主体责任，强化社会主体的奉献精神及参与精神，有利于更大范围内社会民主参与机制的规范与健全。

第四节　居民融入社区治理状态

现代社会的快速发展，改变着传统的经济社会结构，孙立平指出，“20 世纪 80 年代，中国开始出现社会分层现象，90 年代中后期之后，中国的阶层结构开始发生质性变化”①。在工业化、市场化的冲击下，广大农民的职业结构逐步发生分化，相当数量的农民不再固守本土从事传统的种植、养殖等行业，而是加入社会流动的大潮，外出打工、务农，成为社区中的外来群体。不过，值得注意的是，虽然大部分农民的职业身份发生了转换，但内嵌于乡村社会的各种社会制度成为外来居民社区融入的外部束缚，与现代公民身份相适应的各种生存与发展权利无法得到有效保障。产权的封闭排外性致使社区呈现封闭性，大量外来人员无法参与当地的社区公共治理。由于户籍等因素的限制，他们又无法享受到国家提供的合作医疗、社会保险等基本公共服务，生存与发展机会不足。传统乡村社区各项制度构筑出的是一个封闭的治理体系，外来人员“有流入、无融入”。在社会开放、流动大背景下，当前推进的农村新社区建设及治理改革中，社区融合的实际效果又是如何呢？

一、经济融入

按照罗尔斯所提出的“正义原则”，外来居民和本地居民由于在人力资本、生产力水平等方面存在差异，在劳动力市场中的就业机会和收入水平也会有差别，这属于合理差别。而值得注意的是，不公平的社会制度也会导致生产力相同的劳动者被不平等对待。

平等就业权是每一位居民应当享有的基本权利，但是从现实来看，外来居民就业机会不多，各种权利及待遇得不到保障。访问的 419 位外来居民被问及“在就业机会上您感觉和本地人有差别吗？”时，309 人觉得跟本地人有差别（74%），65 人说不清楚（15%），仅有 45 人觉得没有差别（11%）。这表明绝大多数外来居民认为自己和本地居民在就业机会上存在明显差别，外来居民难以享受到均等的就业机会。

国家规定同工同酬，但在具体实践中，不同身份居民待遇差异明显。调研显示，问及外来居民在工作单位是否会受到区别对待时，289 名受访者认为自身待遇和本地人存在明显差异（70.15%），“待遇跟本地人有差别，同样的话一听你是外地口音就压价，有时加班啥的都让我们干，还不给加钱”。

另外，就业权益与就业保障缺失。在就业权益和社会保障方面，由于制度设计不合理，在就业权益与社会保障、社会福利方面，具有相同生产力的

① 孙立平：《中国社会结构的变迁及其分析模式的转换》，《南京社会科学》2009 年第 5 期。

外来居民与本地居民得到了不同的待遇。回答该题的420位外来居民中，当问及“您当前享有的社会保障与本地居民有差别吗？”时，有285人认为有差别（68%），仅有135人认为没有差别（32%）。

对420位外来居民的调研中，问及“您当前享有以下哪些社会保障？”结果显示，177人拥有医疗保险，113人有失业保险，106人有养老保险，83人有工伤保险，33人有生育保险，仍有106人没有任何保险，最高的医疗保险177人也不足420人的一半。外来居民的社会保障总体情况不容乐观。

二、社会生活融入

社区建设的目标是建成社会生活共同体，无论是外地居民还是本地居民，都应培育其社区共同体意识，积极参与社区事务，融入新的社区生活，目前来看，外地居民和本地居民社会交流有所增加，但在交流的内容、方式、范围等方面仍有不足，社区参与积极性有所提高，但参与深度、广度和成效有待加强。

第一，本地居民与外来居民社会冲突有所缓和，但社会交往匮乏，相互信任不足。随着农村新社区建设的推进以及户籍制度改革，外来居民和本地居民身份差异逐步弱化，附着在身份上的权利逐步平等，社会冲突有所缓和。但受到宗族、血缘等观念影响以及财产性权利争夺，本地居民与外来居民交往依旧不足，信任感不强。

第二，交往和求助对象主要是亲戚和老乡，新的社会网络关系难以建立。传统中国形成了建立在同乡、血缘及宗族基础上的“熟人社会”，外来居民的交往多局限于这个封闭的圈子。他们在新的社区里的社会网络呈现封闭性、同质性强、松散性和临时性等特征。

三、文化心理融入

随着社会流动人口的增加，各级政府都积极探索加强外来居民服务和管理的有效途径，整合部门、社会、群团、企业等方面的力量，增加外来居民对本地的认同和归属感。但外来人口由于面临制度性排斥，在经济收入、社会福利待遇、社区公共服务、城市社会认同等方面均遭到边缘化的对待，不仅挫伤他们融入当地社会的积极性和主动性，也打击了他们的自尊心和自我认同。

外来居民由于社区归属感不强，外来身份意识根深蒂固，阻碍了社区共同体意识的形成，甚至出现一些损害社区利益的事情。在具体的访谈过程中发现，虽然外来居民和本地居民居于同一区域，但是外来居民并未将社区作为自己的家，未将自己看作真正的本地人。在问及本地居民认为社区最应该解决哪些方面的问题时，相当数量的本地居民认为应首先解决环境问题及社会治安问题。在具体访谈中本地居民进一步表示造成这些问题的主要原因是外来人口的进入，认为流动人口素质差，不注重维护社区的安全和卫生状况，有时甚至成为社区安全和卫生恶化的首要根源。[①]当问及“外来居民进入，您感觉社会环境状况如何？”时，有245人表示没有任何变化（45.37%），有200人表示变坏了（37.04%），仅有95人表示变好了（17.59%）。由此也看出，外来居民没有真正将所居住的社区当作自己的生活家园，社区归属感不强。

四、民主政治融入

选举权和被选举权是公民重要的民主政治权利，参与社区选举是政治权利的重要表达和运用。但受户籍制度制约，外来人口难以参与当地的民主选举、民主监督、民主决策，政治参与权利虚化，基本政治权利难以得到保障。一方面，大部分外来居民难以或未能行使政治权利。调查显示，超过九成的外来居民从未参加过社区事务的决策会议，如村民（居民）会议或代表会议。这也直接说明目前外来居民公共参与的缺失、外来居民公民权利保障的短缺，成为其社区融入和社会融合的主要障碍。另一方面，基本社会保障仍有很大推进空间。随着经济社会的发展和维权意识的提高，外来居民的社会保障权利逐渐引起人们的重视。调查显示，当问及当前享有哪些社会保障时，仅有106名外来居民表示完全没有享受任何社会保障，绝大多数外来居民或多或少享受到了相应的社会保障，但外来居民的社会保障质量仍有待进一步提高。很多外来居民在访谈中表示虽然享受到了社会保障，但是各类社会保险的申请程序复杂，社会保险很难随人迁移。另外，对于外来居民来说，社会保障

---

① 宋江帆：《利益调整与制度变革：新居民社区融入与社会融合》，《华中师范大学硕士学位论文》，2014年，第20页。

的享受条件有很多条条框框的限制，只有达到一定的居住和工作时间，或者收入达到一定水平才能享受到相应的保障。①

总体上来看，虽然广大外来居民的职业身份及从业方式发生了根本性变化，在家乡及工作地之间能够自由流动，集体产权制度、户籍制、村庄组织制度却严重制约着他们融入当地社区。在现实中，农民离开家乡，在政治参与、经济收益、文化融入、社会保障等方面难以获得与当地居民同等的权利，外来居民和本地居民的制度隔离、身份差异和权益差别仍相当明显，严重影响了当地经济社会的发展以及整个社会的和谐稳定。

本章小结

农村新社区建设及治理是今后一段时期我国农村改革和发展的主线，也是国家统筹城乡协调发展以及推进新农村建设的突破口，事关广大农民切身利益。通过对生活、居住在乡村社区内的本地居民及外来居民的调查，初步发现，他们的“所思、所想、所盼、所做”主要体现在以下几个方面：

第一，在农村新社区建设及治理的认知方面，社区建设认识逐步加深，对参与治理主体认识不够明确，民众对户口及土地态度发生较大变化。首先，针对农村新社区建设的认识和理解方面，部分农民能借助多元化传播手段、途径形成初步的认识，但仍有部分农民获取认识的渠道单一。从整体上看，农民的认知水平仍比较粗浅，对乡村社区的基本要素定位不清、认识不全。其次，在农村新社区建设主体地位的认同方面，多数农民缺乏主体意识，处于被动参与状态。这与政府主导的新社区建设有密切的联系。由于农民思维惯性，他们将农村建设看作单纯的政府行为，没有意识到这与自己的生活息息相关以及自己在社区建设中的作用。最后，在城乡统筹发展中的户籍和土地的变更方面，农民对户口和土地的态度已经发生变化。农村收益增加，农民拥有更多选择，越来越多的人愿意留在农村，农村新社区建设已经具备一定的人力资源。在土地流转方面，由于社会保障制度不够完善，农民将土地收益当作不可或缺的一部分，尽管有部分农民提出以土地换取发展的资源和

① 宋江帆：《利益调整与制度变革：新居民社区融入与社会融合》，《华中师范大学硕士学位论文》，2014年，第24页。

机会，但大多数农民都希望保留土地的承包权。

第二，在农村新社区建设中的公共管理与服务需求方面，公共需求的内容相当广泛，但对这些服务的需求急缓程度不同。不同群体需求层次既有共性又有差异性，各类需求急缓程度不同。社区公共服务的供给方式为多元主体共同承担，侧重方面有所不同，公共服务范围有待进一步细化和界定。社区对各类合作组织的需求层次不同，对经济合作组织的需求程度强烈，对其他类型合作组织的需求存在差异性。

第三，在社区治理公共参与方面，社区建设中本地居民参与程度明显高于外来居民，但两类群体参与质量都有待进一步提高。总体上来看，社区成员参与社区建设的普遍性不足；社区成员参与社区建设的广度与深度均有限；社区参与的制度化渠道不够畅通，特别是缺乏可操作的程序规范；居民的参与行为零碎化、非组织化；农村新社区建设中的社会力量参与度不断提高，但社会组织发育不健全。

第四，社区制度改革方面，对不同的治理制度持不同的态度。社区治理制度既为社区的有效运行提供了一定的基础性规范，也为保障社区居民利益提供了直接的保护。从当前广大农村居民的内心感受来看，关系居民重大利益的户籍改革，广大农民持谨慎态度，不愿意直接放弃农村户口进入城市，其原因在于，在不掌握一技之长及缺乏生存技能的情况下进城，没有安全保障。与此同时，户籍制度与土地制度挂钩，广大农民也不愿意放弃在农村承包经营的土地，在缺乏足够的社会保障条件下，土地是他们的最后一道保障线，也是他们极为看重的财产，是他们生存发展的重要基础。而对于社区的公共参与制度，他们渴望进行改革，以使自己有足够的渠道参与到其所生活、居住的社区中来，切实保障自己的民主政治权利，同时也能够通过参与表达自己的利益诉求，并维护其应该具有的各项合法权利。

第五，在社区融入方面，经济融入程度较低，就业机会 + 待遇、权益与保障缺失。在就业方面，一方面，就业机会与就业收入不公；另一方面，就业权益与就业保障缺失。社会生活融入程度不高，隔离型特征突出；本地居民与外来居民的社会冲突有所缓和，但社会交往匮乏，相互信任不足；交往和求助对象主要是亲戚和老乡，新的社会网络关系难以建立；本地居民与外来居民的社区参与缺乏交集，社区共同体难以建构。文化心理融入度不高，社区归属感不强；外来人身份意识根深蒂固；外来居民社区意识尚未形成；

社区活动和服务参与度偏低，社区归属感不强。民主政治融入阻碍重重，基本政治权利难以保障：一方面，大部分外来居民难以或未能行使政治权利；另一方面，基本社会保障仍有很大推进空间。

第五章

乡村社区治理实践问题探索

“现代化”是指“全社会范围一系列现代要素以及组合方式连续发生的由低级到高级的突破性的变化或变革的过程”[①]。新中国成立后，中国的社会性质发生了质性变化。基于中国的现实条件，党和国家提出了“四个现代化”目标，工业现代化成为我国现代化的重要内容。为支持工业优先发展，党和国家对农村基层社会发展提出了新思路，即在农村实行人民公社制度。总体上来看，人民公社制度为工业现代化发展提供了重要支撑。但同时，这种现代化发展模式致使广大农民的各种权利和权益无法得到有效保障，基层社会治理效率低下。事实证明，这种发展模式是不可取的。基于此，党的十一届三中全会开启了改革开放新序幕，农村改革被提上日程。以农村家庭联产承包责任制为核心的农村经济改革及由此带来的基层民主政治建设，成为我国农村经济现代化及政治现代化建设的重要推力。

第一节　现代化背景下之治理思考

改革开放以来，我国各领域的现代化不断推进，并取得诸多新成绩。“在共产党的领导下，全国各族人民团结奋斗，几经曲折，千辛万苦，终于基本实现了经济现代化、经济结构的现代化，才有了今天的繁荣昌盛，欣欣向荣，这是空前未有的伟大成就，是实现中华民族复兴的希望所在，是建设富强、民主、文明、和谐社会主义现代化国家的基础。”[②]值得注意的是，经过几十年不懈的奋斗，我国经济社会取得了长足进步，在经济社会的快速发展中，社会结构也逐步分化。在现代化进程中，社会的政治、经济、文化、教育、法律、家庭系统在功能和结构上不断地分化出子系统，新的组织系统、社会群体不断涌现，现代社会是由诸多异质化的单元和模块构成的。[③]不过，与经

① 胡鞍钢:《中国道路与中国梦想》，浙江人民出版社 2013 年版。

② 陆学艺:《社会建设就是建设社会现代化》,《社会学研究》2011 年第 4 期。

③ 徐鸣、刘勇智:《现代性与民主政治》,《辽宁行政学院学报》2010 年第 10 期。

济现代化发展相比较，我国的社会现代化发展不足，社会阶层结构明显落后于工业化发展水平，社会治理水平滞后，治理能力不足，在转型期，各类社会矛盾、问题层出不穷，给国家治理带来了诸多新挑战。

建设社会现代化，就必须实现民生事业现代化、社会事业现代化（例如教育现代化、科技现代化、医疗卫生现代化等）、社会体制现代化、社会管理现代化、社会组织现代化、社会生活现代化、社会结构现代化，等等。[①]在新时期，推动社会治理现代化已经成为21世纪以来现代化发展的重要内容，也是社会发展到一定阶段的必然结果。正是看到了现代化发展对社会建设、社会治理、国家治理带来的重大冲击，在新的历史时期，党和国家在以“城镇化、工业化、市场化、信息化、农业现代化”为核心的现代化基础上，提出了“促进工业化、信息化、城镇化、农业现代化同步发展”。2013年，习近平在党的十八届三中全会中，将全面深化改革总目标设定为“推进国家治理体系和治理能力现代化”，我国现代化发展进入了一个全新时期。社会治理领域的现代化日益受到党和国家的高度重视。广大民众日常生产、生活与交往的基层社区，是国家治理社会的重要基础与载体，在现代社会治理创新中发挥着重要作用，是推动社会和谐稳定发展、维护国家政权稳定的重要基础，社区治理现代化是新时期社会治理现代化的重要领域。2014年全国两会期间，习近平总书记参加上海代表团审议时就明确指出，“加强和创新社会治理，关键在体制创新，核心是人”“社会治理的重心必须落到城乡社区，社区服务和管理能力强了，社会治理的基础就实了”。从中可以看出，社区治理在推进社会治理现代化中的重要性。2015年，中共中央办公厅、国务院办公厅印发了《关于加强城乡社区协商的意见》，突出城乡社区协商民主的重要性，将社区治理改革进一步推到了一个新的高度。从历史上来看，不同时段的现代化发展都离不开基层社区的发展进步，社区现代化发展在推动国家现代化发展中处于基础性地位。

从总体上看，当代农村新社区建设及治理改革是在我国现代化进程中展开的，更确切地说，是在新时期以国家治理体系和治理能力现代化为核心的现代化建设中展开的。新时期的新型城镇化仅仅是现代化的外延表现之一，新型城镇化其本质是现代化，其内涵是人的现代化。社区治理体系和治理能

---

① 陆学艺：《社会建设就是建设社会现代化》，《社会学研究》2011年第4期。

力现代化是实现国家治理体系和治理能力现代化的重要基础支撑，也是当前社区治理改革发展的核心内容，还是实现中华民族现代化的一个重要组成部分。在新的历史时期，现代化是当前乡村社区治理改革发展的新场景，也是乡村社区治理改革面临的新命题。

第二节　乡村社区治理之历程与特征

在历史发展进程中，我国乡村社区及其治理经历了一个历史发展进程，在不同的历史时期，乡村社区及其治理呈现与时代发展相适应的阶段性特征。不同时段的乡村社区及其治理是一个连续的有机体，共同组成了乡村社区的发展历程及治理演进脉络。乡村社区发展及治理演进脉络本身体现着社会发展变迁对乡村社区及其治理带来的影响，也反映着社区发展进程中的国家与社会关系的变迁与调整。

一、传统时期之治理回顾

自人类社会产生后，为在恶劣的外部环境中生存与发展，人们就过着社群性生活。随着人类社会实践的不断拓展，以及对外部环境认识能力的提高，社会组织化程度不断提高，进而形成了氏族、部落、部落联盟等社会组织管理单位。这些都是最早的人类社会组织单位，也是最初的社区形态。当国家社会产生后，这些最原始意义上的组织单位逐步被制度化、科层化，成为国家社会生活中不同层级的生产、生活与组织单元。在这些社会组织单元中，最基础性的氏族单位逐步发展为有一定边界、人口规模的初级村庄社区，并逐步演化发展为传统社会的乡村社区形态。

（一）村落社区的血缘性、自然性及内生性

在有了国家之后的传统社会时期，从名义上来看，乡村社会属于一定国家的明确领土范围，但是国家并不对基层社会实行直接的控制与管理。在传统社会，国家除了提取一定的资源外很少对农村社会实行直接的干预，国家更多地给予乡村社会休养生息及自我发展的空间，无为而治是其重要表现。在传统社会，乡村社会自成体系，血缘关系及亲属连带关系是一个自然村落形成的重要基础。特别是在早期的分封制社会，王公大臣的封地就散落着诸

多自然村落社区，这些村落社区的居民大多是具有血缘关系的同一家族，或者与王公大臣有相近的血族，来源于早期的氏族社会。血缘关系是个体形成村落社区的重要纽带。作为社区的构成主体，“一家一户是基本的生产和生活单位。但是，家户并不是完全孤立的，即便是独处一地的单家独户，也会与外界发生联系，不可能‘鸡犬之声相闻，老死不相往来—’”①。以血缘为基础衍生出来的社会关系构成了社区稳定的交往和联系机制。当然，随着社会的不断发展、家庭的繁衍，宗族又逐步分化为不同的家族，社区地域及人口范围逐步扩展，社区数量在社会发展中也不断分化，由此，血缘关系又形成了不同自然社区之间的内在联系。血缘及家族利益是家族共同体的重要维系纽带，传统社会的这些血缘共同体及家族共同体与村落社区具有重合性或叠加性。

中国传统社会以血缘关系为基础产生的内生性社区不同于西方国家的社区。美国早期的社区是移民美洲大陆的居民为了抵御外在恶劣环境及共同生存需要所形成的共同生活命运共同体，这其中渗透着英格兰人的高度自治与富于开拓精神。西欧封建社会的庄园制是统治阶级以侵占的土地为基础建立起的基层社会，庄园是统治阶级统治、奴役广大农民的基层社会单位。“俄国农奴制度16世纪末确立之后，农村公社本身也为封建主义所改造，反过来它又成为维护和加强俄国农奴制的有力工具。”② 中国的传统村落社区是自然形成的，它是血缘、地缘关系的综合体。为了长期生存和繁衍，基于血缘、亲缘和地缘关系的小农户结成了一个个小社区，依赖社区的力量解决生产上的难题，比如灌溉、帮工、修路与架桥，同时在生活中患难相恤，守望相助，即乡村主要依靠乡绅治乡、族长治村、家长治家。家有家法、族有族规、乡有乡约，由此形成一个高度自治的体系。③ 血缘关系及复杂的利益网络形成了个体对集体的信任机制，在封闭性的熟人社会里，内生性社会资本及普惠性关系网络逐步形成。与此同时，建立于血缘关系之上的伦理本位及宗族秩序规范约束着每个人的行为，儒家思想又将使个体、家户、家族、社区及国

① 徐勇：《中国家户制传统与农村发展道路——以俄国、印度的村社传统为参照》，《中国社会科学》2013年第8期。

② 曹维安：《俄国史新论》，中国社会科学出版社2002年版，第266–272页；李云飞：《分歧、焦点与出路：农奴制的政治经济学》，《历史研究》2007年第6期。

③ 吴晓燕：《农村土地产权制度变革与基层社会治理转型》，《华中师范大学学报（人文社会科学版）》2013年第5期。

家自成一体，“儒家的伦理道德讲究中庸礼制规范，表现为兼收并蓄、化解敌意、求同存异、合众为一，有利于人与人的平等相处、友好交往，有利于群体间的和平共处、精诚团结，也有利于各民族互相交流、共同繁荣发展”①。因此，传统社会的自然村落社区呈现较强的内聚力与认同感。

（二）社区治理的自主性

传统社会是一个看似外在松散、实则内在联系紧密的社会。从外在来看，国家很少对基层社会进行严格的控制和管理；从内在来看，基层社会却是一个自我高度整合的有机社会形态。传统中国农村社会实行“皇权不下县，县下唯乡绅”的治理策略，农村基层社会由士绅阶层实施“软管理”，以维持农村基层社会的“礼治秩序”和“无讼”秩序。②实际上，在传统社会的乡村社区治理中，政府、代表政府的非正式官方组织及民间社会共同构筑形成了社区的治理机制。从政府主体来看，自秦统一中国后，国家在乡村地区都建立了相应的管理组织体制，如“秦汉的乡亭里制、魏晋南北朝的三长制、隋唐的邻保制、宋代的保甲与乡约、元代的社制、明代的里甲制和清代的里甲与保甲制”③。不过，值得注意的是，政府在乡村建立的制度化的治理组织体系更多的是为了从农村社会源源不断地提取支撑国家治理体系的税收资源，管控基层社会并不是其核心目的，为保障资源的有效提取，国家还充分利用了乡绅、经纪人等社会代理人。“在乡村社会层面存在士绅阶层，士绅管理乡村社会，在乡村社区里所具有的经济优势、管理优势和文化优势，往往能够整合乡村中的文化力量、经济力量、宗族力量、道德力量和各种社会资源，并利用这些合力来实现对乡村社会的控制。”④不过，这些都是传统社会社区治理的辅助性力量，传统社会的社区治理自成体系，呈现高度自主运行的特征，更得益于基于血缘关系建构起来的道德伦理秩序及特殊功能。“家族、宗族是

① 雷源、阙孝中：《从洛带移民聚居地形成中试析传统儒家思想对民族融合的影响》，《云南社会主义学院学报》2017 年第 1 期。

② 费孝通：《乡土中国 · 生育制度》，北京大学出版社 1998 年版，第 54 页。吴业苗：《农村基层社会管理与“社区化”体制建构——基于城乡一体化视角》，《社会科学》2013 年第 8 期。

③ 张哲郎：《乡遂遗规——村社的结构》，转引自刘岱主编《吾土与吾民》，生活，读书 · 新知三联书店 1992 年版。

④ 林文勋、张锦鹏：《乡村精英，土地产权 · 乡村动力——中国传统乡村社会发展变迁的历史启示》，《中国经济史研究》2009 年第 4 期。

一个相对封闭、对外排斥的社会组织，族与族之间具有明显的地域、人员、血缘关系边界，每个宗族体现为一种社会秩序，承担着整个家族的自我治理功能。族内功能的基本作用在于维持村落家族的生存和发展，保证村落家族作为一个系统的稳定性和有序性；族外功能的基本作用在于保证村落家族作为系统与环境之间的交流，或称能量变换和物质循环，即如何从环境取得推动系统的动力和活力。"[①]国家也正是充分利用这种建立于血缘关系基础上的乡村社会内在秩序性规范实现对基层社会的有序治理。血缘关系基础上的道德规范作为社区治理的基础，又与传统文化紧密联系了起来，家国同构、伦理本位使国家这个大家与社区这个小家紧密联系了起来。"中国传统政治社会化形成了包括从一个中心元点（君主）出发的单向辐射型政治意识形态，天君国家合为一体的政治认知，以'忠''孝'为核心伦理至上的政治评价模式"[②]，社区就是在这个大的政治文化模式中平稳发展，国家"正是以血缘等级秩序构成的政治权力分配和传递为基本依据，以伦理精神和宗法精神作为其政治精神，向社会方方面面放射它的核心精神"[③]。高度融合的多元文化为个体的行为提供了价值指引，为社区的有效运行提供一套自成体系的秩序性规范，使社区治理呈现高度弹性及自主性特征。

二、近现代以来之治理回顾

自19世纪中期以来，西方列强的入侵唤醒了中国的民族意识，统治阶级也有意识地开始了现代化的艰难探索。在对国家内部治理中，统治阶级开始对分散的社会进行整合，渐趋形构出一个边界明确、疆域分明的国家形态。"进入20世纪，随着现代化的进展，交通、信息、军事、官僚系统等技术条件得以改进，国家统治权日益向地方深入和延伸，国家行政权和管辖地趋于一体，统治的绝对性增强。"[④]这也是传统国家向现代国家转型的重要标志。在国家有意识地对社会进行管理与控制的过程中，乡村社区逐步被纳入国家化的体制性轨道中来。

---

① 李增元：《"社区化治理"：我国农村基层治理的现代转型》，《人文杂志》2014年第8期。

② 金太军：《近现代中国传统政治文化变革的历史反思》，《江汉论坛》2001年第1期。王光森：《警民关系建设的路径缺失与建构——基于政治学的视角》，《公安研究》2011年第1期。

③ 王沪宁：《当代中国村落家族文化》，上海人民出版社1991年版，第39页。

④ 徐勇：《现代国家建构中的非均衡性和自主性分析》，《华中师范大学学报（人文社会科学版）》2003年第5期。

（一）乡村社区之国家化、政党化

进入20世纪，晚清政府在内外交困背景下发起的政治体制改革正是早期现代化的探索。在对整个社会进行整合的进程中，国家政权有计划地向乡村社会延伸，逐步将乡村社会纳入国家化轨道。就社会属性而言，由于封建国家“编户齐民”的人为措施，清代县以下乡村社会又形成了乡、都、保、庄四级行政区域，或乡、都、庄三级行政区划，抑或乡、庄二级行政区划（因地区不同，又有图、里、堡等各种不同名称）。[①] 在权力下乡过程中，近似科层制的国家乡村治理体系逐步被构建出来。民国以来，政党成为改造传统乡村社会的重要力量。以国民党为核心的国民政府打碎了以血缘关系为基础的传统乡村社区社会结构及治理方式，构筑出了县、区、乡行政体制。民国初期，孙中山曾提出了以县域为单位的地方自治主张，自治区域内“凡成年之男女悉有选举权，创制权，复决权，罢官权”[②]，并积极培养农民的合作意识，重建乡村社会秩序。民国后期，为加强对乡村社会的控制，国民党在统治区推行保甲制度，甲以十户为基础，保以十甲为原则，乡镇以十保为基础，乡村社会被完全纳入行政控制体系中来。在保甲制基础上，实行连坐制度，1家有“罪”，9家举发，若不举发，10家连带坐罪。乡村社会呈现单元化、条块化特征。在中华苏维埃政权控制地区，共产党也对乡村社会进行了大力改造。共产党带领广大农民开展了一系列的土地革命，推翻封建地主阶级的统治，消除封建社会赖以存在的经济与社会基础，并建立苏维埃地方政权体系，各革命根据地形成了区、乡、行政村和自然村四级制，传统村庄社区经过改造后成为新政权的基层社会基础，是革命动员、社会整合的重要组织载体，也是党的组织建设及政治化发展的重要载体。

正如吉登斯指出的，现代国家建构的过程，就是“造就一个有明确边界、社会控制严密、国家行政力量对社会进行全面渗透的社会”[③]。将传统分散的乡村社会纳入现代国家政权的制度化轨道是现代国家建设的根本目标。自20世纪以来，我国进入了政党政治社会，在国家尚未实现内部统一与外部独立之前，现代国家建设的重要任务是在实现民族独立中完成国家的统一，这就需

---

① 转引自陈部方《清代地方乡村治理的传统特征》，《晋阳学刊》2006年第3期。

② 《孙中山全集》（第5卷），中华书局1985年版，第220页。

③ ［美］吉登斯：《民族—国家与暴力》，生活，读书·新知三联书店1998年版，第146–147页。

要有一个高度整合、有机统一的社会作为支撑。“在现代化整治中农村扮演着关键性‘钟摆’角色”[1]，农村不是稳定的根源，就是革命的导火索。无论是哪一个夺取政权的革命党，都首先注重对乡村社会进行控制与管理，以获取政治支持及形成提取资源的社会基础。即使争取民族国家独立的过程，也离不开乡村社会的人、财与物的支持。由此，近现代以来，特别是民国以来，乡村社区逐步被有计划地纳入国家政权体系中，并打上了政党烙印，是政党夺取政权、巩固阵地的重要依托，这个过程是以摧毁传统社区的某些特质为基础的。

（二）乡村凋敝中之多样化社区治理探索

近现代以来的中国处于不同力量在内外交困中探索中国现代化发展的特殊时期，西方资本主义经济对中国乡村的强劲渗透以及军阀混战、天灾频繁，使中国乡村逐渐破败凋敝。在内外交困中，封建统治阶级从如何维护摇摇欲坠的政权统治角度对既有政体进行小修小补；先进知识分子则从西方政体中吸取养分号召对既有政体进行大改良，形成君主立宪体制；新兴资产阶级则要求对旧政体进行彻底改良。不同观点无法妥协，使各种改革最终失败。在不同派系之间的斗争中，乡村社会秩序失序，民众成为最大的受害者，乡村经济、社会、文化都受到较大程度的破坏。“民族—国家的成长史是社区内部的人民不断地从地方性的制约中‘解放’出来，而直接面对国家的全民性规范、行政监视、工业管理、意识形态的影响和制约的过程”[2]，国家政权下沉将传统乡村社区的内在自我治理机制打碎。杜赞奇在《文化、权力与国家》一书中，就分析了“国家权力是如何通过诸如商业团体、庙会组织、宗教、神话及象征性资源等来深入乡村社会底层的。官府通过‘经纪人’（或称‘中介人’）来统治乡村社会”[3]。然而政府建构出来的一套制度化治理机制无法保障民众的合法权利及根本利益，反而成为导致乡村社会进一步衰败的根源。乡村社区不仅无法从国家政权体系中获得任何好处，还成为各种成本的最终负担者。

---

① ［美］塞缪尔·P. 亨廷顿：《变化社会中的政治秩序》，王冠华译，上海人民出版社2008年版，第241页。

② ［英］安东尼·吉登斯：《民族—国家与暴力》，胡宗泽、赵力涛译，王铭铭校，生活·读书·新知三联书店1998年版，第4–6页。

③ ［美］杜赞奇：《文化、权力与国家 –1900–1942年的华北农村》，王福明译，江苏人民出版社1996年版。

在特殊时期，一些先进知识分子开始发起救亡图存的乡村社会运动，重构乡村社区治理秩序。早期，米迪刚兄弟组织进行农村改良实验，探索乡村社区自治新路径。南京国民政府成立后，国民政府也曾经尝试进行乡村社区治理改革，如阎锡山主政山西期间，就进行过村治实验，编行村制，划定村界，并建立了“村—闾—邻—农户”四级的村级组织管理体系；“把政治放在民间”，村治主体由政府转向村民，以村为单位提升村民自治能力，当然，国民政府时期实行村治的重要目的是出于政治和军事斗争需要。后来的南京国民党政府以山西村治为蓝本制定《县组织法》，在全国范围内推行区村制，要求村长由村民选举产生。基于国共两党的斗争，后来国民政府统一在全国实行了保甲制度。① 在梁漱溟看来，今日中国的问题在于社会组织结构的崩溃，要重建一种新型的社会组织结构。他发起了乡村建设运动，重构新型乡村社会秩序。梁漱溟在广东倡导“乡治”，在河南尝试“村治”，后来在山东邹平开展乡村建设运动。“晏阳初提出了文艺、生计、卫生、公民的‘四大教育’和学校、社会、家庭的三大教育方式，来医治中国人的‘愚、穷、弱、私’四病。”② 中国共产党自成立之日起，就非常注重开展乡村建设运动，积极开展农村调查，先后领导广大农民进行抗租减租斗争、土地革命运动、农民合作化运动、建立农民乡村自治政府、建立农民民主选举政权、发展农村经济、开展农村文化教育建设等乡村社会改革运动，推动乡村社会治理改革。

三、新中国成立后治理回顾

新中国成立后，中国共产党执掌政权，国家政权性质发生了根本性变革，我国进入了现代国家建设的新时代。在这一时期，乡村社区被纳入了现代新型政权体系中，成为国家落实各种目标及任务的重要组织载体。农村新社区建设及治理改革的总体性质与目标都发生了深刻变化，保障人民当家做主及为广大农民提供更好的生存与发展条件是农村新社区建设与治理的重要出发点。总体上来看，新中国成立后，我国乡村社区及其治理经历了改革开放前30年及改革开放后40年两个发展阶段（为论述方便，将前文所述“表1-1”

① 肖立辉、孟令梅：《民国早期山西村治的理论与实践》，《中国农村研究.2001年卷》，中国社会科学出版社2002年版，第349页。

② 王先明：《20世纪前期中国乡村社会冲突的演变及其对策》，《华中师范大学学报（人文社会科学版）》2012年第4期。

中第一、第二阶段合并为一个阶段），每个阶段的乡村社区及其治理都与政党及国家的政治目标有着内在的联系。

（一）社区承载着国家政治目标

新中国成立后，我国掀起了社会主义农村建设大潮，为消除封建残余，建立社会主义经济和社会基础，党和国家开始对农村社会进行改造，打造新型国家政权的基层社会基础，首先进行农业改造，推动农民合作化及农业集体化。在农村社会主义建设中，党和国家逐步打碎旧的乡村社会治理体系，重新建构新型乡村社区及其治理机制。1954 年 9 月，我国颁布了新中国的第一部宪法，取消了过去的区村制和区乡制两种体制并存的制度，对于面积较大、居住分散的乡，乡以下可由若干自然村分别组成行政村，行政村下按自然村划定居民组开展工作。[①] 在此基础上，共产党开始自上而下建立党组织体系，农村基层党组织成为农村基层社会的领导者，乡村社区逐步由原来的传统自组织的生产、生活共同体转变为承担特定政治目标功能的政治共同体。党和国家对乡村社会的改造不仅体现于构建出了有利于党和国家动员基层社会的有效治理体系，还积极改造传统小农，通过意识形态教育、政治动员、批判斗争等，消除传统小农品格，塑造新型社会农民。为了快速发展现代化国家，党提出了工业优先发展的现代化目标，为保障工业发展的物质基础，党在合作化进程中逐步将广大农民集中起来，建立人民公社体制，既消除了资本主义产生的社会土壤，又为现代化发展提供了原材料及物质基础，乡村社区被彻底政治化。人民公社制度在历史上第一次真正使村民走向了全国的、体制化的集团式合作，并由此产生了相应的全新的群体性活动，人民公社在此意义上形成了强控制的行政共同体，国家也通过相应的活动实现了与村落和村民的直接对接。[②]在人民公社时期，乡村治理体制实行的是以“人民公社、生产队、生产小队”三级所有队为基础的组织管理体系。总体上来看，在新中国成立之后的前 30 年，是国家有计划地对乡村社会进行政治化改造的特殊

---

① 项继权：《从“社队”到“社区”：我国农村基层组织与管理体制的三次变革》，《理论学刊》2007 年第 11 期。

② 刘伟：《难以产出的村落政治——对村民群体性活动的中观透视》，中国社会科学出版社 2009 年版，第 3 页。曹亚雄、柳李华：《社区化党建：当代农村基层党组织建设的现代转换》，《社会主义研究》2015 年第 2 期。

时期，以乡村社会为基础打造实现社会主义现代化的新型社会，乡村社区及社会发展被高度政治化，达成政治意识形态教育宣传、动员群众参与社会建设、支援现代化建设、实现基层社会整合等重要政治目标。

（二）社区治理之高度集权化

自共产党成为执政党之后，党对乡村社会进行了有计划的改造，改造核心之一在于打破旧的乡村社会治理体制及社会秩序，重构与社会主义及集体精神相适应的现代乡村社会秩序，并对传统小农进行现代改造，社区治理在国家有计划的改造中逐步实现制度化与规范化。如为消除旧的社区治理制度规范，党选派精干的工作队进入乡村社会，“然后组建以农会为基本框架的村落权力体系，经过物色和筛选，把政治上最可靠的村民组织起来，通过他们来取代旧有的宗姓族权和保甲权力体系，实现对村落的有效治理”①。在政党下乡中，传统的血缘和地缘共同体逐步被外部权力清除，乡村社区性质发生了根本性变革，“从主要是以家族血缘或地缘认同为基础的社会生活共同体转变为以集体产权或经济为基础的生产和经济共同体；从一种自然或自发形成的社区共同体转变为由国家权力深度干预和控制而形成的政治共同体”②。随着国家有目的地在农村进行社会改造，政经社高度合一的人民公社管理制度被建构出来。如有学者就指出，农业社统一经营、统一核算；在管理体制上，实行“政社合一”，生产和生活强调“组织军事化，行动战斗化，生活集体化”；在分配上，实行供给制与工资制相结合的分配制度以及与这种分配制度相适应的公共食堂。③人民公社建立了对社员的统一劳动、统一管理制度，公社社员一切行动要听指挥，公社党组织对乡村社会资源全面占有，并控制着乡村社会的一切。乡村社会既是农民生活单元、居住单元，也是政治治理单元，“不仅‘纵向的国家政治整合完全取代了横向的地方社会整合’，而且乡村社会的自主性、能动性基本丧失，单向度的行政管制和政治运动湮没了乡村原生秩序和‘先天和谐’”④。在具体治理实践中，乡村社会更多地体现出党

---

① 谢迪斌：《论新中国成立初期中共对乡村村落的改造与重建》，《中共党史研究》2012 年第 8 期。

② 项继权：《中国乡村社区及共同体的转型与重建》，《华中师范大学学报》（人文社会科学版）2009 年第 3 期。

③ 罗平汉：《农村人民公社史》，福建人民出版社 2003 年版，第 56–72 页。

④ 吴业苗：《农村基层社会管理与“社区化”体制建构——基于城乡一体化视角》，《社会科学》2013 年 8 期。

和国家的主观意图及社会控制目的。

四、改革开放以来的治理回顾

改革开放后，我国经济体制的改革也推动着政治体制的变革，市场经济发展逐步推动我国政治建设的民主化进程。政治民主化建设不仅体现在人民代表大会制度、政治协商制度等宏观民主政治制度及体制的民主化建设，还体现在农村基层治理的民主化进程。改革开放后，随着集权型的人民公社体制的解体，集党政经于一体的人民公社社区也逐步被废除。随着行政权力从乡村社会的适度退出，乡村社会获得了较大的自主空间，乡村社会由此开启了一种以保障基层社会自我治理权利为基础的民主自治时代，社区的外在形式及治理模式都发生了根本性变化。

（一）社区之治理单元特征

经过长期的实践，政府完全主导乡村社会的人民公社体系被证明是低效的，基于此，新的乡村治理模式"乡政村治"应运而生。中国开始培植发展一个民主的、市场的"公民社会"，一个多元的、独立的，在一定程度上可以自治的社会。① 如果说改革开放之前的30年是计划经济时代国家有意识地为完成现代国家政权建设目标而对乡村社会进行的有计划的政治改造与整合，那么改革开放后的30年则是国家根据市场化发展结合国家政治目标对乡村社会进行的现代化治理探索。改革开放后，随着经济体制的转换，原有的以计划经济为基础的公社治理体制难以适应商品经济、市场经济发展的新要求，公社治理体制逐步解体，恢复了乡镇村建制，生产队改制为村庄，原有的集体经济被划为村庄集体经济。由此，村庄成为改革开放后的新型乡村社区单元。在体制转换期，由基层农民在实践中探索创新的群众自治制度为国家所吸纳，成为治理乡村社区的重要制度模式。经济体制的转换不断推动国家政治体制及治理方式的转变，建设民主国家及民生国家既是新时期国家政权建设的重要目标，也是党和国家在新时期获取权威性支持的重要手段。这些政治目标在农村社会的实现主要依靠村庄社区得以落实，各项任务的贯彻、精神的传达也是借助基层党组织领导的村庄得以落实，农业税收时期的税费征

---

① 董雪兵、余逊达：《村民自治中的政府与社会》，《浙江大学学报（人文社会科学版）》2001年第4期。

收也借助于社区自治组织完成。与此同时，村庄社区还承担着宣传党和国家政策，维护基层社会稳定的重要任务。党和国家赋予民众较大的自主空间及权利以获取基层社会的支持，并通过党的领导有效掌控村庄社区的发展，使基层社会承担起新时期的国家治理目标。

（二）自治及精英治村

当乡村社会进入“乡政村治”时代后，乡村社会自主空间得以扩展，村庄社区村民具有自我治理的空间及经济社会发展自主性。不过，这套村压社区自治模式也是由党和国家基于实践中的先期探索进行的制度化创新，试图构建一套与现代市场经济及民主国家相适应的民主化治理制度，以保障民众的民主自治权利及自由发展空间，夯实党和国家的执政基础，形成民众对党和国家的高度认同。这套自治模式是以民主选举、民主决策、民主管理和民主监督“四个民主程序”为核心，以村集体经济为基础，实行的是党组织领导下的经社合一模式。广大农民被赋予了村庄地域范围内的广泛民主权利，广大村民在村党支部的领导下，以村集体经济为基础，围绕村庄社区日常生产、生活中所形成的各类公共活动进行自我治理。

在实践中，村民自治制度改变了政府任命干部这种传统村干部任命方式，民主选举的自我治理方式为乡村精英成为村庄当家人提供了机会。“由于这些地方乡村精英往往个人能力突出，在经济或社会活动方面具有突出的才干，使得能人个人的主观意志和个人能力在处理农村事务和村民自治组织建设中起到了主导作用，这就是能人型治理模式，其突出特点是个别或少数能人在村级治理实际过程中居支配性地位，具有相当高的权威。”① 在实践中，能人治村在经济发达的农村较为普遍，担任村委会主要职务的人员普遍具有一定的文化水平，并且多数是村办私营企业主、企业管理者或者个体户，具备这些社会资本的乡村精英往往被认为更能够带动村民发家致富。另外，村规民约在乡村治理中发挥着日益重要的作用。村规民约由全体村民通过公决产生，其规定的内容大到村干部违规的处理，小到乡村内一棵果树的承包等各项村务，典章的内容主要涉及村级组织职责、村务议事及决策、村级财务管理、

① 任志安：《乡村社区治理模式探析——以绍兴农村“两种”模式为例》，《黑龙江社会科学》2007 年第 6 期。

村务公开制度、村干部违规追究办法等，典章明确了对村干部的监督机制，村干部如果违反典章，按违章次数予以不同处置，直至被依法罢免，如果违反程序造成集体损失还必须赔偿。不过，这套制度也是党和国家自上而下推行的，本身就被赋予了特殊的功能与价值。因此，“乡政村治”模式并未真正改变政府主导乡村社会的总趋势。总体上来看，这套治理制度与人民公社管理制度相比已经有了较大的进步，其民主价值已经得到了较大程度的体现。村民自治制度作为我国特色的民主实践形式，保障了村民的民主权利，构建了改革开放后新的社区治理体制及规范，同时它也支撑起国家治理基层社会的重要任务。村民自治组织是改革开放后党和国家落实各项任务、传达各种精神、宣传动员、资源提取及维护社会稳定的重要组织载体，在实践运行中，这套社区自我治理制度逐步被行政化，依附于国家的政治目标。与此同时，以集体经济为基础，由全体村民共同参与的村民自治作为一种特色的民主治理制度，也呈现较大的封闭性与排外性，在现代开放、流动的社会中具有较大程度的局限性。

第三节　多元背景下的乡村社区治理

自改革开放以来，随着经济社会的快速发展，在工业化、市场化、城镇化、信息化的发展推动下，乡村社会开始发生明显的历史性变迁。在社会发展进步中，传统村落在快速的现代化发展中逐步发生变迁，乡村社区日益走向分化与转型，乡村社会内在因素的变化对社区变革及治理创新提出了新要求。与此同时，在现代化推动下，国家治理基层社会的基础也在发生变革，推动国家的治理现代化发展，加强民主建设与民生建设等一系列任务，都客观上要求乡村社区重建及治理的改革。总体上来看，乡村社会内外环境的变化，都客观上推动着社区治理改革与创新。

一、乡村社区之变迁与分化

在当代社会，现代化发展已经逐步推动城乡社会由分离向一体与融合转变，在新的历史时期，城镇化成为缩小当代城乡差距，实现城乡社会一体与融合的重要推动力量。当然，作为一个有机体，城乡社会的统一、融合与发展需要经过较长的历史时期才能实现，城乡一体与融合不仅体现在经济、文化层面，更体现在社会层面。作为广大农民日常生产、生活的重要场所，城乡基层社区是实现城乡基层社会融合的重要基础。自乡村社会被卷入以城镇化、市场化、工业化为核心的现代化进程后，乡村社区的性质、类型与功能都在潜移默化中发生变迁与分化。

（一）社区性质之变迁

从传统意义上来看，社区即“基于一定的地域边界、责任边界，具有共同的纽带联系和社会认同感、归属感的封闭性社会生活共同体”①。社区是人的社会关系的外化，是一个邻里互助、彼此照顾的熟人社会。国内社会学家袁方则指出，社区是聚集在某一地域内，按一定社会制度和社会关系组织起来的、具有共同人口特征的地域生活共同体。②传统社区更多地体现为个体之间、家庭之间形成的社会交往关系。不过，当人类进入工业社会后，社区在外在力量的推动下，不断发生变迁与转型，这也使人们重新理解社区。与人们对传统社区的理解不同，彼得·德鲁克结合后工业社会发展的现实特征重新理解现代社区，他认为新社区是以公民身份为纽带（公民价值意味着公民积极承诺，意味着公民承担社会责任，意味着一个人在社区、社会和国家中有某种影响），以非营利组织为基础的社会共同体。③实际上，作为社会的组织细胞，社区在人类发展进程中经历了一个历史变迁过程。如果说传统农业社会中的乡村社区体现为以血缘、地缘关系为基础的内生封闭性认同共同体，工业社会中的社区则具有外生性，它更多地体现为不同身份居民基于生存发展需要外向结合而成的社会域。生存于社区，人类有两类基本需要——家庭生活需要、公共生活需要，前者表现为私人物品，如衣、食、住、行、休闲、娱乐等，后者表现为公共物品，如社群认同、公共服务、公共道德、公共参与、公共活动等。④现代意义上的社区是在继承传统社区精髓基础上发展而来的，现代社区与现代社会发展特征紧密联系，现代社区是由开放、流动社会中的不同身份个体组合而成的社会集合体，是公民交往、活动所形成的生活共同体、公共活动空间。在共同的交往、活动中产生凝聚力与向心力，这正

① ［德］滕尼斯：《共同体与社会》，林荣远译，商务印书馆 1999 年版，第 78 页。

② 于艳艳：《社区居委会工作手册》，中国法制出版社 2006 年版。

③ 李增元：《“社区化治理”：我国农村基层治理的现代转型》，《人文杂志》2014 年第 8 期。

④ 陈伟东：《论社区建设的中国道路》，《学习与实践》2013 年第 2 期。

是现代城市社区的本质特征。当然，由于现代工业社会发展的进程及基础不同，社区发展在各地呈现较大的差异性，社区外在形态呈现较大的差异，但其本质都体现为社会性，是人的社会关系的外化，体现着人的社会关系的本质属性，是个体自由发展的场所。①

从现实来看，在历史进程中，我国农村基层治理经历了宗族治理、村庄行政化治理、社队制治理、村庄集体化治理不同的历史阶段。在不同时期，农村基层治理借助的组织载体不同。在我国历史发展进程中，在传统乡村社会，广大民众以血缘、地缘为基础聚族而居，家族共同体具有内生性特征。新中国成立后，国家构造出了集生产、生活于一体的人民公社大集体，这种以外力干预形成的集体组织为个体的情感归属及认同提供了一定的载体，外在强制下的生产大队、生产小队具有社区的某些特征，它是基层社会的一类组织认同单位。在乡政村治时代，村庄社会具有一定的社会自治权利及自治空间，村庄是由全体村民组成的社会性自治组织，是以经济利益为核心构筑的村庄生产、生活共同体，既是村庄集体经济组织，也是村庄集体社会组织。在现实中，土地产权集体所有及严格的村籍边界使村集体经济组织与村集体社会组织具有高度重合性，同时也呈现高度的封闭性与排外性。村集体是带有很强封闭性的兼具生产、生活特征的共同体，对内具有较强的封闭性，对外具有较强的排外性。②

实际上，自改革开放后，在农村社会主要存在两种性质的集体组织，一种是以集体经济为基础的经济组织，另一种是由居住在村庄的所有居民组成的乡村社会组织，这也是乡村社区的组织依托。改革开放后，正是由于两种组织交织在一起，社区组织的性质及特征才没有直接体现出来。不过，随着市场经济向农村社会的渗透，农村各种要素的市场经济价值逐步呈现，经济组织有其特定的运行规律，以传统村庄权力主体为核心的集体经济运行方式无法适应农村市场经济发展的要求。在市场经济刺激下，集体经济的市场化运行机制逐步得以呈现。这进一步推动着村庄社会组织与集体经济组织的分离。村庄集体经济组织是以村庄集体土地、其他集体资产为基础组成的组织，具有明确的成员边界及受益对象，其运行遵循经济管理方式，不同于社会组

① 李增元、李家文:《城镇化中的“城乡一体型”农村新社区探析》,《社会主义研究》2015 年第 2 期。

② 李增元:《“社区化治理”：我国农村基层治理的现代转型》,《人文杂志》2014 年第 8 期。

织。在开放与流动中，乡村社会地域范围内的居住成员逐步多元化，成员边界超出了传统村庄成员的范畴；社会组织成员的社会关系边界及公共活动空间边界也超出了传统村庄社会的范围。村庄是一种全新的乡村社会生活共同体，具有现代社区特征。社区既是地域性社会生活共同体，同时也是利益和文化心理共同体。公共生活利益指的是现代乡村社会共性需求及内在联系，社会交往中建立的信任、互惠机制是其认同及文化形成的基础。在国家层面上开展的农村新社区建设，正是为适应现代乡村社会的发展变化，努力构筑以在乡居住的所有居民基于共同生活需要为基础的社区共同体，通过不同主体的共同参与来解决社区共同体的治理问题。

总体上来看，于新的发展阶段中，在内外力量的推动下，乡村社会正在逐步摆脱传统村庄社会固有的政治经济体系束缚，在更大的空间及地域上有了质的扩展，新的乡村社会公共领域以新型工业化、城镇化背景下的现代新社区的外在形式表现出来。它既体现着个体的私人领域，也体现着社区的公共领域与国家的公共领域，是私与公的结合。无论是作为个体的私人领域，还是作为社区的公共社会领域，抑或是作为国家的公共治理领域，现代乡村社区发展都涉及国家、社会、居民多元主体利益。[①] 在现代社会，社区共同体不是一个纯粹的国家领域，不是一个纯粹的市场领域，也不是一个纯粹的社会领域，而是国家、市场、社会都在其中的一混合领域（第四领域）。[②] 现代乡村社区是国家、社会、市场、居民多种力量交织形成的混合形态，是政治共同体、社会共同体、文化共同体、行政管理共同体的叠加。在现代社会，社区首先体现为国家建构的政治共同体，是新时期国家政治建设、政治发展、政治社会化的基础载体，承担着现代国家建设的政治任务。其次，社区是新时期的社会生活共同体，是生活在社区内的居民共同组成的社会生活单元，是社会交往、社会实践及日常生活居住的基础性场所。再次，社区是文化共同体，是文化传承、文化活动开展、公共精神培养、道德情操培育、健康人格形成、行为规范教导、礼仪文明教化的载体。最后，新时期的社区是国家治理基层社会的基础单元，也是构建现代国家、巩固党执政的新型微观细胞，承载着民生建设的重任；是国家进行社会管理、维护社会秩序、保障公平正

① 李增元：《“社区化治理”：我国农村基层治理的现代转型》，《人文杂志》2014 年第 8 期。

② 陈伟东：《论社区建设的中国道路》，《学习与实践》2013 年第 2 期。

义的载体，也是国家落实农村公共服务政策的重要抓手。由此，在现代社会发展中，现代乡村社区已经不再等同于传统乡村社区，它的性质与外延都发生了深刻变革。

（二）社区类型之分化

作为农业大国，社区一直以来都是我国民众日常生产、生活与居住的重要单元。不过，文化、地理因素的糅合使人们对社区的理解呈现多样性。从历史上来看，脱胎于部落时代的血族共同体就是乡村社区的基本雏形。随着国家的建立及农耕文明的兴起，社区的单元及类型都在发生变革。因此，在考察乡村社会时，社区被理解为不同的组织单元。在费孝通看来，传统村落是中国乡村社区的基础性单元。不过与此观点不同，诸多学者从血缘及宗族关系出发考察乡村社会，认为乡村社区是血缘性共同体。在弗里德曼看来，“宗族与村落两者在相当程度上已经融为一体，共同的祠堂和族产构成宗族关系存续的纽带和基础”[①]。除此之外，也有诸多学者将市场、集市交易中心与社区联系起来理解社区，并认为社区仅仅是以集市或市场为中心的网络结构中的一个组成部分，如美国学者施坚雅指出，农民的社会活动空间是由他的基层市场区域边界决定的。由此看来，对传统社会的乡村社区研究，从不同的角度考虑，也会将乡村社区划分为不同的类型。社区作为个体生活、居住的场所，是个体的集合体，本质上反映着个体的社会关系。个体的社会关系随着实践活动的扩大也是不断扩展的，呈现不同的层次性。因此，社区实际上也自然具有类型化特征。不过，总体上来看，随着传统国家向现代国家的过渡，无论乡村社区具有何种类型，它都是不断变迁与发展的。如果说村落共同体、宗族和血缘共同体主要是基于村落内部互助和血缘宗亲关系建立起来的话，那么近代以来随着国家政权建设的启动，乡村和村落相对自治的状态逐渐被打破，基于传统认同和忠诚的封闭性社区或共同体就陷入分化和瓦解之中。[②]新中国成立后，国家更是有意识地去建构、实现与共产主义社会相适应的现代社区形态。集党政经于一体的人民公社大社区就是这样被建构出来的。人民公社时期的中国乡村社会是一种“蜂窝结构”，虽然国家权力纵向伸

① ［英］莫里斯·弗里德曼：《中国东南的宗族组织》，刘晓春译，上海人民出版社 2000 年版，第 2 页。

② 许远旺、卢璐：《中国乡村共同体的历史变迁与现实走向》，《西北农林科技大学学报（社会科学版）》2015 年第 2 期。

入了基层，但横向权力扩展不足，其结果导致人民公社体制及各地方和基层单位相互隔离、封闭和孤立，削弱了国家对基层社会的控制和渗透能力。因此，这种基层治理体制被认为是失效的，为实现政治目的人为打造出来的社区呈现较大的机械性。

改革开放后，随着政治体制及经济体制的转换，国家治理基层社会的城镇化加快，21世纪以来，城镇化发展更加注重中小城镇建设及实现乡村社会就地城镇化，是以人为本的城镇化，也是人的城镇化。在工业化、市场化、城镇化等多种因素的影响下，乡村社会的生活、居住、交往与组织单元都发生着深刻变革。这种乡村转型不仅带来了生活空间的重组和社会经济活动的转变，而且意味着传统村庄社会关系和组织结构的变迁。①当然，基于中国乡村社会的区域性差异，城镇化对不同乡村社会的影响也不一样，乡村社区的发展进程及转型特征也不尽相同。折晓叶在对中国东部和南部现代化起步较早的乡村地区的研究中就指出，在乡村工业化与城镇化推动下，传统乡村社区向现代“超级村庄”转型，它既是工业化的社区，又保留着乡土社会的某些生活秩序和原则，表现出非城非乡又亦城亦乡的特点。②在现代化进程中，传统乡村社会遭到了市场化、工业化、城镇化的重大冲击，乡村社区呈现类型化发展趋势。整体上来看，传统村庄社区被卷入以城镇化为核心的现代化进程后开始发生分化。

由于乡村社会受到内外力量的冲击程度不同，当代乡村社区无论是外在形态上还是内在结构上都呈现不同的类型。从内在经济社会发展力量来看，当代乡村社区外在形态发生变迁，既有传统自然村落型社区，也有现代工业型社区；既有农业型社区，也有逐步非农型的社区，同时更多地体现为亦农非农型社区，即以经济发展为基础，经济联系及社会交往不断扩大所形成的开放性居民居住区。在开放与流动中，虽然大部分农村居民仍然居住在乡村社会，但是他们的从业身份发生变革，他们从事非农型行业，社会关系、交往方式更加趋向利益性及理性化，以血缘关系为基础的交往方式逐步淡化。另外，我国仍然存在以血缘、宗族为联系机制，以庙宇、水井等为核心公共活动空间的部分传统村庄社区。从外部力量作用来看，当代乡村社区也呈现

---

① 林聚任：《村庄合并与乡村社区化发展》，《人文杂志》2012年第1期，第161页。

② 折晓叶、陈婴婴：《超级村庄的基本特征及“中间”形态》，《社会学研究》1997年第6期，第36页。田毅鹏：《“村落终结”与农民的再组织化》，《人文杂志》2012年第1期，第157页。

不同的类型，如现代国家建构的以集体产权、户籍、明确地域边界为基础的自然村、行政村；因征地、拆迁、搬迁安置所形成的现代居民生活区；因国家推进公共管理与公共服务所规划形成的多村庄联合型社区、合村并居型社区等。从人员构成上来看，既有单一的封闭性、同质性自然村落社区，也有开放性、流动性背景下的开放性、异质性社区。另外，从纵向空间地域范围来看，乡村社区既有远郊型农业社区、近郊型农业社区、乡镇中心聚居区，还有城郊的不明显的农业混合社区。与此同时，还有逐步被城市化的城中村社区。

与此同时，随着城市的逐步扩张与农村工业化发展，诸多传统村庄被强行改变，取而代之的是以楼房或整齐划一的具有城市社区特征的现代生活区。至于城市扩张或工业开发所推动形成的新型生活居住区，它不仅容纳了本地农村居民，同时还容纳了外来打工者、个体经营者等多类身份的居民。与传统乡村社区居民相比，生活、居住在这些新型社区内的民众趋向于城市居民的消费方式，“他们的消费结构与消费方式越来越接近城市居民，不仅在‘吃、穿、住、行’等物质生活方面，而且在文化、娱乐、教育等精神生活方面，以及服务消费方面不断向城市居民看齐”①。在从业结构上，生活于新型社区内的居民不再是传统的农民，除了少部分居民从事纯粹的农业生产外，绝大部分居民从事非农产业，职业身份不再是农民。在社区管理上，非本地的外来居民逐步被纳入社区社会管理的范畴，并积极参与到社区治理中来。与此同时，各级政府部门逐步将这些新型乡村社区纳入城市基层治理的范畴，强化公共管理与服务能力。从实质上来看，城镇化进程中出现的农村新社区，其本质是生活共同体，是介于传统乡村社区共同体与现代城市社区共同体之间的过渡型共同体，是生活于社区内的不同身份的居民公共活动及社会关系的外化，是人性绽放及自由发展的社会场所，其未来发展方向是现代社区。②

总体上来看，当代乡村社区呈现传统性与现代性、农村性与城市性多重特征复合交织的现象。现代化发展深刻改变着乡村社区的特质，乡村社区逐步呈现现代特征。即使就已经经历过现代化进程的西方国家来说，当代乡村社会仍然存在，在历史的大转型中经历着分化与变迁，并形成了“工业企业

① 杜富裕、李韶杰：《新时期农民消费心理分析》，《人民论坛，学术前沿》2017 年第 7 期，164–165 页。

② 李增元、李家文：《城镇化中的“城乡一体型”农村新社区探析》，《社会主义研究》2015 年第 2 期。

乡村、城市化乡村、符号乡村、中产阶级乡村、消费乡村、殖民乡村”[①]等多种类型的乡村形态。彼得·德鲁克从现代工业社会背景出发，指出当代新社区是以公民身份为纽带（公民价值意味着公民积极承诺，意味着公民承担社会责任，意味着一个人在社区、社会和国家中有某种影响），以非营利组织为基础的社会共同体。[②]在现代化进程中，以传统血缘关系、道德伦理秩序建构起来的社区公共性逐步解体，个体之间的社会关系及联系也在发生变迁，利益性、契约性更为明显。“离土时代的来临给农村社会权威关系带来多重挑战，其结果是缺乏能够凝聚村落共同意识的权威人物并最终使权威信任沦落。然而这种结局不仅是村庄权威人物离土这一单纯因素所致，而同时体现于作为权威信任关系双方的权威人物群体和作为施信者的村民群体的离土上。”[③]在开放与流动中，传统的社区权威主体也在发生变化，各种形式的能人成为社区的主宰者。在泛市场化时代，个体是离散的，社区缺乏凝聚力。个体的社会行为模式逐步与城市居民趋同，权利意识及利益意识凸显，社区文化多元，现代公共性缺失。乡村社区在向现代社区转变过程中，基于区域性差异，社会基质不同，社区形态、性质也呈现较大差异性。有的转型较快，有的变迁较慢，但总体上呈现松散性、异质性特征，民众更多地将社区作为一个生活、居住的单元，社区意识还没有真正形成。

（三）社区功能之复合

其实，在历史上，无论何种类型的社区，它们都承担着一定的功能。如果说最原始意义上的胞族、氏族或部落联盟是原始居民在恶劣自然环境中为生存而组建的群居组织，那么传统社会以血缘或地缘为基础形成的宗族或自然村落，则不仅满足了个体的基本安全、生存和发展需要，同时还为个体情感归属、精神依托及文化认同提供了基础载体，另外它也为族内成员提供了必要的物质基础。在现代化进程中，自然生长性的内生型社区逐步被国家化，并被国家改造成为治理基层社会的基础载体，社区被赋予了更多的政治与行政目标。基于社区的历史性、现实实践性，人们对社区的理解也呈现多样化

---

① 王萍：《发达国家乡村转型研究及其提供的思考》，《浙江社会科学》2015年第4期。

② ［美］彼得·德鲁克：《后资本主义社会》，上海译文出版社1998年版，第172页。

③ 汪小红、朱力：《“离土”时代的乡村信任危机及其生成机制——基于熟人信任的比较》，《人文杂志》2013年第8期，第101页。

特征。有的从社会群体、过程的角度去界定社区，认为社区是具有共同利益和信念的人在共同参与和组织多样性生活的过程中所构成的群体；有的从社会系统、社会功能的角度去界定社区，认为社区是享有共同利益和共同功能的人组成的群体；有的从地理区划（自然的与人文的）的角度去界定社区，认为社区是居住在一定地方的人共同生活、实现自治的共同体；还有人从归属感、认同感及社区参与的角度来界定社区。①不过，从总体上来看，在现代化进程中，社区的自身性质及特征都在发生深刻的变化，社区承担的功能与任务也在发生变化。随着现代工业社会的发展，社区的自然生长性特征逐渐淡化，人为改造性特征较为明显，这也是现代化发展的内在结果。在现代社会发展中，"随着人类对现代理性的反思和批判，人类社会出现了从社会向社区回归的发展趋势，可以称之为社会社区化或社会人文化的发展趋势，这是人类在现代化过程中的第二次选择"②。无论是社区社会化，还是社会社区化，其中都内含着国家权力与社会自组织权力的内在互动机制，是现代社会发展中国家与社会关系的调整与转换。不同性质权力在社区场域中的互动使社区的运行承载着多元的功能与价值。

在现代社会，社区是多重功能的复合体。从政府管理来看，基层社区承担着相应的社会管理功能。正如马克思、恩格斯指出的，"一切政治权利起先总是以某种经济的、社会的职能为基础"③。在历史上，社区就是国家治理基层社会的基础性单元，乡村社区是国家良好运转的重要基础。统治阶级对基层社会的统治是以保障基层社会的有序运转，以及民众的基本生存能力为基础。作为公共权力的代表，国家对基层社会有从事公共管理、公共服务、秩序建构、社会稳定、公平正义维护，以及推进社区现代社会发展的功能，这在现代社区中都得到了较大程度的实践。社区也是由个体组成的公共性社会，社区的自我公共性特征较为明显。作为一个自治组织，社区还具有自我治理功能。社区是由生活在社区内的所有居民共同组成的生活共同体，社区自治权力主体有义务与责任带领社区居民开展自我治理活动，形成稳固的社区自我治理秩序，通过自我治理为个体创造良好的发展条件与发展环境，满足民众对社区层面的管理与服务需求。与此同时，社区还呈现个体社会性特征。正

① 姜振华、胡鸿保：《社区概念发展的历程》，《中国青年政治学院学报》2002年第4期。

② 夏国忠：《社区简论》，上海人民出版社2004年版，第24页。

③《马克思恩格斯选集》（第3卷），人民出版社1995年版，第526页。

如费孝通所说："社区是若干社会群体（家庭、民族）或社会组织（机关、团体）聚集在一地域里，形成一个生活上互相关联的大集体。"[①]社区是个体生活、居住乃至生产发展的基础性场所。个体作为一个社会人，大部分社会交往、情感表达、社会交流，都在社区内完成，个体人格、社会教化、行为规范的养成等也需要在社区内发展，个体作为有独立思考的社会人，社会关系的拓展、人的自由发展及人性的展现也需要在社区内实现。另外，社区还承载着文化功能。就社区来看，"其中最为核心的特征是社区一定是一个充盈着深厚的感情、道德的承诺等伦理意蕴的共同体，即这一地域性人群必须具有伦理和价值观上的某种共同性"[②]。从最初的人类社会产生后的群居来看，这种现象就是内含着一定的血缘文化，后来的聚族而居更体现着家族文化。同时，在国家治理基层社会过程中，各种价值观念及精神认同通过制度、规则等形式在社区里运行，个体的文化习得及人文伦理在社区的社会交往中得以形成及实践，各种文化及精神价值在社区发展中通过个体及集体得以传承与发扬。因此作为一个文化共同体，社区还是文化传承、文化活动开展、公共精神培养、道德情操培育、健康人格形成、行为规范教导、礼仪文明教化的载体。

总体上来看，在现代后工业社会，社区的性质逐步发生变迁，已经不再局限于传统的自然性内生社区，社区的类型也开始发生分化，社区所承载的功能也不再单一化，这也与社区性质的变迁及功能的分化有重要关系。更为重要的是，在国家现代化进程中，社区与国家之间的内在联系日益密切。社区与社会在经历了差异与变化后开始日益交融，社区社会化现象明显，现代社区不再是传统意义上的封闭、静谧、同质的熟人社会单元，而成了各种主体共同生活的基础性单元，社区交往及活动空间都在发生变迁，社区的公共性内涵及外延都在发生新的变化。在变迁与发展中，社区逐步融入社会中来。与此同时，社会也逐步社区化，社会的运行体现着社区运行的特征，社区成为社会的基础性微观细胞，也是社会治理及社会有效运行的重要载体，社会公共性的塑造及价值观的培育与社区有着内在的联系。社会的有效运行离不开社区的有效运行，社会功能的发挥也需要社区各项功能的正常运行。在现代社会发展中，社区与社会日益交融或浑然一体，在发展与变迁中，社区功

---

① 社会学概论编写组：《社会学概论》，天津人民出版社 1984 年版，第 213 页。

② 杨冬艳：《论社区概念及其演进中的价值诉求和伦理意蕴》，《中州学刊》2006 年第 5 期。

能日益复杂及多元化，社区功能呈现复合化特征。

二、治理改革之探索与特征

改革开放后，我国启动新一轮的现代化进程，乡村社会的内在发展活力被激发出来，在体制调整及制度转换中，乡村社会被融入前所未有的市场化、工业化、城镇化大潮中，以后工业社会为显著特征的现代化推动着乡村社会的快速发展。自 21 世纪以来，国家开始了以推动城乡一体发展、振兴乡村社会发展为基础的新农村建设运动及社区治理改革运动，以农村新社区为载体，重振乡村社会，构造国家现代化的基层社会基础，推动国家治理转型。

（一）当代乡村社区治理之实践探索

在工业化、市场化、信息化、城镇化、农业现代化推动下，我国农村经济社会也不断发生变迁，正处于从传统社会向现代社会的转型发展中。在变迁与转型中，乡村社会的经济结构、社会结构逐步分化，乡村社会从封闭走向开放。在现代化进程中，农民的思想观念、生产生活方式、基本需求都在发生深刻的变革，这些都对基层社会治理方式提出了更高的要求。与此同时，现代化发展也客观上要求国家对基层社会治理方式进行调整，以实现对基层社会的重新整合与有效治理。

基于乡村社会发生的新变化，国家出台了一系列措施推动乡村经济社会全面发展，农村新社区建设规划正是其中的重要内容之一。不过，如同村民自治的产生一样，当代乡村社区治理改革实践探索也是经历了一个从地方自发探索、积累到国家提炼、总结及全面推进的过程。总体上来看，它经历了四个依次递进的层级阶段。①

地方自发探索阶段（2001 ~ 2006 年）。早在 21 世纪初，全国各地就已经开始探索以提升社会自组织能力为基础的社区建设。早在 2001 年，为充分挖掘社区自组织资源，强化社区自我管理和服务能力，提升社区治理水平，江西就开始了探索农村新社区的建设工作。2003 年之后，江西省积极探索乡村社区治理模式，设立以老地下党员、老游击队员、老接头户、老交通员、老

① 以下资料来源于笔者参与撰写、民政部基层政权和社区建设司和华中师范大学联合编著的《中国乡村社区发展报告 2009》，西北大学出版社 2011 年版。

苏委人员为主体的志愿者协会，下设协会、社会救助站、卫生环境站、民间纠纷调解站、文体活动联络站和科技信息传递站，发挥它们在社区治理中的作用。2003 年，江西在 100 个自然村开展村落社区建设试点。为夯实基层社会管理、服务的组织基础，2004 年，湖北秭归县杨林桥镇撤组建社区，社区群众直选产生社区理事会，理事会成员由所在社区农户直选产生，创新村民自治运行机制，建立社区内自治、社区间联合自治、以村为单位整体自治的三层自治架构。2004 年杨林桥镇模式在全县 12 个乡镇推广。除江西、湖北等地之外，江苏、山东、四川等一些地方在城市社区建设的同时也进行了农村新社区建设的探索工作。

农村新社区建设实验时期（2006～2008 年）。地方性的实践探索，成为国家推进乡村社区的先行先导。基于地方性的探索、实验，2006 年 10 月，党的十六届六中全会在《中共中央关于构建社会主义和谐社会若干重大问题的决定》中正式明确提出“全面开展城市社区建设，积极推进农村新社区建设，健全新型社区管理和服务体制，把社区建设成为管理有序、服务完善、文明祥和的社会生活共同体”。民政部最终确定了 304 个全国农村新社区建设实验县（市、区），并在实践中总结经验，提出全面推进农村新社区建设实验工作的要求。

农村新社区建设全面推进时期（2009～2012 年）。在探索实验的基础上，国家民政部在全国开展“农村新社区建设实验全覆盖”创建活动。2009 年 3 月 6 日，民政部下发了《关于开展“农村新社区建设实验全覆盖”创建活动的通知》（民发［2009］27 号）。从 2009 年 7 月开始，民政部组织专家对各省市自荐申请的全国农村新社区建设实验全覆盖县市区逐一进行评估。截至 2012 年 4 月 6 日，通过验收的“全国农村新社区建设实验全覆盖示范单位”已达到 106 个，有效地带动了全国的农村新社区建设。在国家政策的有力引导下，各地积极开展农村新社区建设工作，努力将农村新社区建设成适应新时期经济社会发展要求的新型农村社会生活共同体。

农村新社区建设深入推进时期（2013 年至今）。随着农村新社区建设各项基础性工作的完成，进一步深入推进农村新社区建设及社会治理改革成为社区建设及社会治理的重要任务。党的十八大指出，要完善基层民主制度，实现政府管理和基层民主有机结合；加强基层社会管理和服务体系建设；健全基层公共服务和社会管理网络。进一步强化基层社会的管理与服务能力，提升基层社会治理能力与水平成为新时期农村新社区建设推进的重要内容。自2011年开始，民政部就选取山东日照市、哈尔滨道里区、辽宁省沈阳市沈河区、杭州市、厦门市海沧区等12个地区作为“全国社区管理和服务创新实验区”开展城乡社区管理和服务实验。2013年，民政部出台了《关于加强全国社区管理和服务创新实验区工作的意见》，要求实验区逐步探索实验，提高社区治理水平，增强社区自治功能，提升社区服务能力，创新社区党建工作。从实践来看，这12个实验区都取得了良好的实验效果。在此基础上，2014年，民政部又确立了北京市东城区等31个单位为“全国社区治理和服务创新实验区”，实验时间从2014年1月至2016年12月，为期三年。各实验区实验主题不同，但是都围绕创新基层社区治理体制机制，构建新型社区治理格局而展开。为深入推进乡村社区各项改革，2015年，中共中央办公厅、国务院办公厅印发了《关于深入推进农村新社区建设试点工作的指导意见》，指出要完善在村党组织领导下、以村民自治为基础的乡村社区治理机制，促进流动人口有效参与乡村社区服务管理，畅通多元主体参与农村新社区建设渠道，推进乡村社区法治建设，提升乡村社区公共服务供给水平，推动乡村社区公益性服务、市场化服务创新发展，强化乡村社区文化认同，改善乡村社区人居环境。[①]同年，中共中央办公厅、国务院办公厅印发了《关于加强城乡社区协商的意见》，将城乡社区民主协商作为深化群众自治的重要手段与方式，深化基层民主治理。

总体上来看，自农村新社区建设及治理改革上升为国家战略后，国家开始从宏观层面动员部署，分步推进农村新社区建设。从最初的社区建设规划，到基础设施建设，再到提升对社区的管理与服务能力，在此基础上，进一步“以人为本”提升社区的治理能力与水平。

（二）当代乡村社区治理探索之基本特征

自2006年民政部开始在全国选取实验区开展乡村社区实验以来，经过十余年的探索实践，我国农村新社区建设及治理无论是在硬件上还是在软件上都取得了显著成果。新时期的农村新社区建设及治理在实践中呈现诸多新特征。总体上来看，正是政党的深层嵌入与领导、政府部门的全面介入与推动，

① 《中央明确推进农村新社区建设试点工作的工作任务》，http：//blog.sina.com，2015年10月21日。

以及社会力量的积极参与，才共同推动了新时期的农村新社区建设及治理改革变迁。

首先，政党深层嵌入与领导。一个处于现代化的社会，其政治共同体的建立，应当在“横向”上能将社会群体加以融合，在“纵向”上能把社会和经济阶级加以同化。[①]政党作为政治性团体组织，在政治管理与社会治理中具有重要功能。改革开放以来，乡村社会的市场化发展使经济社会结构逐步分化，无论是组织形式，还是结构层级都呈现多元化特征，新型社会力量不断兴起，这些都对市场背景下的国家政权稳定产生深远影响。政党具有自身优势，可以以其组织优势实现对社会力量的有效整合。21世纪以来，中国共产党积极在农村新型经济组织和新型社会组织中建立党组织分支，积极将乡村社会能人纳入党组织队伍，以扩展党组织的群众基础，通过深层嵌入，与时俱进强化执政组织体系。当然，为适应经济社会发展的变化，基层党组织的设置与现实状况紧密联系。在实践中，在保留传统村党组织的基础上，将党组织进一步延伸进各类合作经济组织、产业组织、社会服务组织，同时组建由党员组成的各类特色服务组织，积极发挥党员在推动经济发展、社会管理与服务中的作用，以扩大党组织成员的代表范围从而增强党组织的群众基础。新社区是党组织深入基层社会的重要组织载体，这种新的组织嵌入方式改变了传统组织设置方式代表性弱、凝聚力差的现实状况。社区组织延伸进入经济社会发展的各个领域及各个行业，形成了党组织网络对基层社会的全覆盖。与此同时，社区党组织的领导地位有利于实现对乡村各种组织单位的协同与整合，调动各种组织整合资源积极参与新农村建设。当代农村新社区建设的推进与发展，既是新时期党建的重要机遇与抓手，也是新时期党组织重新整合基层社会，调动社会力量参与社会建设的重要契机，党组织在社区治理探索改革中处于领导地位。

其次，政府部门全面主导与推动。我国经济体制的转变、社会结构的转型和政府管理理念的更新，要求现代地方政府在农村新社区建设中充当领导者、组织者、参与者、监督者的多重角色，帮助理顺社区建设中不同主体的关系，建立社区公共服务体系，为社区建设铺平道路、扫清障碍。[②]不过就现

---

① ［美］塞缪尔·P. 亨廷顿：《变化社会中的政治秩序》，王冠华、刘为译，生活·读书·新知三联书店，1989年版，第366页。

② 徐珊：《农村新社区建设：政府角色与行为研究》，《中共福建省委党校学报》2010年第10期。

实来看，我国农村新社区建设仍处于探索发展阶段，社区建设中的各种事务都离不开政府部门的主导。第一，城乡二元格局造成的农村发展的滞后需要政府强有力的主导。中华人民共和国成立后的很长一个阶段内，为了恢复经济，建立了农村支持城市、农业支持工业的发展模式，推动了我国经济社会的快速发展，但同时也造成了农村社会能力发展相对缓慢，此时就需要国家强有力的支持，推动城市反哺农村、工业支持农业，建设农村新社区。第二，农民社区主体意识和民主观念需要政府积极的培育。长期以来，广大农民民主、法律和制度意识不强，很难有效合法地维护自身利益，这就需要政府在精神和文化上加大培育力度。第三，乡村社区基础设施的完善需要政府的大力投入。特别是分税制改革后，中央政府又下放了许多对农村公共产品的供给职能，而地方政府或因财力不足或因逐利动机驱使，尽到职责不够，要么不管，要么投入太少，结果造成目前农村公共产品奇缺的局面。[①]因此，政府必须建立城乡均衡发展意识，加大对农村基础设施建设的财政投入力度。第四，乡村社区公共服务体系的构建需要政府强有力的推进。随着农村居民公共服务需要的提高，仅仅依靠乡村社区自身力量根本难以建成有效的公共服务体系。政府这只“看得见的手”能够有效弥补市场失灵造成的“公地悲剧”“搭便车”问题，为居民提供底线服务和普惠性服务。第五，乡村社区人力资源的流失问题的解决，需要政府强有力的引导。近年来，我国农村劳动力外出务工数量一直保持增长势头，农村成了人才只出不进的地方。这就需要政府通过提高农业土地附加值，推动农村工业化、城镇化，发展农村教育事业，增强农村吸引力。总体上来看，在市场化背景下，经济社会的快速发展改变着传统的社会结构，并使乡村社会出现新的变化，这一系列新的变化成为新时期的公共性问题，而政府作为公共政策的制定者与公众的服务者必须承担起公共服务的角色，解决现实性问题。从另外的角度来看，政府是公共权力的代表，作为公共性部门，政府主导首先体现了政府的主动性，与其他行为主体相比，政府拥有调动丰富资源的能力，能够调动起多种资源并按照自己的意愿形成符合自身目的的治理框架。从全国乡村社区治理的实践进程来看，政府的主导规划在社区治理中占据重要地位。

最后，社会力量的引导参与。从当前我国乡村社区治理的时代背景及现

---

① 黄立华:《论农村公共产品供给中的政府责任》,《吉林大学社会科学学报》2009 年第 4 期。

实目标来看，乡村社区治理是一项复杂的综合性工程，离不开国家、市场组织、社会组织及居民的共同参与，需要形成政府协调、社会参与、企业支持、居民推动的社区治理组织体系。乡村社区居民是社区治理的主体，也是最大的受益者。没有社区居民的广泛参与，社区居民自治便是纸上谈兵、空中楼阁。[①]在新社区建设中，生活在社区内的各类居民逐渐被调动起来参与到乡村社区各项治理活动中。社区非营利组织应该是独立于政府之外，以联系和动员社区成员参与社会活动、支持社区发展为主要目标的社区层面的各类社会组织，其主要目的是服务社区居民，增进社区福利。[②]在新的历史时期，无论是从经济发展方式还是从经营方式来看，组织化都呈现巨大的优势，通过对社会的再组织，提升社会的自主管理水平。民间组织是基于共同或相似的利益诉求，具有共同或相近的价值目标而形成的，它们有着自己的组织章程、行动准则和组织纪律，并有着相应的奖惩措施；组织成员的自愿性又使这些措施和纪律能得到组织成员的真心拥护，从而也就使这些措施和纪律能得到有效的遵守和贯彻，进而促成了组织内部的有序性。[③]从大部分地区来看，引导民间社会力量参与成为乡村社会治理中的一个普遍性现象。与此同时，市场（企业）也积极参与到农村新社区建设中来。在市场经济发展过程中，个体的需求不断扩展，有些需求已经超出了公共服务的范畴，单纯靠政府提供难以做到质量与效率的兼顾，这就对服务的供给主体提出了新的要求，即需要市场主体的积极参与。随着市场经济的深入发展，在经济较为发达的地区，以集体所有、个体所有、股份制为基础的各类企业日益兴起，由于它们之中有些企业属于集体所有，有些企业中社区集体拥有大量股份，还有些私营性企业本身是驻社区的单位，所以，无论其性质及经营方式如何，它们都与乡村社区有某种天然的联系，成为社区的成员单位，基于各类企业的自身优势，它们成为社区建设的重要推动力量。[④]各地在开展农村新社区建设中，逐步引导各类市场主体通过购买服务、志愿公益服务、慈善捐助等活动积极参与到新社区建设及治理改革中来。

---

① 黄善华：《论社区居民自治的实现途径》，《福州党校学报》2002 年第 2 期。

② 赵巍、齐绩：《中国城市社区非营利组织面临的问题与发展趋势》，《社会主义研究》2004 年第 4 期。

③ 孙来清：《论民间组织的价值》，《山东师范大学学报（人文社会科学版）》2009 年第 3 期。

④ 李增元、宋江帆：《“企业推动型”乡村社区治理模式：缘起、现状及转向》，《甘肃行政学院学报》2013 年第 2 期。

总体上来看，当代治理“意味着国家和公民社会关系的重新调整，意味着人类在国家（政府）、市场、公民社会三维组合中，为寻求不同以往的、更为有效地实现共同利益的道路而努力”①。作为一项新时期的社会治理改革运动，在党的有力领导下，当代农村新社区建设及治理已经开始形成多元主体共同参与的协同合作治理局面，共同推动乡村社会的转型与现代化发展。

第四节　乡村社区治理的现代化理念

新时期的乡村社区治理改革与创新是在新的历史背景下展开的，它承担着新的任务与目标。在新的历史时期，我国现代化发展已经迈入了全新的阶段，乡村社会也正经历着翻天覆地的变化，正以一种全新的面貌呈现出来。在新的历史时期，国家治理基层社会的方式、机制也不断调整，国家与基层社会之间的关系也不断变化。这一系列新变化也都反映在基层社会治理改革中，在新型城镇化进程中，乡村社区治理现代化的目标及治理理念也需要重新进行定位。

一、人之全面发展与社会之和谐稳定

人类历史发展进步的过程是个体追求自由全面发展的过程，“每个人的自由而全面发展”“自由人的联合体”是共产主义理想的最高价值追求。不过，个体的自由全面发展是历史的、具体的、实践的，在这个过程中，不同的历史阶段有衡量人全面发展的不同客观尺度，从而使不同的历史阶段人的全面发展带有明显的时代特征。自新中国成立以来，在社会变革中的不同历史时期，广大农民的命运就与基层社会制度有着密切的联系，而社会变革发展的过程，正是广大民众不断追求自由、追求个体更好的生存与发展而推动制度改革与变迁的过程。马克思指出，“在真正的共同体的条件下，各个人在自己的联合中并通过这种联合获得自己的自由”②。只有个体真正融入共同体（共同体是自由人联合的共同体）中，实现各种资源及要素的有机融合，才能够为个体的自由全面发展提供条件基础。在当今基层社会的大变革中，随着经济

① 张成福：《论政府治理工具及其选择》，《公共行政（人大复印报刊资料）》2003年第5期。

② 《马克思恩格斯选集》（第1卷），人民出版社1995年版，第119页。

及社会体制的深层次改革，城乡社会由封闭走向开放，由分割走向融合。在城乡社会的流动与开放背景下，基于乡村社区之上的村籍制度、户籍制度、集体产权及分配制度、土地承包及经营制度、教育和医疗保障制度、财产制度及由此所衍生出来的一系列其他社会制度已经内在地构造出了一个无形中的封闭乡村社会结构，成为新时期农民自由及自主发展的新束缚，也导致外来人很难进入、融入本地社区。基于乡村社区之上，规约乡村社会运行的经济社会制度在新的历史时期的绩效已经明显不足，制度运行反而成为农民自由发展的根本障碍。另外，强加在城乡社会之上的二元制度体系本身体现出对农民自由发展的根本束缚，不利于城乡一体化发展。现代民主民生国家的建设目标在于最大程度上促进个体的自由全面发展，也是对人性的解放。[①]因此，当代乡村社区治理的改革与创新必须以促进人的自由全面发展为终极目标，秉持融合治理的理念，最终形成社会融合与和谐的状态。

另外，从党和国家的政策来看，党的十七大报告指出，“科学发展观，第一要义是发展，核心是以人为本”。发展中国特色社会主义，必须“以人为本，树立全面、协调、可持续发展，促进经济社会和人的全面发展”。党的十八大报告首次提出，“必须更加自觉地把以人为本作为深入贯彻落实科学发展观的核心立场”。由此也可以看出，以人为本、促进人的全面发展的核心地位。社区治理作为社会治理的基础，在促进人的全面发展方面具有举足轻重的地位。2014 年 3 月 5 日，习近平主席在参加十二届全国人大二次会议上海代表团审议时就强调指出，加强和创新社会治理，关键在体制创新，核心是人。社会治理的重心必须落到城乡社区，社区服务和管理能力强了，社会治理的基础就实了。人的全面发展是社会文明进步的要求，是经济社会发展的终极目标。作为一项惠民、利民的民生工程，乡村社区治理创新必须坚持以人为本，保障民众的各项权利和权益，促进人的全面发展和社会和谐进步，推动社区社会融合。在创新农村新社区社会治理的过程中，注重把更多的资源配置到与人的全面发展相关的领域。通过转变政府职能，推进治理创新，建立优先投资于人的体制和机制。以维护基层社会和谐稳定，保障流动社会中不同身份居民基本权利与权益，促进人的全面发展作为社区社会治理创新的根本目标，努力将新型乡村社区逐步建设成具备政府公共管理服务功能、

① 李增元：《农民“自由”及其当代实现途径》，《马克思主义与现实》2014 年第 5 期。

社区社会自我治理功能，能够为居住在社区内的不同性质居民提供平等服务，保障不同性质居民享有平等公民权利、公民待遇、社区成员权利，为社区居民提供情感归属及精神认同，具有开放性、容纳性的新型基层社会单元。

二、融合与协同

在现代化进程中，随着经济社会体制的深刻变革，国家与社会关系也在发生深刻的变化，原来由政府单一主体管理、控制基层社会的模式已经很难适应现代社会发展之要求。在乡村振兴战略背景下，多元主体的共存、利益的差异及多元性、社会治理事务的复杂性，都在客观上倒逼着政府治理基层社会理念的转变。与此同时，社会日益走向开放、流动与异质，城乡社会的内在关联性增强，联系日益紧密，社会的机械性团结逐步向有机团结转变，这些也对政府治理基层社会提出了更高的要求，秉持有机融合治理理念迫在眉睫。

（一）融合治理

当前现代化社会的快速发展，给城乡社会带来了前所未有的变化。广大农民正在经历着深刻的社会变革，身份从传统农民向现代公民转变，同时个体自由及发展空间也在不断发展。在这个变革过程中，城乡以及乡村内部虽然实现了农民个体自由流动，农村以及城市社区逐渐可以容纳不同身份居民，但是，由于传统的户口制度、集体产权制度以及经济组织关系等因素的限制，广大农民在走出乡村后并不能真正融入城市，外来人口也很难进入乡村社会，流动居民很难与当地人同等地享有公共资源、融入当地生活，导致如今的城市与乡村仍然处于分割、分离的状态。当前国家正在通过推进新型农村新社区建设，积极构建新型的农村生活共同体，争取实现基层社会的重新整合与融合。但是，由于当前的农村新社区建设仅仅是一种硬性的、强制性的生活共同体建设，各类社会资源、要素并未实现新的有机融合。这种强制性地改变乡村居民生产、生活方式的社区建设，脱离了乡村经济社会发展基础，具有脆弱性，是一种硬性整合，很难经受住社区治理实践的考验。正如涂尔干指出的，“个人生活是从集体生活里产生出来的，它既然通过这种形式建构起来，就会与集体秩序确立一种牢固的关系，而不再对集体秩序产生破坏作用”[①]，社会只有征构它的个体意识中，并通过个体意识才能存在。”现代社会的发展讲求的是人性的解放、社会的高度融合以及协调发展，这就要求当前社区建设与治理必须打破传统治理模式，以促进人的自由发展为目标，坚持融合治理的理念，推动城乡融合、协调发展，实现乡村社会内部有机协调与融合，最终实现整个社会融合与和谐。[②]从社会领域来分析，随着农村经济的发展，在促进城乡社会、乡村社会内在融合的同时，在市场经济发展背景下，各种经济要素的最优化组合及经济效益最大化，也需要经济要素之间的跨区域融合，需要经济要素与资本要素、技术要素、智力要素的自由结合，最终实现各类要素的自由流动与最优化配置。因此，融合治理理念应该是当代乡村社区治理改革创新必须秉持的基本理念。

（二）协商民主治理

现代社会发展的过程，实际上也是一个国家向社会让渡权力并实现国家与社会合作治理的过程。在现代社会发展中，随着利益主体的分化，新型利益主体逐步出现，形成了多元社会利益主体共存的局面。这些多元社会利益主体本身体现着社会权力主体的不同层面，体现着社会的结构特征。不同社会利益主体的共存，使社会公共事务及公共治理更为复杂。“国家依然掌握基层社会治理的主动权和大部分资源的前提下，经济体制改革所带来的市场力量的兴起以及政治体制改革所带来的社会力量的兴起都在剧烈地重构着农村基层社会的治理格局，这决定了多元权力主体中某一单极的治理无法实现善治”[③]建立多元主体共同参与的民主协商机制是解决基层社会公共治理的根本途径。特别是在开放、流动社会中，在乡村生活的社区居民身份日益多元，市场经济发展使新型经济实体及精英能人群体逐步形成，各种社会力量也日益出现，这些都在改变着传统的乡村社会权力格局。协商治理，“不是简单地排除公民的合理性多元价值观，也不是放弃更为基本的公共理性的观念，而是在两者之间寻求一种恰当的协调，以自由意志的原则在丰富多样的个人和

---

① [法] 埃米尔。涂尔干：《社会分工论》，渠东译，生活·读书·新知三联书店 2005 年版。

② 参见李增元《基础变革与融合治理：转变社会中的乡村社区治理现代化》，《当代世界与社会主义》2015 年第 2 期。

③ 刘安：《协商共治：建构农村基层治理的制度性合作关系》，《南京师大学报（社会科学版）》2011 年第 2 期。

理性观念中寻找一种可达成共识的公共理性的基础，以实现多元社会的整合与秩序”[①]。新时期的社区治理改革创新，应当秉持协商治理理念，建立起上下联动和多元参与的社区民主协商机制。由社区居民、各类经济及社会组织的代表共同协商产生社区公共权力机关作为社区自治机关，统领社区内各类经济及社会组织，通过协商与合作共同解决社区公共性问题；广大社区成员可以通过社区自治组织，参与社区公共事务治理，也可以通过公益、志愿组织等载体参与社区治理；下沉到社区的政府部门在上级政府的领导下，在社区的监督下提供公共管理与服务，并接受社区成员的广泛监督；社会力量在政府及社区的双重监督下参与社区的管理与服务活动。通过建立社区重大事项表决制、社区工作询问制和监督制等多项制度来实现政府部门、社区、居民、各类组织、驻社区单位、其他利益主体共同参与的集体协商、广泛讨论、共同议决与民主监督机制。[②]通过广泛协商，共同解决社区发展及治理中的各种问题。

（三）协同合作治理

现代化使整个乡村社会面临着从传统社会向现代社会的转型，传统社会赖以存在的经济社会结构逐步解体，集生产、经济发展、生活于一体的村庄社区共同体逐步式微，以新型组织方式，生活、社交方式为基础的现代农村新社区日益成为现代社会的基层组织细胞。新的社会组织由不同身份的村民聚集和原有的熟人社会混合组成，在彼此差异的基础上追求社会公共利益及公共性认同。新社区事关每个人的切身利益，也需要通过社区居民的共同参与来协商、探讨，重新建立一套新的社区公共治理秩序及制度规则。个体社会关系的扩展及共同的生活利益需求也需要构建全新的公共生活，这就需要社区成员之间的相互合作与包容，这些都需要建立在差异基础上的协同合作。另外，作为新的社会组织方式，农村新社区同城市社区一样，也是国家治理基层社会的组织单元，国家的一系列公共事务需要通过社区来落实，基层社会公共治理秩序需要国家主导来构建。在新时期，基层社会治理与社区自我治理的有序衔接更需要政府主体与社区社会主体之间的协同参与。再者，国

① 龚群：《罗尔斯的政治哲学》，商务印书馆 2006 年版，第 242–243 页。

② 程又中、李增元：《乡村社区管理体制：在变迁中重建》，《江汉论坛》2011 年第 5 期。

家是社会公正、正义力量的维护者，在社区的社会发展中，如何更好地在治理基层社会中维护民众的合法权益，如何防止市场主体侵害居民的合法权益都需要政府的干预。[①] 同时，在风险性社会中，单纯依靠国家及个人的力量并不能很好地解决农村公共服务供给问题。更为重要的是，政府在市场经济体制中很难有效解决效率性问题、效益性问题，而这些都是市场主体的优势所在。另外，社会力量参与农村新社区建设也需要政府的引导。在现代社会，任何行动者，不论是公共的还是私人的，都没有解决复杂多样和不断变动的问题所需的所有知识和信息；没有一个行为者有足够的能力有效地利用所需的工具；没有一个行为者有充分的行动潜力单独地主导一个特定的政府管理模式。在新的历史时期，乡村社区治理改革创新，必须秉持协同合作理念，通过政府、市场、社会、社区多元主体之间的协同合作与互动，形成多元主体参与的乡村社区治理机制，发挥各自优势，共同提升乡村社区治理水平。

（四）良法善治

善治，即良好的治理，是国家、社会和公民之间的一种新型关系和最佳状态，具有合法性、法治性、透明性、责任性、回应性、有效性、稳定性、廉洁性和公正性九大要素特征。[②] 善治追求多元利益主体共存下的公共利益最大化，是社会治理的终极价值追求目标。正如党的十八届四中全会指出的，“法律是治国之重器，良法是善治之前提”，“法治是法制的一种特定德行，是一种善和良好的状态”。善治的实现建立于良好的法律基础之上。良法善治是治理国家、保障社会有效运行、民众当家做主的重要基础。改革开放使农村经济卷入市场化、工业化、城镇化大潮，市场经济的自由、自主特性在农村经济社会的各个领域逐渐体现出来，基层社会也获得了更大的自主性空间，但在新的历史条件下，乡村社区治理模式滞后于农村经济社会发展的要求，广大农村居民的合法权利及权益无法得到有效保障，广大农村居民的各项利益需求无法得到有效满足，公民权利缺失，合法利益受损较为严重，公民身份难以实现，农村基层社会治理中各类矛盾及问题凸显。正如何清涟所说，改革进入深水区后，大家才发现，所有被小心翼翼绕开的问题，最后形成了

① 李增元：《协同治理及其在当代乡村社区治理中的应用》，《学习与实践》2013 年第 12 期。

② 俞可平：《治理与善治》，社会科学文献出版社 2009 年版，第 3–6 页。

一种滞后效应，累积成今日无法避开的社会矛盾。[①]其原因在于，在社会转型发展中，国家没有依据经济社会发展的阶段性特征，在发展中及时调整与基层社会的关系，切实从民众生存与发展需求出发，没有向基层社会有序赋权、合理放权，并同时做好农民维权，构造全新的基层社会秩序，致使新时期广大农民的生存权及发展权缺失，进而各项利益需求未得到充分满足，社会自组织空间不足，基层社会失去活力。[②]这些问题本质上体现了在多元主体利益分歧的背景下，没有实现公共利益最大化。早在古希腊时期，亚里士多德就曾指出，"城邦是若干生活良好的家庭或部族为了追求自足而且至善的生活，才行结合而构成的"[③]。依据不同时期农民权利及利益扩展需求的变化，从农民本位出发，有效地维护该时期的民众生存与发展权利，是政府应该承担的责任，也是善治的本质所在。因此，当代乡村社区协同治理体系建设也必须秉持良法善治理念，在强调多元主体参与中，真正尊重民意、维护民利，实现法治，依法治理，以法治思维治理社会，规约政府行为，明确不同主体权利、职责边界，保障公民各项合法权利及权益，达到善治的目标，实现公共利益最大化。

（五）灵活多样、因地制宜

作为传统的农业大国，我国农村区域面积较大，不同地区之间经济与社会条件存在较大的差异，既有传统的农业型地区的乡村社区，也有第二、第三产业较为发达的非农业型地区的乡村社区。基于不同地区之间的差异性，在乡村社区社会治理创新的模式选择上，不能搞一刀切，而是要鼓励地方性创新，支持地方在实践中因地制宜创新，围绕如何满足广大民众的合法利益需求及权益保障，充分发挥民众及社会的主动性，形成基层良性治理秩序，基于自身条件探索适合本地的乡村社区治理模式及治理机制。实际上，社区管理仅仅是个手段，实现公共的善才是其最终目标。在现代社会发展中，地方社会治理模式也更为灵活，引导多种力量参与，体现出合作的特征。当然，虽然现阶段乡村社区治理已经逐步形成了国家、市场及社会多元力量共治的

---

① 何清涟：《现代化的陷阱》，今日中国出版社 1998 年版，第 5 页。

② 李增元、程又中：《赋权、放权与维权：转型期的农村基层善治及其实现途径》，《华中师范大学学报》（人文社科版）2014 年第 1 期，第 10 页。

③ ［希腊］亚里士多德：《政治学》，吴寿彭译，商务印书馆 1965 年版，第 140 页。

局面，但由于农村社会区域差异大及发展不平衡，在乡村社区社会治理创新中不可能具有统一的标准，也不能搞一刀切。[①] 乡村社区社会治理创新应在国家的宏观政策指引下允许地方根据实际情况自我探索，形成富于灵活性和弹性的多类型模式，最终实现提升基层社会治理水平，维护社会和谐稳定的目标。

三、政社互动、多元联动

（一）政社互动

新中国成立后，为快速恢复国民经济，巩固国家政权，中国共产党领导的新型政权通过政党下乡和行政下乡，建立了自上而下的集权管理体制，党在社会治理中发挥着重要作用，社会治理呈现一元化体制。在对基层社会治理中，逐步形成了人民公社管理体制，人民公社党委集党政经于一体，对基层社会实行绝对控制，整个基层社会呈现较强的机械性团结，基层社会同质性较高，缺乏活力。改革开放后，在经济体制的转变过程中，乡村社会逐步发生分化，经济体制变革推动政治领域改革，民主化建设在社会治理领域中逐步展现出来。市场经济向基层社会领域的扩展逐步推动乡村社会的分化与结构转型，各种不同的经济社会组织实体出现，社会阶层分化，基层社会被激活。由此，经济基础的变革也推动着国家与基层社会关系的调整，原来的管理型政府逐步向管制型政府转型，由经济发展推动形成的基层社会力量在基层治理中逐步发挥不可替代的作用。基层社会治理开始形成政府与社会共治的格局。随着经济的深入发展及后工业社会的来临，社会分化更为显著，新兴经济及社会力量日益成长壮大，并在基层社会治理中具有了一定的发展空间。

在社会治理中，应逐步形成政府、市场、社会多元主体参与的合作治理机制。政府在一个包括公民、利益团体、社区、民选代表和其他机构在内的更大的治理系统中，通过政治对话、民主参与等方式培养公民精神，帮助社会形成共同的公共利益和价值观，这种公共价值观反过来又指导行政官员的决策和行为。在一个具有高度回应性和利益诉求机制的系统中，政府努力扮演着实现社会公平和正义的促进者角色，而绝不是主宰者。在以后工业社会

---

① 程又中、李增元：《乡村社区管理体制：在变迁中重建》，《江汉论坛》2011 年第 5 期。

为核心的现代社会发展新时期，各个领域的社会治理已经不再是政府单一主体的责任，也超出了政府单一主体的能力范畴，需要建立多元主体之间的共同合作。

在后工业社会，现代乡村社区已经不再是传统意义上内生性的自然社区，虽然有些社区在一定程度上保留着传统因素，但同时也呈现一定的国家建构性特征。与此同时，在工业化、市场化与城镇化推动下，乡村社区受到内外力量的影响发生着结构的分化、形态的变迁、内涵的丰富、外延的扩展。“乡村社区发展的不同阶段代表了乡村社区的成熟程度，其中包括自组织程度、基础设施完善程度、公共产品供给程度、共同的认同感和归属感的形成程度以及公民社团和公民教育的成熟程度等等，政府的角色只是要与社区的成熟程度相匹配，而不是将政府的功能相割裂。”① 在现代社会，社区是社会性、政治性、行政管理性、文化性、经济多样性的叠加与复合，社区的发展与治理不再是政府单一主体的责任。一般认为，政府、企业、社会中介组织、市民个人等是社区公共管理的多元主体构成。②农村新社区是一种正在出现并逐步走向完善的合作共同体，其主要特征是个性化、碎片化、去中心化。在合作共同体中，公共领域、私人领域和日常生活领域既高度碎片化又有机地联系在一起，使合作行为产生的动力除了理性、利益之外，还有伦理、责任等。③ 当代乡村社区的复杂性及性质的特殊性，都使社区治理具有了全新的内涵。当代乡村社区治理是一个具有高度容纳性，能够容纳不同的利益相关主体，通过平等协商与沟通、协调与妥协，最终达成共识，并切实维护利益主体的自身合法利益，实现社区公共利益最大化的过程。多元治理主体之间达成了共同合作、配合恰当、协调一致的共同治理关系，并通过多元治理主体互相促进、共同发展的治理活动，最终取得整体高效和持续稳定的治理效果。④ 总体上来看，社区治理是由国家、社会组织、市场、居民共同参与的“多维主体协作”模式。

---

① 安彩英：《阶段与转换：政府在农村新社区建设中的角色思考》，《理论与改革》2013 年第 1 期。

② 李亚平、吴铎：《参与，分享——政府、社会团体在社区服务中的责任、角色以及它们之间的合作》，华东师范大学出版社 1997 年版，第 51 页。

③ 刘祖云、孔德斌：《共同体视角下的农村新社区建设》，《学习与探索》2013 年第 8 期。

④ 莫勇波：《和谐治理：政府治理范式的必然选择》，《广西民族大学学报（哲学社会科学版）》2008 年第 3 期。

（二）三社联动

随着现代化的深入发展，乡村社会发生着巨大变化，这些变化在乡村社会的各个领域都体现出来。社会的发展进步对社会治理提出了更高的要求。特别是作为国家治理的基层社会基础，社区社会如何治理显得更为重要。从西方国家来看，对于现代社区社会的治理主要有三种模式，分别是政府主导模式、社区自治模式，以及混合治理模式。每种模式的治理都有其适用的特殊环境及特定社会条件。从实际上来看，无论哪一种方式的社会治理，其实都离不开政府的参与，同时更离不开社会力量的积极参与。特别是在现代社会，作为个体社会交往关系的外在反映，社区所涉及的各种事务日益烦琐，不仅有社区居民自我层面的事务，也有社区社会公共层面的事务。与此同时，还有国家公共层面的事务。另外，在不同力量的冲击下，当代社区社会处于动态发展中，已经远远超过了单一主体的能力范畴。由此，从社区具备的社会性、国家性多重性质角色来看，现代社会中的社区治理应该倡导政社互动的治理模式，充分发挥政府和社会力量之间的有效合作，明确不同主体的权责分工，共同承担起对当代社会的有效治理。

与此同时，我们也应该看到，在社区治理中，社会力量又包括了多重内容。从国家与社会的关系角度来看，社会包括社区、各类社会志愿和公益组织。社区所具有的社会性、部分内容事务的私人性及局部的公共性等特征，都预示着社区治理的社会性特征。从国家治理来看，在现代社会治理中，国家治理社会也需要在保障公共利益的同时追求效率性、效益性，更多地起引导、规范作用，充分引导社会力量参与社会治理，真正发动利益相关者及专业性力量参与社会治理，以实现社会治理公共利益的最大化，这也是构建服务型政府的本质要求。在新的历史时期，实现国家治理能力和治理体系现代化建设，也客观上要求培育、发展社会力量，充分发挥各种社会力量在社区治理中的作用，以实现社区治理力量参与的最大化，以社会自我治理的方式解决社会问题，促进社区和谐发展。从国家在社区治理中承担的公共责任来看，一方面，国家需要在社区治理中投入相应的经费，用于推进基础设施建设、社区运转及人员的配备；另一方面，国家需要主导推进宏观政策及制度的制定、体制的调整。另外，就是国家向基层社区提供基本公共服务及社会救助等各项社会公益事业建设，而这些事务的实施也不是完全由政府直接承担，有些社区事务需要专门性的人才及相应的专业社会组织的支持，政府往往是通过购买服务的方式推进诸如此类的社区事务。政府通过购买专岗、引导社会组织参与等，发挥各种社会力量在解决社区社会治理中的作用。

因此，当代乡村社区治理创新及协同治理体系建设，既需要政府的主导作用，同时也需要各种社会性力量的参与。特别是社区、社会组织及专业社会工作者的参与，在地方政府领导下，形成“三社联动”模式。“三社联动”就是在当地政府的领导下，社区居委会带动社区居民参与社区活动，社会组织为社区居民提供全方位服务，专业社工介入社区建设和发展，从而构建社区管理的新形式。[①]由此，在界定清楚国家和政府在社区治理中的职能的同时，就进一步厘清了社会力量参与社区治理的职能。在政府领导下，社区、社会组织、专业社会工作者都是平等的参与主体。“具有平等参与、协商互动、共融共治的特征。社区应当是‘三社联动’的发起者、协同者、推动者，社会组织是公共服务承接者、提供者、评估者。专业社工更多是联系社区、社会组织、居民的桥梁和纽带，除为有需求的居民提供专业化服务外，还要及时发现、反馈‘三社联动’中出现的矛盾和问题，提出解决的方案。各个角色要定好位、传好球、接好棒。”[②]通过“三社联动”机制，充分发挥各自参与主体的专长，积极参与社区治理中的不同领域，承担起相应的功能，发挥各自的作用。当然，“三社联动”要充分发挥各种资源，“要运用市场方式引入社会性资源，广泛吸收行业企业、社会组织和社会力量的参与，促使社会各方利益攸关者、社会第三方组织、公众等参与需求确定、资源投入和政府管理评价等诸多联动环节，实现增加社区资源供给、改善社区管理效能、节约有限社区财政资源的效果”[③]。其最终目的就是通过各种机制与手段，充分利用各种社会性资源，构筑起推动社区社会和谐发展与有效治理的长效机制。

在“三社联动”中，社区是社区治理与发展当然的直接推动者。由社区居民选举产生的社区居委会等权力组织，是社区治理与发展的重要力量，不仅代表社区居民，维护社区居民切身利益及满足社区居民的公共需求，还可以通过组织社区居民参与社区建设、开展社区各项公共活动，推动社区有效治理与和谐发展，并通过与上级政府之间的良性互动与有效衔接，促进社区

① 陈丽、冯新转：《“三社联动”与社区管理创新：江苏个案》，《重庆社会科学》2012年第2期。

② 徐富海：《“三社联动”如何“联”如何“动”？》，《中国民政》2015年第12期。

③ 叶南客、陈金城：《我国“三社联动”的模式选择与策略研究》，《南京社会科学》2010年第12期。

和谐稳定发展。社会组织是推动社区治理发展的重要主体力量，随着国家政策不断放宽及体制环境的宽松，我国各类社会组织蓬勃发展。当前我国社会组织逐渐成为政府购买社会服务的重要承接主体，并将在化解社会矛盾、协调社会关系以及提高公共政策执行能力、扩大公民参与上发挥着积极功能。①作为公益性的各类社会组织，能够充分发挥其公益性、志愿性作用，在社区治理中发挥着重要作用。社会组织以其独特优势通过各种活动发挥“资源动员、社会服务、社会治理和政策倡导”等特殊社会功能。②在社区治理中，社区内的各类公益性、志愿性、民间性社会组织，能够以其贴近社区民众及本土内生性特征，与社区居民具有天然的内在联系，有效获取民众的利益需求，对社区居民开展各项公益、志愿服务活动，并成为社区居民的代言人，同时在协助社区居委会等自治组织开展社区各项公共治理中发挥重要作用。另外，各类非社区类社会组织、民办非企事业单位、公益志愿及中介组织，它们都在社会治理中发挥着重要的作用，成为政府的得力助手。各类社会组织游走于国家、市场、社会之间的公共领域，提供公共服务、社会服务，拓展了社会包容力、多元化格局，增加了社会资本，提高了公民参与社会活动的能力，加快了我国走向公民社会的历史进程。③因此，应该积极鼓励社会组织蓬勃发展，引导它们参与到当前的社区治理中。在现代社会发展中，社区社会工作是一项专业性比较强的工作，如老年人、妇女、儿童、精神病人患者、心理问题患者、残疾人等，都需要专业性的工作人员为其提供服务。专业社会工作秉承扶危济困、助人自助的理念，在扶助弱势社会成员、协调社会关系、开展社会服务等方面正发挥着越来越重要的作用，已成为制度化社会福利体系的有机组成部分。④因此，在现代社区治理中，应积极引导社会工作者的参与，政府通过购买服务、扶持社会工作机构发展、培训社区工作人员等方式，壮大专业社会工作者队伍，特别是专业社区社会工作者队伍，发挥他们在现代社区治理中的作用，使其成为联系社区居民、社区社会组织、社区自治组织及政府等的中间桥梁，成为为特殊群体提供专业服务的重要力量。因此，

---

① 王辉、张为波：《中国社会组织参与社会管理的功能与限制》，《西南民族大学学报（人文社会科学版）》2014 年第 7 期。

② 王名：《社会组织概论》，中国社会出版社 2010 年版，第 21 页。

③ 王名：《走向公民社会——我国社会组织发展的历史及趋势》，《吉林大学社会科学报》2009 年第 5 期。

④ 杨贵华：《社区公共服务发展与专业社会工作的介入》，《东南学术》2011 年第 1 期。

现代乡村社区治理，在充分发挥各种力量参与、建立政社互动模式的基础上，应进一步在政府领导下，深入发掘各类社会力量，积极引导社区、各类社会组织及专业社会工作者的介入，逐步构筑起“三社联动”的社区治理模式，发挥不同主体力量，共同推动社区各项社会事业进步和发展。

第五节　乡村社区治理的思路和方向

总体上来看，以城镇化、工业化、市场化、信息化及农业现代化为核心的现代化发展使我国的经济社会发展进入了一个新的历史时期。与过去相比，在新时期，城乡之间的二元体制逐步走向解体，乡村社会在内外力量的冲击下也逐步发生变迁与转型。与此同时，国家战略也在发生大的调整，促进城乡一体化发展，实施基本公共服务均等化，建设民主国家及服务型政府，更大程度上保障民众的各项合法权利及权益，提升民众的公民待遇，不断满足民众日益多元的各项合法利益需求，全面建成小康社会，已经成为新时期党和政府义不容辞的责任。新时期的一系列新变化都对乡村社区治理改革提出了新要求。从现实来看，深入推进乡村社区治理现代化发展，应有长远的战略思路及规划。

一、城乡一体化的有机融合

城镇化是现代社会发展中十分重要的过程，是实现农村工业化、现代化发展的必然选择。新型城镇化是在城镇化的基础上进一步展开的，是以民生、可持续发展和质量为内涵，以追求平等、幸福、转型、绿色、健康和集约为核心目标，以实现区域统筹与协调一体、产业升级与低碳转型、生态文明和集约高效、制度改革和体制创新为重点内容的崭新的城镇化过程。[①]自新中国成立后，经过几十年的发展，我国城乡社会都在发生翻天覆地的变化，在现代化的推动下，城乡之间二元体制在市场经济的冲击下逐步式微。改革开放后，随着国家户籍政策的松动，城乡之间的人口流动加快，在城镇化与工业化推动下，大量农民从农村转出进入城市，在成为新时期城市产业工人的同时也逐步融入城市生活中。现代社会发展将城乡社会连接为一个有机体，各类要素在城乡之间逐步实现自由流动与配置。城乡基层社会联系紧密，逐步

---

① 单卓然、黄亚平：《“新型城镇化”概念内涵、目标内容、规划策略及认知误区解析》，《城市规划学刊》2013年第2期。

走向一体，随着城乡二元户籍制度被废除，城乡基层社区将更加开放，正逐步由城乡分立向城乡融合、城乡一体化发展过渡。马克思、恩格斯指出，“消灭城乡之间的对立，是社会统一的首要条件之一”[①]。自21世纪以来，我国总体上进入了工业反哺农业、城市支持农村的现代化发展新阶段，实现“城乡分治”向“城乡一体化”转型是当前我国现代化发展的重要举措，也是城镇化中的乡村社区治理改革应具有的发展战略。

不过我们也看到，在社会深刻变革中，传统户口、集体产权、经济组织关系仍然束缚着当代“农民”，广大农民虽然形式上从农村脱离了出来，但是无法真正融入城市生活，外来人也很难进入并融入农村社会。城市社会与农村社会处于分离状态，分割性制度造成了共同居住社区内的“隔离区”，城乡居民无法在流入地享有自由发展的公共资源。即使当前国家积极推进农村新社区建设，通过构建农村社会生活共同体，重新实现基层社会的再整合；但是诸多村庄合并、集中居住改变了广大农村居民的生产、生活组织方式，脱离了乡村经济社会发展实际，无法真正实现乡村各种资源、要素的有机融合。[②]另外，在市场经济发展中，各种农村资源的市场要素特征日益明显，各种要素之间的联系日益紧密。然而，各种资源要素因制度及体制障碍而无法实现自由流动与配置，经济效益难以发挥出来，严重阻碍城乡社会融合与现代化整体发展进程。

实现城乡社会融合是人类社会发展的基本趋向，城乡社区融合是城乡社会融合的重要基础。在当代城乡社会日益走向开放与一体化发展的新时期，推动城乡社区有机融合，促进现代流动社会中城乡居民自由发展，是当代乡村社区治理现代化的发展方向。

二、分类引导

从我国农村社会发展实际来看，农村人口多，区域面积大，乡村社会在空间上呈现较大的不平衡性。不同地区具有不同的资源环境条件和经济社会发展水平，在实践中农村新社区治理的动力及基础、路径、理念、思路、做法、核心内容及目标也各不相同，这些在对农业型、非农型、工商型地区的

---

① 《马克思恩格斯全集》（第3卷），人民出版社1960年版，第57页。

② 李增元：《基础变革与融合治理：转变社会中的乡村社区治理现代化》，《当代世界与社会主义》2015年第2期。

乡村社区治理改革实践的比较中得到了很好的印证。与此同时，不同农村地区的城镇化程度不同，如城郊型或城中村社区更加趋同于城市社区，中心镇或镇驻地乡村社会经济条件较好，而纯正的农村地区的经济社会发展条件一般。由此，在实践中，农村新社区治理改革也不能够搞一刀切，必须做到因地制宜、分类引导，多种模式并存，走差异化、特色化的乡村社区治理道路。

（一）城（郊）镇型社区及其社会治理创新

如前文关于乡村社区类型分化部分所述，在经济社会发展中，在经济较为发达的地区，城市建成区周边、未来进入城市改造的村庄或镇中心驻地，主要涵盖城中村、城边村、乡镇驻地周边村、各类园区村等类型村庄。与传统农村相比，其产业结构、社会结构都发生了较大的变化，主要表现为，农村主要劳动力非农化、由传统依靠第一产业转向依靠第二、第三产业、非农收入成为农民增收的主要来源。这些地区的基础条件相对来说较好，民众的生活方式、居住环境也更加趋同于城市社区居民。同时随着传统社会向现代社会的转型，乡村社会变得更具开放性、流动性、异质性。在开放与流动中，传统乡村社区的边界日益开放，生活在一个社区内的居民也不再是传统意义上的本村居民，既有本地人，也有城市居民，同时还有外来新居民。[①]由于具有得天独厚的地理位置或资源优势，经济发展水平比较高，农民从业方式逐步转向非农化，这些地区的农村新社区建设及治理改革应区别于纯正的农村地区。其建设和选址应服从城市总体规划、基础设施和公共服务设施应按照城市居住区标准，结合城市现有资源和城市相关规划进行建设。

在城（郊）镇型乡村社区社会治理创新过程中，一是要将政府公共管理与服务延伸进社区内部，不断提升农村居民的公民待遇，保障农民的生存权与发展权，推动城乡基本公共服务均等化的实现。二是要适应城（郊）镇型社区当前农村社会开放性、流动性、异质性的发展要求，将社区不同身份成员纳入公共治理和服务的范畴，从而实现流动社会中的无缝隙管理和无差异服务。三是提升社区自我治理能力。新的社区治理体制将类社区主体纳入社区治理当中，可以通过制度化与非制度化相结合的方式实现共同协商，形成社区共识，使社区治理更加富于民主性与开放性。积极引导社区经济和社会

① 李增元：《开放、流动社会中的乡村社区治理改革与创新》，《社会主义研究》2014 年第 2 期。

组织、驻村单位参与乡村社区治理，提升社区的自我治理能力。

（二）村庄合并或联建型社区及其社会治理创新

村庄合并或联建型社区主要是指在以农业为主的地区，由多个村庄合并新建，或由单个较大村庄通过改造，形成具有一定规模、设施完善的农村新型社区，这也是当下各地推行的“多村一社区”模式。村庄合并或联建型社区主要涵盖村企联建型社区、强村带庄周动型社区、多村合并型社区、搬迁安置型社区和村庄直改型社区等不同类型。[①]总体来看，村庄、合并或联建型社区大多分布在农业型地区，传统农业依然是村民的主导产业。在这类地区，可以引导区位相近、规模较小、分布零散的多个农业型村庄，规划建设中心村聚集型或强村带动型社区。建设强村带动型社区，可以选取地理位置较为优越、规模较大、经济实力较强的村庄进行合并，以强村带动周边村建设的农村新型社区。同时鼓励大企业与村庄融合发展，规划建设村企共建型社区，支持有带动能力的农业龙头企业、经济合作组织或者旅游开发企业与村庄联合建社区，从而可以实现农村工业化与农村城镇化的“双赢”。

村庄合并或联建型社区的治理，要逐步撤销原来的行政村建制，将行政村划为社区下边的一个组织单元或管理网格，构建“乡镇—社区—小组（网格）”治理体制。在村庄聚合型乡村社区社会治理创新的过程中，一是把农村新型社区作为城镇化的新载体，按照人口规模、基础设施、公共服务、经济发展、社会保障、社区管理等标准要求，整体规划，提高社区社会治理水平。二是要稳妥推进农村地区政企分开、政村分开，加快推进农村新型社区“村改居”和农村集体经济组织股份制改革，实现集体资产管理与社会事务管理相分离。三是要坚持政府引导、规划先行、群众自愿、社会参与的原则，综合考虑地域特色、生态环境、生产方式、居民习惯、农民意愿和经济发展水平，合理确定社区建设模式，提升社区公共服务水平，通过服务创新强化社区社会治理。[②]

① 张卫国、刘效龙、朱琦：《山东省农村新型社区和新农村规划实践探索》，《小城镇建设》2014 年第 12 期。

② 中共山东省委、山东省人民政府 . 山东省新型城镇化发展规划（2014 - 2020）[EB/OL]. http://www.sdnews.com.cn/gov/zfgg/201410/t20141027_1764461.html, 2014-10-27.

（三）城乡一体型乡村社区及其社会治理创新

在现代化发展中，城乡社会之间的二元体制逐步被打破，城乡社会之间的界限日益模糊。在社会发展中，逐步出现了一些新型的乡村社区。这些农村新社区脱胎于农村社会，在地域边界上超出了传统村庄的范围，生活在社区内的居民既有本地人，也有城市居民，同时还有外来新居民。社区内部成员以居住、生活为主题展开家庭生活活动和公共交往活动，交织而成生活网络。新形成的社区社会活动空间超越了村庄的范畴。作为一类新型社区，它兼具城乡社区的部分特征，是社会发展过程中从乡村社区向城市社区过渡的一种类型，是新时期连接城乡基层社会的重要节点，在促进城乡社会协调发展、促进社会融合与和谐稳定、推动城乡基本公共服务均等化等方面发挥着重要作用。城乡一体型农村新社区仍然具有乡村社区的部分特征，与现代城市社区具有本质区别。新型乡村社区所处的环境仍然具有一定的乡村社会特征，几千年的农业文明及农耕文化影响着社区居民的行为习惯，个体的认同机制带有传统乡村社区的印记，传统乡村社会的伦理道德规范在社区治理中发挥着重要作用。同时，城乡一体型农村新社区又具有现代城市社区的部分特征。它如同城市社区一样呈现容纳性与开放性，作为一种生活、居住单元，农村人、城市人都在社区里居住和生活，它具有城市社区的部分服务功能，基础性的软硬件公共服务设施基本完善，能够满足社区多元居民的基本公共服务需求，不同身份的居民在社区里都能够享受到基础性公共服务，有些新社区已经开始实行物业化的管理方式。

不过，作为现代社会发展中出现的新型社区，基于制度、体制、社会条件等诸多因素的影响，城乡一体型农村新社区实践中的功能发挥并不完善。在该种类型的社区社会发展及治理中，应引入现代城市社区治理模式，消除残留的封闭排外性制度及体制障碍，通过制度及体制改革，打破身份制度，对进入社区内的所有居民一视同仁，围绕居民的公共生活及居住中衍生出来的各种公共活动及利益需求展开治理，将公共服务及管理覆盖到社区内的所有居民，让社区内的所有居民能够共享社区的各项公共资源，平等地参与社区发展及治理。应参照城市社区治理体系进行创新，将政府、居民、社会力量及市场等多元主体都纳入新社区治理中，形成四位一体的协同治理体系及有效的职能分工，实现与城市社区治理的有机衔接，同时拉动传统乡村社区治理转型，共同推动新社区的有效治理与和谐发展，使新社区承载的各种功能得以有效发挥。必须构建公平性的治理制度，使不同身份、性质的居民都能够享受到同等的治理制度，在制度面前人人平等。与此同时，抓住新时期民众精神分化需求的共同心理，积极开展各种公共文化建设，促使不同居民在差异性基础上形成共性文化认同，以制度公平与公共文化促成居民的社区认同感与凝聚力，[①]从而，使这种社区成为推动城乡社会一体发展及促进社会融合的支撑点。

三、文化传承和生态环境之要求

从历史上来看，中国是一个悠久的农业大国，农业文明是中国文化传承的积淀。在几千年的发展中，农业与农村文明在历史与实践中得以传承，并成为中华民族的文化之根、文明之本。当中国开启现代化进程，并逐步与西方世界接轨后，现代化的冲击及西方现代文明的进入，对我国传统文化及文明传承带来了重大冲击。另外，随着传统乡村社会向现代社会的转型，诸多优良的传统文化在现代化进程中逐渐式微，甚至被破坏。传统乡村在长期的历史发展过程中，形成了具有当地自身特色的思维方式与价值理念，而这些也都深深嵌入当地居民的潜意识之中，一定程度上决定着村民的价值判断与价值选择，支配其行为方式。正如梭罗所说，“我们每个人都可能有一块真正属于自己的地方，这块地方可能并不是我们现在正匍匐的地方，但并不是我们每个人都会出发去寻找它。它不仅是我们身体的栖所，也是我们心灵的故乡，精神的家园；它给我们活力，给我们灵感，给我们安宁”[②]。社会主义新农村建设也要求实现农村地区的“生产发展、生活宽裕、乡风文明、村容整洁、管理民主”。2013 年，中央城镇化工作会议指出，“要依托现有山水脉络等独特风光，让城市融入大自然，让居民望得见山、看得见水、记得住乡愁；要尽快把每个城市特别是特大城市开发边界划定，把城市放在大自然中，把绿水青山留给城市居民；要注意保留村庄原始风貌，慎砍树、不填湖、少拆房，尽可能在原有村庄形态上改善居民生活条件；要传承文化，发展有历史记忆、地域特色、民族特点的美丽城镇”。[③]由此也可以看出，党中央和国家都非常

---

① 李增元、李家文：《城镇化中的“城乡一体型”农村新社区探析》，《社会主义研究》2015 年第 2 期。

② ［美］梭罗：《瓦尔登湖》，王家湘译，北京十月文艺出版社 2009 年版，第 7 页。

③ 《推进以人为核心的城镇化》，《南方日报》2013 年 12 月 20 日，http：//news.hexun.co，2015 年 12 月 20 日。

注重乡村文化的传承与保护。

文化是“人化”与“化人”的统一，乡村社区文化是社区居民行为方式、价值理念的集中体现，①文化是人的社会实践的外化，是社会关系的外在反映。作为广大居民长期居住、生活、社会交往的基础性场所，社区也是文化传播及文化传承的重要载体。社区治理与乡村文化之间有一种相互关系，即乡村文化建设既是社区治理的一个重要内容，又是推动社区治理良好、有序开展的正面因素。社区治理包括多个方面，营造良好的社区文化娱乐氛围、丰富社区居民的文化生活，是社区治理的重要职责所在，也是良好社区治理的一个体现。在社区治理过程中，可以借助于社区文化建设，弱化村民原有的村庄意识，增强其对社区的责任感、认同感，将社区治理理念传达给社区居民，从而提高社区各项具体治理措施的有效实施。“中国的乡土是无数人的根，从乡村转移出来的人们，对乡土的依恋，是进入城镇后必不可少的乡愁。在离土不离乡的背景下，乡村及其文化让无数人魂牵梦绕。乡村社会及乡村文化有城镇所没有的优势，乡村生活方式对资源的依赖较少，乡村有着优美的自然环境，居住在乡村是中国传统文化中尤其推崇的一种‘天人合一’，的生活方式。城镇化冲击了这种可持续的生活方式，使其衰败，未来挽救城市文化发展的不可持续，乡村及其文化应该是一个重要的选择。”②因此，城镇化不是一味地消除农村社会，消除农村文明，而应该是在保护乡村文化及文明传承的基础上促进城乡社会协调发展，使乡村社会在现代化进程中保留文化与文明，使中华民族之根更加巩固。而作为城镇化中的农村新社区建设及治理改革，不应该是一味地消除传统的农村社会风貌，强行改变农民传统的生产与生活方式，将乡村社会通过规划性制度变迁强行转变为整齐划一的现代乡村社区，根除乡村社会的自然性，而应该是在社区治理改革中保护传统文化，传承文明，使社区建设及治理改革与文化传统相契合，社区建设及治理要注重内涵发展，能够使文化与文明得到更好的展现。

与此同时，农村新社区建设及治理还应该做好环境保护工作。“推进农村生态文明建设，加强农村生态建设、环境保护和综合整治，努力建设美丽乡村”已经成为新时期乡村社会建设的重要内容，乡村生态文明建设的重要性

---

① 管义伟:《乡村社区文化建构的逻辑、主体与路径》,《社会主义研究》2012 年第 5 期。

② 参见张劲松《论新型城镇化过程中乡村文化的延续》,《新视野》2015 年第 1 期。

由此可见一斑。乡村生态文明关系着粮食生产的安全问题，农民日常生活环境问题、农民生命财产安全问题，是社区治理与可持续发展不可忽视的内容。从现实来看，在工业化、城镇化发展进程中，由于农业生产污染、工业生产污染、农民生活垃圾污染，乡村社会千疮百孔，整体环境质量下降，生态环境破坏严重。作为一项民生工程，当代农村新社区建设及社会治理是为个体生存与发展创造更好的条件及质量，因此，必须注重生态环境保护，真正使农村新社区建设及治理改革成为改善人居环境，提高民众生活质量与水平，缩小城乡差距，使城乡文明能够得到较好传承的重要工具与手段，促进人的全面自由发展。

四、同步协调发展战略

在列宁看来，“由于农业和工业分离，由于生产中心形成，而农村反而孤立化了”。农业和工业的分离是人类社会初级阶段基于社会分工发展的必然结果。随着经济社会的不断发展，农业与工业将逐步融合，城市与乡村社会也将因经济与社会的密切联系而再次从分离走向融合，城乡社会的真正融合需要工业和农业的高水平协调发展。而从我国现实发展阶段来看，我国已经进入了工业反哺农业、城市支持农村的快速发展时期。为促进农村社会的快速发展，为实现城乡社会协调发展创造基础与条件，党中央和政府提出了促进工业化、信息化、城镇化、农业现代化发展的战略，四化同步协调发展为我国农村现代化发展及推动城乡社会协调发展提供了重要支撑。它包含一种内在逻辑，“用工业化理念来谋划现代农业发展，用现代的生产方式和科学技术改造传统农业，用社会化的生产组织方式来推进农业现代化，促进工业与农业的产业对接；用新型城镇化来消解二元体制张力，带动资源在城乡间的自由流动，促进城乡协调融合发展；利用信息化成果，改造传统产业，对接新型产业，为工业化提供生产和市场支持，为现代服务业提供信息枢纽”。① 由此，四化同步协调发展将成为我国农村现代社会快速发展的重要推动力量。

不过，从当前推进的农村新社区建设及治理改革来看，它与四化之间有着内在联系机制。农村新社区建设及治理不是单纯意义上的居民生活、居住

① 范从来、杨继军:《论中国特色社会主义现代化进程中的“四化同步”发展战略》,《江海学刊》2013 年第 4 期。

场所的建设，它还包括经济建设、文化建设、社会建设、公共管理与服务建设、治理能力建设等多个方面。从现实来看，大多数农村地区仍以农业为主要产业，工业基础薄弱，且农业发展相对落后，经济产值较低，造成当地居民收入较低，生活不能得到良好的改善。因此，农村新社区治理应积极进行产业结构调整，大力推行农业现代化经营，将广大农民从农村土地上解放出来，并通过集约化、规模化、技术化、资本化经营，提高农业生产效率，培育现代职业农民，促进农民增收，也推动农民职业转换。大力走农村工业化发展道路，通过建设农村产业园，发展农副产品加工产业、高效种植、养殖产业，为从广大农村土地上解放出来的农民就地实现职业身份转换，为广大农民生活、居住方式的转变提供条件。与此同时，大力推进城镇化建设，在农业现代化与农村工业化建设的基础上，通过社区建设改善农民的生活、居住环境与条件，推动基层社会治理变革。同时，对于有条件的地区，通过集中居住，又可以为城市建设、工业开发、农业发展提供稀缺性土地资源，实现农村土地资源的高效利用。以新社区为载体，加强农村基础设施建设，建立相对完善、均等的医疗卫生、养老保险等基本公共服务体系，增强对在乡村居住的居民的基本公共服务能力与水平。与此同时，以信息化为手段，以社区为载体，以各种网络为平台，加强政府、社会、社区与居民之间的密切联系，提高居民接收信息、使用信息、传递信息的能力。发挥信息技术在乡村社会治理、服务、交流互动中的价值与作用，进而形成农村现代化中的协同优势。

总体上来说，当前推进的农村新社区建设及治理改革，与工业化、信息化、城镇化、农业现代化有着内在的联系。它们之间互为支撑，相辅相成。农村新社区建设离不开四化的协同推进，四化建设也需要农村新社区建设来支持。在进一步推进当代农村新社区建设及社会治理中，必须进行宏观规划布局，使农村新社区建设及治理改革与城镇化、工业化、信息化和农业现代化同步，整体联动，协调发展。当然，值得警惕的是，在实践中，不能使农村新社区建设成为地方政府追逐利益，为城镇化、城市扩张、工业化腾出建设用地的工具与手段，因为，这将直接损害民众的切身利益，违背农村新社区建设及治理改革的初衷。

第六节　乡村社区治理的关键问题

在乡村振兴战略背景下，乡村社区治理现代化势在必行，它不仅是适应农村经济社会发展的阶段性特征，改善农村治理方式及机制，在新的历史时期更好地保障民众权利及权益的根本要求，也是推动城乡社会协调发展，形成新型城乡关系，促进社会融合的重要基础，也是国家的重要战略规划。由此，在新的历史时期，如何把握乡村社区治理现代化的核心及关键就显得尤为重要。

一、基础性治理制度体系改革

现实社会中的个体受到具体制度与社会规范的约束，在诺思看来，“制度是一系列被制定出来的规则、守法秩序和行为道德、伦理规范，它旨在约束主体福利或效用最大化利益的个人行为”[①]。制度是国家对社会有效控制的机制，无论是剥削社会，还是现代民主社会，国家都通过建构一系列的制度体制来规范社会的运行。制度对生活于社会中的个体具有较强的规范性与约束性，一套制度规则是价值理念的外化。制度本身体现着人们之间的社会关系，一个制度体系实际是围绕某种价值理想实现的制度安排，同时，制度决定着价值观的性质与价值观的变革。不同时期制度内含的价值理念体现出制度运行的目的不同，制度是人的意志的外在表达，而外部物质世界决定人的意志，制度运作于特定的经济社会环境，当制度内嵌于特定的社会结构时，这种社会结构便被打上了制度的烙印。制度的发展与变迁依据实践中的个体社会关系的发展而变化。从当前乡村社会的发展现实来看，在社会的深入变革发展中，社会关系更加朝向凸显个体自主性、自我性、独立性、平等性方向发展，社会的领域也在不断扩展与变化，规范社会运行的制度体系必须朝向推动社会发展进步的方向迈进。当前，在城乡社会流动与开放背景下，以集体产权为基础所形成的集体经济制度、土地制度、财产制度等及由此所衍生出来的一系列社会制度，内在地构造出了一个无形中的封闭性社会结构，进而致使

① ［美］道格拉斯・C. 诺思：《经济史中的结构与变迁》，陈郁等译，上海人民出版社 1994 年版，第 225–226 页。

开放、流动中的乡村社区治理面临诸多困境。[①]

在现代社会，“主要制度确定着人们的权利和义务，影响着他们的生活前景，即他们可能希望达到的状态和成就”[②]。在利益多元化的现代社会，社会制度不公正导致不同个体生存与发展机会不平等，各种社会矛盾层出不穷，社会无法实现和谐发展。正义的社会制度是“每个人对与所有人所拥有的最广泛平等的基本自由体系相容的类似自由体系都应有一种平等的权利”[③]，这也是社区治理现代化的重要目标。从当前来看，在新的历史时期，实现乡村社区治理的现代化发展，仍然受到诸多基础性治理制度的束缚，如由城乡二元制度、村社制度、农村产权制度等诸多基础性制度构成的制度体系，乡村社区治理现代化发展必须破除上述诸多基础性制度的束缚。

城乡二元制度是乡村社区治理现代化的重要阻滞。户籍制度是城乡二元结构的基础性制度，是阻碍流动人口实现社会融合的主要制度性障碍[④]，延缓了人口城市化进程。建立在户籍制度之上的教育、社会保险、医疗卫生等社会福利制度都因城乡户籍的不同而产生较大差距，而放开户籍准入后必将面临的巨大财政压力是各地不敢轻易尝试户籍制度改革的最大原因所在，这就使城乡二元结构的制度性基础长期存在。乡村社区治理现代化的关键之一在于：打破制度壁垒，推动户籍制度、住房制度管理制度、服务制度的综合配套改革，全面推进城乡融合发展。改革当前城乡二元结构下的基本公共服务制度，逐渐缩小基本公共服务供给上的差距，如教育、医疗卫生、社会保障等，优化基层公共资源配置，破除封闭的城乡社区治理门槛，使城乡居民在所居住的城乡社区就能够平等地享受到基本公共服务，享受到相应的合法民主政治、经济、社会及文化权利。有学者就提出，以“一元化结构，三证式管理，多层次户籍迁移”的人口登记管理制度取代户籍制度，[⑤]实现更有效、更合理的人口管理。

从乡村社会发展实际来看，在政经不分的情况下，村民无法有效处理自己所占有的那部分集体资产，也不能支配所承包经营的土地、房产、宅基地

---

① 李增元、葛云霞：《集体产权与封闭乡村社会结构：社会流动背景下的乡村社区治理——基于温州的调查分析》，《甘肃行政学院学报》2014 年第 3 期。

② ［美］约翰，罗尔斯：《正义论》，中国社会科学出版社 1988 年版，第 7 页。

③ ［美］约翰·罗尔斯：《正义论》，中国社会科学出版社 1988 年版，第 302 页。

④ 李涛、任远：《城市户籍制度改革与流动人口社会融合》，《南方人口》2011 年第 3 期。

⑤ 陈君武：《以人口登记管理制度代替户籍制的构想》，《兰州大学学报》2011 年第 3 期。

等应该属于个体所拥有的财产。他们一旦从农村迁出，将意味着各项集体经济利益及权益的消失。① 由于集体经济资源由村委会所掌握，且缺少相应的监督与管理，农民的集体经济利益很容易受到侵害。同时用村集体经济财产支撑各项村级事务的开展，而村集体经济组织则又承担起村内的部分管理与服务职能，使村委会与村集体经济组织之间出现职能混乱，两者自身职能都未能很好实现。村社一体与政经不分也致使乡村内部人员无法自由流出，外来人员无法自由流入，阻碍了社会的自由流动与融合。因此，推进村社分开、政经分离的制度性改革是当前流动社会发展的必然要求，也是实现开放、流动社会中乡村社区改革的重要制度基础，是促进社会融合发展的重要推动力。另外，封闭的集体产权制度一方面将本地居民束缚在乡村社会，无法实现自由流动；另一方面也使农村各类资源要素无法按照自身特征运行，实现经济增值，在市场化背景下，各种要素的潜在价值难以得到很好的体现。作为个体拥有的宅基地、房产、承包经营土地，也由于产权规定的模糊性，其财产要素特征也难以得到有效体现，由个体所掌握的这些财产仍然处于虚化状态。因此，在政经分离基础上需要进行集体产权制度改革，切实保障广大农村居民的各项合法财产权利。

与此同时，在现代化进程中，农村地区经济社会结构及功能发生巨大转型，农村社会的开放性、流动性特征日益凸显。在此背景下，传统的社区治理制度具有较强的封闭性与排外性，外来人口无法融入农村社会，如同农村人口进入城市生活无法平等地享受城市居民所拥有的社会福利保障一般。乡村社区治理的现代化发展，要围绕构建国家、社会团体、村民及市场等多元主体共同参与的合作治理模式开展，既能满足多方面的利益要求，又能极大地提高社区治理效率及质量。社区治理的现代化发展，需要剥离传统乡村自治体制所带有的浓重的统治性与管理性，突出治理主体的多元性，注重利益要求的多元性，强调治理的多元参与理念，通过基础性制度改革，构建更加具有容纳性、开放性的社区治理参与制度，让社区居民能够有宽泛的利益诉求表达渠道及社区参与治理渠道，切实保障社区居民的参与权及主体地位，通过制度改革实现对基层社会各种利益层的再整合，以制度创新消除社会矛盾与冲突。在社区层面上，需要重新构造代表公共利益的政府、代表社区自

---

① 李增元：《集体产权背景下的乡村社区治理：困境及出路》，《理论与改革》2014 年第 2 期。

我利益的社区组织、代表公益性的社会组织等多方主体共同参与社区治理的协商性、民主性治理制度。真正通过基础性治理制度体系的改革与创新，为社区治理的现代化发展奠定坚实的基础。

总体上来看，在实践运行中，附着于现代社区之上的诸多滞后的社会制度，以及城乡二元制度等基础性治理制度体系阻碍着当代乡村社区治理的现代化发展。破除基础性制度束缚，构建与现代社会相适应的治理制度体系，是新时期推动乡村社区治理现代化的关键所在。

二、治理能力现代化建设

乡村社会是现代国家政权建设的基础，其治理状况直接影响着国家政治统治秩序及政权稳定性。“现代民族国家的产生，其目标是要造就一个有明确边界、社会控制严密、国家行政力量对社会进行全面渗透的社会”[①]，它的形成基础是国家对社区的全面监控，将乡村社会纳入国家的整合秩序并维护国家政治统治的基层权威基础是现代国家构建的重要目标。然而现代国家统治区别于传统国家的严密行政控制，现代国家统治更具有法理型统治特点，现代国家统治的合法性来源于全体国民的心理认同，必须建立于政治权威基础上。[②]与传统松散性国家相比，现代国家的建构面临着实现主权完整和获取合法性支持两项任务。新中国的成立使中华民族对外成为世界民族之林中的重要一员，对内以有力的监控手段实现了对基层社会的整合，预示着现代国家主权地位的真正获得。如何获取政治合法性则成为现代国家建构的另一项重要任务。

现代国家的建构与发展过程也是探寻现代化发展之路的过程。在这一过程中，新的经济与社会组织不断兴起，这些新的经济与社会组织代表着新兴的经济社会力量，有其自身的利益需求，并对传统秩序产生着较大的冲击。这一系列新变化进一步推动着政治领域的变革：第一，政治领域和政治进程的公开性；第二，高度强调社会的边缘和社会的所有成员至少潜在地参与到政治领域中；第三，中心渗透边缘、边缘冲击中心的强大趋势，模糊了中心

① ［美］吉登斯：《民族—国家与暴力》，胡宗泽、赵力涛译，生活·读书·新知三联书店1998年版，第146–147页。

② 李增元：《由“弱民主”到“强民主”：现代国家建构视野中乡村民主的崛起与发展》，《中国农村观察》2009年第3期。

与边缘之间的区分；第四，一个或多个中心的克里斯玛化与抗议的主题和象征（平等和自由、正义和自主、团结和认同）的结合。①政治领域所发生的一系列变革使国家治理从集权向放权、从统治向民主治理转型，即通过构建实效性的法理型权威形成变化社会中的政治认同，这也是民主国家建设的过程。同时，现代国家的现代化发展具有非均衡性，城乡经济社会的断裂化是其重要表现。在现代化发展中，需要通过建构一系列具体制度来缩小社会分化中的城乡发展差距，以消除潜在的政治认同危机。这就使以保障广大农民生存权、发展权为现实基础的民生国家建设成为获取合法性认同的另一项重要内容。它是“以改善民生为政治目标，以民生问题作为政治决策、政治职能和政治资源配置的重心，以民生为准，把民生的改善、国民的福祉作为衡量发展的最高标准，用民众生活质量指数和满意指数取代简单的经济发展指数作为考量政治发展的标杆。在民生政治模式下，政治合法性的支撑来源于民众生活质量与生活满意度的提高”②。总体上来看，从统治型政府到管理型政府，再到治理型政府，是现代国家政府发展的基本趋势。

从民众角度出发提高国家与政府对社会的治理能力，是现代国家获取政权合法性的重要支撑。国家治理能力就是运用国家制度管理国家和社会各方面事务的能力，包括促进国家经济社会发展、应对重大突发事件、维护国家安全利益、提升人民生活水平等方面的能力。③当然，在不同的历史时期及不同的领域，对国家治理能力的要求不同。在新的历史时期，随着管理型政府向治理型政府的转型，在更为复杂的社会发展新阶段，提升国家治理体系和治理能力现代化成为当代国家治理的新任务。党的十八届三中全会又将“推进国家治理体系和治理能力现代化”作为全面深化改革的总目标。国家治理能力的现代化建设体现在各个领域。在新的历史时期，随着国家与社会关系的调整，“国家在履行社会管理职能时，强调把服务作为出发点和归宿，现代国家的社会管理在某种程度上甚至就意味着服务”④。随着国家政权从资源提取型政府向资源供给型政府转变，提升管理与服务能力，增强对基层社会的治

① ［以］艾森施塔特：《反思现代性》，生活·读书·新知三联书店 2006 年版，第 11 页。

② 曹文宏：《民生政治：民生问题的政治学诠释》，《社会主义研究》2007 年第 6 期。

③ 江必新：《推进国家治理体系和治理能力现代化》，《光明日报》2013 年 11 月 15 日版。

④ 张艳国、尤琳：《农村基层治理能力现代化的构成要件及其实现路径》，《当代世界社会主义问题》2014 年第 2 期。

理能力已经成为新时期国家政权建设的根本任务，也是国家治理能力现代化的重要体现。党的十六届六中全会指出，必须“建设服务型政府，强化社会管理和公共服务职能”；党的十七大报告再次指出，“把城乡社区建设成为管理有序、服务完善、文明祥和的社会共同体”。由此可见，国家对提升基层社会管理与服务能力的重视。

在新的历史时期，以提升基层社会管理与服务能力为核心的治理能力建设则成为基层社会治理的核心内容。有学者就指出，随着我国农村经济社会改革的进一步深化，农村基层治理的生态发生了深刻变化，必须进一步推进农村科学发展和提升基层治理的能力建设。① 在现代社会治理中，社区治理是社会治理的重要基础，国家治理能力的现代化建设需要通过社区治理现代化建设完成。首先，强化对基层社会的管理与服务是国家治理现代化的重要内容，而这一功能体现为社区管理与服务能力的提升，在新的内外环境下，客观上需要推进社区治理能力的现代化。另外，社区是国家治理基层社会的重要基础，作为个体生活、居住的场所，社区涉及不同的利益主体，是各种利益交织、矛盾纠纷产生的重要场所，社区的和谐稳定与发展事关国家的政治稳定。在新的历史时期，维护社会稳定与和谐发展，需要提高社区的治理能力与水平。与此同时，在现代开放社会，国家各项政策的贯彻与落实、各项任务的完成需要社区的积极配合，这就需要改变过去原有的政府管理方式，推动社区治理方式及技术手段的现代化发展。在开放与发展中，社区主体成员身份日益复杂，社会结构分化明显，阶层日趋多元，价值观念分化，社区内部事务日益繁杂，社区利益矛盾增多，仅靠单一主体难以解决，应对各类社区社会事务、增强制度供给需要提升社区治理能力与水平。随着市场经济社会的深层次发展，个体的独立性日益增强，社会发展中的各种不稳定性因素增加，各种直接影响社区居民生命财产安全的潜在风险随时可能发生。每个社区由于地理位置不同、居住人群不同、形成的历史及文化氛围等方面的差异，对社区风险、各类灾害的认识以及处理灾害的能力等方面也会有所差异。② 因此，这就需要在社区治理中形成各种风险及隐患的防控、预警处理机制。

总体上来看，在现代社会发展中，乡村社会在内外力量的推动下也在发

① 陈荣卓、唐鸣：《农村基层治理能力与民主管理》，《华中师范大学学报》（人文社科版）2014 年第 2 期。

② 王晓芸：《社区风险管理：提高防御灾害能力的基石》，《求实》2011 年第 1 期。

生现代化转型，并以一种全新的外在形态及内质特征呈现出来。在此背景下，运用传统的社区治理方式已经难以发挥应有的作用。新时期的新社区承载着新的功能，具有新的特征及运行机理，与现代新社会发展相适应。同时，在新的国家发展阶段，国家职能的变化及角色的重新定位，也对社区治理提出了新的要求。在此社会发展背景下，乡村社区治理的现代化是时代赋予社区治理的新要求，而实现社区治理的现代化，其关键在于实现社区治理能力的现代化。

三、政府服务与居民参与相结合

从人类历史发展进程来看，无论在任何一个阶段，代表公共权力的国家及其政府都在整个社会的管理中发挥着极其重要的作用。在传统国家向现代国家的过渡过程中，尤其能够体现出国家的重要地位。正如吉登斯所指出的，现代国家建构的过程就是一个将权力渗透延伸进入整个社会领域，并实现有效监控的过程。当然，国家代表的是一种特殊的公共权力，但是这种公共权力是凌驾于社会之上的。从中国现代国家建构的历程来看，它呈现现代民族国家建构与民主国家建构的双向性，而民族国家建构早于民主国家建构。[①]从整个中国的现代国家建构的过程来看，在现代国家政权建设中，随着国家资源提取能力的增强、社会监控能力的提高，社会逐步被纳入国家统一的范畴，传统社会的自主性逐渐消失。国家以其代理人—政府自上而下对整个社会进行严密的控制与管理，并逐步呈现“强国家、弱社会”的基本格局。在现实中，国家更有可能以“普遍性意志”和“公共性利益”的名义出现，将自己的意志无限制地推及所有领域，推动国家的整体化和同一性。[②]由此，在整个的历史发展进程中，国家更多地以统治者与管理者的身份而出现。

从中国现实来看，新中国成立后，在共产党的领导下，民主国家建构开始起步。然而，由于国家发展的现实基础及基本目标决定了在推进国家政权建设中，国家及政府在整个社会发展进程中仍然处于主体地位，指令性的计划经济管理模式正是其根本体现。国家制度取代社会制度，成为调节社会成员的生产生活的基本方式，社会所拥有的自我调节机制和制度、规范被国家

① 徐勇：《“回归国家”与现代国家的建构》，《东南学术》2006年第4期。

② 徐勇：《现代国家建构中的非均衡性和自主性分析》，《华中师范大学学报（人文社会科学版）》2003年第5期。

强制力抑制或与国家强制力结合在一起。[①]在国家对社会的吸纳、整合中，广大社会居民成为管理对象及被动的参与者，政府意志取代民众意愿，政府成为整个社会发展需求的决策者及代理人。即使改革开放后，随着国家与社会关系的调整，国家管理体制发生了很大的变革，社会在国家的放权与赋权中获得了较大的自主性，但是基于长期的政府绝对主体地位，整个社会的参与性不足，社会治理缺乏弹性。另外，随着体制性转换，在经济发展中社会的内在活力被逐步释放出来，社会力量逐步壮大，然而，为保持社会稳定，以及缺乏相应的经验，政府管理仍然沿用传统的思维，突出管控性。随着社会的分化发展，各种全新的领域逐步出现，国家自上而下的管理干预能力越来越强大。当然，这种管理干预的手段及方式在逐步发生变化，随着经济社会转型发展，国家职能也在发生变化，现代国家对社会的干预呈现日益强化的趋势，国家的干预已深入社会的各个方面，国家试图通过对各种社会的公共事务的有效管理，通过为社会提供大量的公共服务，来寻求全社会对其合法性的支持。[②]在新的历史时期，虽然现代国家的治理策略发生变化，通过突出公共性、服务性、民主性来提升其合法性，并体现现代民主国家的本质，但是在具体的实践落实中，其根本性运行思维还有待转换。

值得注意的是，现代国家政权建设的过程也是一个社会不断成长发展的过程。在现代化的刺激推动下，经济社会不断分化发展，各种新兴力量不断出现，社会自主性增强，有序扩大社会参与是释放社会力量、维护社会稳定以及获取合法性的重要基础。正如亨廷顿指出的，“一个正在进行现代化的制度还必须具有将现代化造就的社会势力吸收进该体制中来的能力”[③]。而农村在任何一个国家的政权稳定及现代化发展中都发挥着重要的作用。他进一步指出，“农村是一个变数，如果它不是稳定的根源，就是革命的根源”，“农民的不满情绪是建立在物质性基础上的”[④]。因此，任何一个国家在推进国家现代化及民主化进程中都非常注重民众的感受，并注重满足民众的利益需求。在新的历史时期，由国家推动的当代农村新社区建设，正是为提高基层社会的公

---

① 曾峻：《公共秩序的制度安排——国家与社会关系的框架及其运用》，学林出版社 2005 年版，第 93 页。

② 陈振明：《政治学——概念、理论和方法》，中国社会科学出版社 2004 年版，第 99 页。

③ ［美］塞缪尔·P. 亨廷顿：《变化社会中的政治秩序》，王冠华、刘为译，生活·读书·新知三联书店 1989 年版，第 129 页。

④ ［美］塞缪尔·P. 亨廷顿：《变化社会中的政治秩序》，王冠华、刘为译，生活·读书·新知三联书店 1989 年版，第 344 页。

共服务能力、满足民众的各方面利益需求所推进的社会治理运动，也是国家从管制社会向村社区治理的管理方式的转变。然而值得注意的是，在整个乡村社区治理的推进过程中，政府的主导性意识太强大，“基层政府却不能从体制机制以及治理理念上做出变革，它还在用传统的治理功能和思维来应对基层的经济社会结构的变化所带来的挑战和压力，不仅如此，它甚至表现出不惜代价地强化现行治理体制的态势”①。由此，最终造成了乡村社区更多地体现为各级政府的主导规划，基于国家设计，各级政府规划、实施、推进自上而下的强行管理干预，不切实际地一刀切、大拆大建、按照主观意愿供给各种公共产品，而广大农村居民却缺乏参与社区建设及社会治理的渠道和机会，各种社会力量也无法有效参与进社会治理中来。中国公众的政治参与主要发生在政策的执行阶段，而不是政策制定阶段。②在诸多地区，这种由国家主观建构，上级政府自上而下层层推进的社区治理在实践中脱离实际，难以获得民众的认同。

实际上，在新的历史时期，由国家主导推动的农村新社区建设是以满足民众利益需求为核心开展的民生建设工程，通过此项工作的开展，推动传统乡村社会向现代社会转型。在新的历史发展阶段构建现代国家的新型基层社会基础，也在民生建设及民主建设中推动国家的现代化进程，这就需要将民众利益放在最为重要的出发点。从农村现实来看，经过改革开放四十多年的发展，我国社会成员大多数个体的基本需求得到了有效地满足，与此同时，社会需求也在不断发生变化。当前，在开放性的市场经济背景下，人们的需求结构及需求类型都在发生深刻的变化，致使社会需求呈现层次性、类型化特点，涵盖了政治经济社会生活的各个方面，并且日益细化。在政治领域，既有表达自身利益、维护自身权益的需求，又有行使民主权利的需求；在经济领域，既有参与市场经济发展、获取物质利益的需求，也有参与分享改革开放经济成果的需求，还有对政府维护市场秩序的需求；在文化领域，既有参与公共文化活动以充实精神世界的需求，也有获取科学文化知识的需求；在社会领域，既有对基本公共服务的需求，也有参与社区活动、获取社会归属的需求，还有对公平正义的需求。另外，随着以非政府组织、公民志愿性

① 周庆智：《基层治理：一个现代性的讨论——基层政府治理现代化的历时性分析》，《华中师范大学学报》（人文社会科学版）2014 年第 5 期。

② ［美］布鲁斯，布恩诺，德·梅斯奎塔、希尔顿·L·鲁特主编《繁荣的治理之道》，叶娟丽、王金译，中国人民大学出版社 2007 年版，第 164–184 页。

社团、协会、社会组织、利益团体和公民自发组织为标志的公民社会的兴起，社会主体利益表达及维护意识明显增强。特别是伴随着工业化、市场化、信息化及城镇化建设的逐步推进，各项公共事务与个体之间的利益联系日益紧密，基层社会各类矛盾愈发凸显，不同类型的社会主体都希望有畅通的渠道表达自身利益诉求，通过参与社会治理来维护自身合法权益。①基于现代转型社会发展所面临的一系列问题，党的十八大报告强调指出，“增强城乡社区服务功能”，“加快形成党委领导、政府负责、社会协同、公众参与、法治保障的社会管理体制”，这些都对社会治理理念及方式创新提出了较高的要求。作为新时期社会治理的重要内容，社区建设及治理作为现代国家建设的重要内容，亦是实现国家治理体系和治理能力现代化的重要表现，最终受益者是社区居民。治理现代化离不开公民的个体需求、个体价值和主体参与，②居民参与是保障社区有效治理的重要基础，也是现代国家民主政治建设的核心内容。

在现代社区治理中，政府自上而下管理干预有其正当性与合理性，但应该有一定的边界，与此同时，应当突出民众的民主参与能力建设。居民各种权利的维护、利益的表达及实现，社区公共生活的有效运转都需要居民的参与，国家各种政策目标的实现也是建立在社区居民有效参与的基础上的。参与式民主在肯定公众参与价值的同时并不否定政府权威，它努力寻求政府与公众在权力运行过程中的关系平衡。③在国家建构推进的社区治理中，在发挥好政府自上而下管理干预的同时，要改变政府治理理念，培育社区居民的参与能力及参与意识，更多地引导社区居民自上而下的实效性参与治理，让社区居民在社区治理中发挥主体地位，抛弃官僚化、官本位主义。政府逐步由主导角色向引导角色转化，这也是成熟国家社区治理的基本经验。在居民与政府之间达到以相互信任和尊重为前提的良性互动，并在这种良性互动的基础上形成一种多元协调参与的社区公共性。④这是在新的历史时期，现代国家建设应该持有的一种基本理念，也是现代国家治理的基本准则。在社会日益发展和进步中，现代社区治理作为社会治理的一个微观层面，在国家治理中处于

① 程又中、李增元：《“民生、民权、民主”及其在当代社会管理中的实践价值》，《华中师范大学学报》（人文社科版）2015 年第 3 期。

② 王名、刘国翰：《公民社会与治理现代化》，《开放时代》2014 年第 6 期。

③ 张光辉：《参与式民主：实现可持续政治稳定的现实之道》，《中州学刊》2013 年第 9 期。

④ 李蔚：《培育兼顾“私利”的社区公共性》，《学习时报》2015 年 4 月 27 日。李蔚：《何谓公共性，社区公共性何以可能？》，《河南师范大学学报（哲学社会科学版）》2015 年第 4 期。

基础性地位，是国家治理的基础性工程，这一工程的开展必须结合现代社会发展的特征，建立更为广泛的共识及参与机制，夯实社区内在自我治理机制，激发造血功能，逐步消除外部强力推动建设的机制，让社区居民自我治理运转起来，形成长效机制。这不仅是社区治理的真正目的，也是获取国家政权合法性与权威性的重要基础，更是凸显民众主体地位，建设现代民主国家的重要体现，并能够避免重蹈民国时期“号称乡村运动而乡村不动”的覆辙。

总体上来看，现代乡村社区治理现代化建设是一个系统的工程，在新的历史时期，传统的仅以政府主导规划的社会治理模式与现代社会治理不相适应。突出参与性，形成政府自上而下管理干预与居民自下而上参与治理实效结合，是当代乡村社区治理走向现代化的关键所在。

第七节　乡村社区治理的要素分析

在新的历史时期，实现乡村社区治理现代化是社区治理优化发展的根本方向。通过前述分析已经阐述清楚，社区治理现代化的关键在于治理制度体系的改革、治理能力的现代化及居民公共参与能力的提升。那么同时，当代乡村社区治理现代化发展还必须解决其核心问题，即社区治理现代化的构成要件。治理强调多元主体的参与性与协同性，治理理论的核心构成要素在于治理主体。有哪些、运用何种工具与手段、如何进行治理（即治理的体制机制），这也是当代乡村社区治理现代化的构成要件，是推进乡村社区治理现代化建设首先需要解决的问题。

一、治理主体

新中国成立后，为优先发展现代工业体系，重建国家政治社会结构，强化政治整合能力，社会各个领域的发展都需要政府的强力干预与主导。由此，全能型政府产生，它表现为管制型的治理方式、全能性的治理职能、行政性的治理手段、巨人型的治理主体。[①]这一传统治理思维在改革开放后得以沿用。改革开放后，计划经济体制模式被取消，但是传统的计划治理思维在社会治

① 张立荣、冷向明：《当代中国政府治理范式的变迁机理与革新进路》，《华中师范大学学报（人文社会科学版）》2007 年第 2 期。

理中仍然较为浓重，国家及其代理人——各级政府是名副其实的社会管理主体，在社会管理中处于绝对主导地位，这也是官僚科层制的根本特征。“在国家与经济的关系上，地方政府通过政治化的方式控制经济，操纵经济发展；在国家与社会关系上，政治排斥则拒绝政治精英通往仕途的其他通路，减弱了官僚系统与社会利益的联系；在国家权力内部结构上，任命制决定控制权来自上级，造成僚对官的依附。”①另外，历史上官本位的思想也进一步导致政府与社会脱节，政府凌驾于社会之上。自改革开放后，随着市场经济的发展，为各级政府提供了经济利益空间，在经济的刺激下，一些政府部门会从各自角度追寻自身利益，从而偏离公共利益，成为名副其实的“营利型经纪人”。在同一级政府内部，不同政府部门也会从自身利益角度开展工作，追求个人及部门利益，尽量获取自身利益最大化，最终形成了碎片化的治理模式，“公共治理主体之间相互割裂，各自为战，自行其是，缺乏紧密联系和协同整合的治理形态”②。由此，社会治理的效率极为低下，整体治理效果无法令民众满意。

在当代乡村社区治理中，社区治理主体的行政化、碎片化特征也较为明显。在新时期推进的乡村社区治理中，从社区治理的规划部署到社区治理的推进，以及社区治理的内容设定都是由政府部门主导规划，并一层一层动员落实的。地方政府作为公共利益的代表，有责任和义务去贯彻落实国家政策，维护公共利益。然而地方政府具有多重身份，既是公共利益的代表者，也是私利的追求者，地方政府作为理性“经济人”，在地方治理中有其自身的“理性”行动。在落实农村新社区建设的公共政策中，地方政府往往根据自身利益偏好灵活处理，“理解—消化—吸收—转化—落实”国家政策。地方政府在不碰触国家底线的范围内，根据自身利益偏好“理性”行动，并把自己扮演成最为重要的治理主体。③同时，在推进农村新社区建设及治理改革中，诸多地方更侧重于将乡村社区建造为便于政府管理控制，能够积极落实上级政策的基础性平台，并基于自己的主观意愿来打造刚性社区，社区的便捷服务

① 李佳佳：《中国开发型国家结构下的官僚制：特征、后果和走向——地方政府行为的视角》，《中共浙江省委党校学报》2012 年第 2 期。

② 韩志明：《公民抗争行动与治理体系的碎片化——对于闹大现象的描述与解释》，《人文杂志》2012 年第 3 期。

③ 葛云霞、李洪强、李增元：《“理解性吸收政策”与“理性偏好”行动：当代农村新社区建设实践的逻辑机理分析》，《甘肃行政学院学报》2014 年第 6 期。

被后置，民众及社会力量也是被动引导参与社区建设及治理，最终形成了政府独大的社区治理格局。与此同时，社区建设及治理涉及不同的政府部门，如民政部门、规划部门、农业部门、城建部门等，社区所承载的各种功能的实现，涉及各级部门权力的下放、职能的下沉。然而，从现实来看，在社区治理中，各部门各自为政、各搞一套，条块分割明显，尽力维护自身利益，缺乏协同机制，社区治理的碎片化特征较为明显。在现实中，社区治理主体的行政化特征和治理“碎片化”成为社区治理现代化推进的重要障碍。

实际上，改革开放后，在经济体制的转变中，国家与社会的关系也不断发生变化。经济体制的转型客观上要求国家向社会下放权力，这也进一步推动了社会的分化与转型，各种新型社会力量不断兴起。国家向社会放权及经济体制变迁给乡村社会带来的冲击更为明显。经济体制变革推动政治领域改革，民主化政治建设在社会治理领域中逐步显现出来。市场经济向基层社会领域的扩展逐步推动乡村社会的分化与结构转型，各种不同的经济社会组织实体出现，社会阶层分化，基层社会被激活。由此，经济基础的变革也推动国家与基层社会关系的调整，原来的管理型政府逐步向管制型政府转型，并进一步发展到治理型政府。在实践中，由经济发展推动形成的新型基层社会力量也在基层治理中逐渐发挥着不可替代的作用，政府的治理理念也不断发生变化，新兴经济及社会力量日益成长壮大，并在基层社会治理中开始发挥重要作用。

正如早期美国社会学家丹尼尔·贝尔在其著作《“后工业社会”的来临》一书中指出的，“后工业社会是围绕着知识组织起来的，其目的在于进行社会管理和指导革新与变革；这反过来又产生新的社会关系和新的结构”，“信息和知识则是后工业社会的主要结构特征”。[①]后工业社会是一个阶层不断分化、分工日益细化的社会，在后工业社会中，经济社会组织高度分化，各种新兴社会力量不断兴起，公共事务的治理已远非个人能力所及。在多元主体参与中，为社会提供服务、维护公平正义是后工业社会人类面临的新任务。面对后工业社会所呈现的一系列新特征，戴维·奥斯本提出了政府再造理念，认为“政府应是掌舵而不是划桨”，应构建“以顾客为导向的服务型政府”，并将企业理念引入政府运行中。登哈特进一步指出，政府“服务于公民而不是

① 丹尼尔，贝尔：《“后工业社会”的来临》，商务印书馆 1984 年版，前言第 9 页。

服务于顾客；追求公共利益；重视公民权胜过重视企业家精神；思考要具有战略性，行动要具有民主性；承认责任并不简单；服务而不是掌舵；重视人而不只是重视生产率”。[①] 由此，社会各个层面的治愈更应该体现以人为本，以满足人的利益需求为出发点，同时结合社会发展的变化来对社会进行有效治理，改变过去政府独大，部门之间条块分割、各自为政的现实特征。

随着现代社会的发展，现代社会治理更加注重多元性、系统性与整体性。所谓多元性，是在强调政府主导的情况下，注重引导各种社会力量参与到社会治理中来，“国家与社会之间，需要重新构建起一种相互合作、相互协调和相互监督、相互制约的良性互动关系”[②]，充分发挥各种力量在社会治理中的价值与作用。所谓系统性，是指社会治理的全面性及体系性，社会治理的推进不仅单纯追求硬件设施的推进，也需要追求软件的建设、内在治理机制的构建及制度体制规范的建设，还应该做好社会治理与其他方面的衔接与互动。另外，社会治理还应该注重整体性，“整体性治理着眼于政府内部机构和部门的整体性运作，主张管理从分散走向集中，从部分走向整体，从破碎走向整合”[③]，它强调作为社会治理的重要主体之一，政府是一个有机的主体，而不是离散的；同时突出强调在政策制定、政策执行、政策反馈及评估中的不同主体的共同参与。社会治理主体的多元性、系统性与整体性是社会治理现代化的必然要求，十八大以来，中央多次强调要“加快形成党委领导、政府负责、社会协同、公众参与、法治保障的社会管理体制”，实际上已经体现了多元共治的理念。这一变化意味着，政府不再只是治理的主体，也是被治理的对象；社会不再只是被治理的对象，也是治理的主体。走向多元主体复合的治理方式，是现代社会治理的根本方向。

在经济社会发展中，经济力量及社会力量不断发展壮大，各个利益相关主体都在社区治理中发挥着重要的价值与作用，仅靠行政主体，难以实现有效的治理。农村新型社区的发展目标是实现“不同的人群在内部必然形成不同的关系样式和组织结构，在外部必然要求不同的管理模式和服务方式”的

---

① ［美］珍妮特·V. 登哈特、罗伯特·B. 登哈特：《新公共服务：服务而不是掌舵》，丁煌译，中国人民大学出版社 2004 年版，第 58 页。

② 陈振明：《政治学——概念、理论和方法》，中国社会科学出版社 2004 年版，第 99 页。

③ 竺乾威：《从新公共管理到整体性治理》，《中国行政管理》2008 年第 10 期。

社区治理模式。[①]这种治理模式对不同的主体提出了不同的要求。在现代社区治理中，政府是社区治理的重要参与主体，作为公共利益的代表者及公共资源的支配者，政府有责任向社区提供基础性公共管理与公共服务，满足居民日益增长的各种合法利益需求，这也是社区作为国家政治治理单元与行政管理单元对政府提出的必然要求，但是需要形成整体内在的整合机制，实现对相关职能部门的有机分工与密切合作，以避免碎片化及各自为政的现象。与此同时，土生土长的社区组织是社区居民自我利益的代表，也是社区事务治理的核心组织。社区各类经济社会组织在社区治理中发挥着重要作用，它们能够通过自组织建设，从社区居民生活、生产等社区公共治理角度通过自治满足居民的各种公共需求。“一方面，社区自组织的成长推动了社区治理结构的转型，即治理过程由行政主导转变为民主协商，治理关系由命令服从关系转变为合作、互惠关系，治理组织体系由垂直科层结构转变为横向多元合作网络结构；另一方面，社区自组织因其内在的合作、参与、有序等特征被当作提高社区治理绩效的有效工具。”[②]在社区地域范围内所驻扎的一切企事业单位也是构成社区的重要组成部分，与社区之间具有内在的紧密联系。各类组织单位的发展离不开社区各方面的支持，社区的发展及治理也需要这些组织单位的积极支持与参与。因此，驻社区单位也是推动社区治理的重要主体。社区居民是社区的主体，社区发展及治理的最终目的是满足个体的利益需求，社区的治理需要个体的广泛参与。在市场机制背景下，各类市场主体在满足社区居民个性化需求和生活、生产需求方面都发挥着重要的作用，社区治理的有效运转离不开它（他）们的参与。在当今社会，各类市场性经济主体也应该承担一定的社会责任。与此同时，在现代社会，提高社区治理的效率及水平，也需要政府购买服务的方式，各种社会组织及市场主体可以以此成为服务的直接生产者，在社区治理中发挥应有的作用。另外，在现代社会发展中，各类社会问题层出不穷，如老弱病残人员的照料与救助、社会秩序的维护、社会情感关怀与慰藉、社会矛盾的化解等，这些都需要社会公益组织、志愿组织及社会工作者的积极参与。社会工作者与服务对象等多元主体共同对话、共同承担和推进的过程，注重深度发挥服务双方的主体能动性，挖掘

① 费孝通：《对上海社区建设的一点思考——在“组织与体制：上海社区发展理论研讨会”上的讲话》，《社会学研究》2002 年第 4 期。

② 肖日葵、萧仕平：《不同理论视角下的社区自组织研究综述》，《天府新论》2009 年第 1 期。

人的潜能，真正实现助人自助的专业宗旨。[1]良好的社区治理是“在一定的地域范围内，由政府与社区自治组织、非营利组织、辖区单位以及社区居民共同管理社区公共事务，推进社区持续发展的活动，并体现了为社区范围内不同主体依托各自资源进行的相互作用的模式”[2]，是多元主体之间建立网络化的合作机制，实现各自优势资源的互补与整合，在相互分工基础上实现有机协作与配合、协商与互助，形成集合优势，通过合力共同解决社区发展中的各种问题，最终实现社区公共利益最大化，促进个体更好的发展。

总体上来看，在当代社会治理实践中，行政化、碎片化特征仍然比较明显，在社区治理中，这一特征也较为明显，这与当前提出的国家治理体系和治理能力现代化是不相适应的。治理实践中，行政化、碎片化治理成为社区治理现代化的重要障碍。在新的历史发展阶段，要想更快速地实现社区治理现代化，需要构建与时代发展相适应的治理主体新维度（多元化），推进社区治理主体向“多元性、系统性、整体性”转型，实现党领导下社区多元主体分工合作的治理模式，是实现当代乡村社区治理现代化的重要基础。

二、治理体制机制

社会治理是制度、体制机制与工具的有效结合，任何一个国家的社会治理都建立了相应的体制机制，治理体制机制本身反映着不同参与治理主体之间的权责关系及社会治理有效运行的基本方式。从整体上来看，我国社会治理体制经历了传统的统治型治理体制、新中国成立以来的管理型治理体制、以及当前逐步推动的参与型治理体制。与之相适应，治理机制也经历了凸显统治阶级意志的治理机制、维护国家政权稳定与促进现代化发展的治理机制，以及当前逐步在实践中探索创新的党的领导下多元主体参与的治理机制，它从治理的脉络上反映了国家治理理念的变化，即逐步从政府独大到多元参与的转型。不过值得注意的是，这种转型是艰难的，从理念到实践的转型是一个长期的过程。从历史上来看，在较长的时期内，国家治理都采用了行政主导的模式。在新中国成立之后的前 40 年，治理权力高度集中在国家手里，以此国家实现了对各种社会资源的有效控制，以制度构建社会，以强制行政手

---

① 姚进忠：《以人为本：社会工作的社会建构方向》，《北京工业大学学报（社会科学版）》2012 年第 3 期。

② 滕玉成、牟维伟：《农村新社区建设和治理研究述评》，《东南学术》2010 年第 6 期。

段管理社会，以政治手段整合社会，最终形成了全能型治理体制。在社会治理中，“政府承担了几乎全部社会治理职能，社会治理结构是政府组织以各部门、各行业的单位制为基础对社会实行总体控制，形成了一种行政吸纳社会或社会运行行政化的治理体制”[①]。社会治理更多地呈现以政府行政命令及支配为特征的运行机制。改革开放后，随着经济体制的转换，政府管理社会的方式也相应做出了一定的调整，逐步遵循市场化发展规律，并在向社会放权中调整社会治理体制机制。但受根深蒂固的传统行政管理思维影响以及难以割舍的既得利益，一些地方政府和部门的职能定位仍然不够清晰、权责不够明确、行为不够规范，社会管理领域“越位”“错位”“缺位”的现象仍然不同程度地存在。[②]在社会治理中，政府的具体行为及做法仍然存在诸多问题。

基于传统的管理思维及管理习惯，在社会治理中，政府往往将自己摆在社会治理中的核心地位。如何管理社会、怎么管理社会都由政府说了算，特别是政府掌握着大量的社会稀缺性资源，以此推行单向度的社会治理，政府本位在社会治理中仍然发挥着重要作用。少数地方政府权力的运行凌驾于社会之上，甚至形成了政府垄断性治理格局，侵犯社会自治权。在社会治理中，更多地运用管制、管控手段推行社会治理，将其他参与主体力量排除在治理主体范畴之外，最终形成了具有特色的“管控性、垄断性、单向性”治理体制机制。这一特殊的治理体制机制体现在对宏观社会的治理中，也体现在对基层微观社会——社区的治理中。实践中的社区治理行政化就是其根本体现。在社区治理结构及体制的构造中，政府处于绝对领导地位，各种其他非政府力量是政府的整合对象及管理对象，而非合作对象，各种非政府力量在社区治理中往往被忽略，政府主观推动社区治理，无法形成民众畅通的利益表达机制、矛盾纠纷解决机制、民众参与治理体制，民众利益及权力无法得到保障。从实质来看，“政府本位”的观念是夸大政府主导作用、扭曲政府权力运行取向的一种消极表现，其直接带来政府权能至上、政府利益固化和政府无限责任等严重危害，并且政府治理的本位化使政府运行逐渐背离了公共利益的价值取向，造成政府部分治理功能僵化，进而导致出现“体制性衰退和系统性危机”等国家的整体性治理危机。[③]这是与现代社会发展不相适应的。与

---

① 赵继伦、赵放：《确立社会治理的三维视阈》，《东北师大学报（哲学社会科学版）》2014 年第 4 期。

② 宋煜萍：《公众参与社会治理：基础、障碍与对策》，《哲学研究》2014 年第 12 期。

③ 胡永保、杨弘：《国家治理现代化进程中的政府治理转型析论》，《理论月刊》2015 年第 12 期。

传统社会相比，现代社会是一个高度分化、自由发散的社会，社会的现代化程度逐步提高，民众的民主意识、参与意识、权利意识逐步增强，价值观念更加开放，各种资源的流动性、分散性、利益需求更加精细化与系统化，社会发展中的各种风险也逐步增加，原来以政府为核心主体形成的管控性、垄断性、单向性治理体制机制在现代社会发展治理中呈现较大的脆弱性，必须实现社会治理体制机制的现代化转型。

当代社会治理体制机制转型，体现在社会治理的各个领域，它内含着治理思维、治理理念的革命性变革，也是当前我国国家治理体系和治理能力现代化的重要内容。国家治理现代化是指“从传统国家向现代国家转变过程中，多主体共同规范权力运行及维护社会公共秩序而形成和建构的一套制度规则、治理工具及执行能力”①。在这个过程中，治理体制机制正是其重要内容，本质上也反映着不同权力主体及参与主体在社会治理中的权力关系及职能责任。在日益开放、多元的社会中，各种社会力量不断出现，社会治理的系统性、复杂性特征更为明显，仅仅依靠政府单向度、管控性方式已经无法推动社会的有效治理，在社会力量不断成长与发展中，政府也应该逐步改变与各种力量之间的关系。“中国未来国家与社会关系的模式应该是一种既能保证社会的独立性与自主性、又能充分发挥国家作为社会总体利益的代表对社会经济生活的协调与控制的‘强国家强社会’的模式；在这种模式下，国家与社会之间主要不是对立和冲突，而是一种相互制约又相互合作、相互独立又彼此依赖的有机统一的关系。”②这一新型关系应付诸社会治理的各个领域，通过创新形成集合作性、参与性、协同性与协商性于一体的体制机制来具体落实。当今社会任何一个领域的公共治理都需要在政府的主导下构建全新的参与型治理体制机制，“社会整体利益的最大化是多元社会主体协同的最高目的，政府发挥主导作用的主要任务是充当支持者、组织者、倡导者的角色”③。在政府的主导下，让社会内在力量得以释放，让社会的多元主体都能够表达自身利益需求，都能够通过参与社会治理实现自身价值及利益需求的满足，并在参

---

① 薛澜、李宇环：《走向国家治理现代化的政府职能转变：系统思维与改革取向》，《政治学研究》2014 年第 5 期。

② 唐士其：《“市民社会”、现代国家以及中国的国家与社会的关系》，《北京大学学报（哲学社会科学版）》1996 年第 6 期。

③ 邵静野、来丽梅：《社会治理体制创新中社会协同机制的构建》，《东北师大学报（哲学社会科学版）》2014 年第 1 期。

与中协商、对话，消除彼此之间的意见分歧，在协商、妥协中构建共识，发挥政府的黏合与整合作用，凝聚起推动社会整体利益最大化的力量。

社区治理是社会治理的重要组成部分，随着乡村社会的快速发展，传统乡村社会逐步为现代乡村社会所代替，现代社区已经不同于传统社区，在现代化推动下，当代乡村社区正以一种全新的形态展现出来。当代乡村社区治理，也必须依据社会治理现代化发展的基本方向，构筑起参与性、协同性、协商性的社区治理体制机制。把维护群众利益和需求的群众工作作为社会治理的出发点和落脚点，用社会治理系统内部纵向、横向各个主体纵横互动的“线”即群众工作，通过“点”的外部动力和“线”的内部动力，持续联动，形成社会治理“面”的联动机制。①在现代社会发展中，社区事务更为复杂，它不仅涉及国家层面的治理事务，还涉及社区内部层面的社会事务。这些社区事务是原来传统村庄社区所不曾有的，包括如何建立大社区的公共秩序，谁来参与社区内部的公共产品供给，等等。②社区社会的和谐稳定发展，已经超出了政府单一主体范畴，需要政府、市场、社会、居民的协同合作与努力。参与合作就是在平等的多元主体之间必须突破统治话语下自上而下的以政府权威和强制为核心的单向度的政府命令，通过参与合作的方式，在以自愿为主的公民认同和共识的基础上，国家与公民社会、政府与非政府组织、公共机构与私人机构都参与其中，建立一个多元主体互动且有效合作的管理方式。③“涉及国家层面的公共事务必须由政府来承担，涉及社区自我治理事务必须由社区公共管理机关来承担。驻社区内的各类单位、民间社会力量作为社区的成员，也有义务为社区的和谐稳定发展承担相应责任。在市场经济发展背景下，个体化需求日益明显，个体化需求更加需要市场主体力量的参与。另外，有些公共性服务需求具有准公共性物品特征，需要各种社会力量（包括市场主体）通过志愿服务、公益服务的形式提供解决途径。同时，随着政府职能的转型及机制的转换，有些公共物品由政府购买更能够发挥效率性、效益性。在新时期，乡村社区承载着国家的政治行政功能、社区社会的自我治理功能、个体的社会交际及情感认同等多重功能。社区各类功能的实现，需要构建党委领导下的政府、社会、市场、居民协同合作治理机制及协商制

① 于秀琴等：《“点线成面”的社会治理联动机制研究》，《当代世界与社会主义》2014 年第 1 期。

② 李增元：《协同治理及其在当代乡村社区治理中的应用》，《学习与实践》2013 年第 12 期。

③ 麻宝斌：《社会正义与政府治理：在理想与现实之间》，社会科学文献出版社 2012 年版，第 178 页。

度，发挥多元力量参与社区治理，促进社区社会的和谐发展。”[①]新时期的乡村社区治理，应逐步完善以政府、社会中介组织、企业、居民合作为基础的协同治理互动机制，充分引导不同主体参与到社区治理中来，形成不同主体参与社区治理的规范机制，构建不同主体参与治理的稳定治理结构，并逐步建立体现社会化的社区治理机制。社会化是社会治理机制运作的核心，就是要在社会建设、社会发展、社会治理中，以社会化为导向，充分调动社会各方面的力量，发挥各个方面的积极性，社会事业社会办理、社会事务社会担任、社会成果社会分享。[②]在体制机制构建中，逐步改变过去政府单向度、政府独大的治理格局，不同的治理主体都是社区治理的积极参与者，都在社区治理中发挥着重要作用，在社区治理中要协同配合，互助合作。“政府必须与各种社会组织一起形成协作网络，在共同分担社会责任的基础上形成多元协同治理机制，共享公共资源，参与公共治理，并使各方共同受益”[③]，这正是当代乡村社区治理现代化的关键所在，参与性、协同性、协商性体制机制的构建是其核心所在。

总体上来看，治理已经成为新时期构建新型政府与社会关系的重要途径与手段，“治理是政府与社会力量通过面对面合作方式组成的网络管理系统”，它体现在社会的各个领域，当代社区社会的发展是其重要领域之一。现代社区治理被纳入国家治理领域后，也必须按照国家治理的机制推进，国家治理思路的调整也意味着社区治理思路的调整，在政府主导下的社会参与性、协同性体制是当代社会治理体制建构的基本方向，同样也是社区治理现代化需要构建的治理体制，协商治理机制同样也是社区治理现代化需要形成的新型治理机制，这些都突出了各类社会力量在社会治理中的位置、角色及分量，也是民主发展的根本体现，“参与式是微型民主的本质，或者说，它为上层结构即民主政体，提供了关键的基础结构”[④]。在新的历史时期，推进各个领域治理的现代化建设已经是时代发展的趋势，乡村社区治理也不例外。在新的历史时期，推动乡村社区治理的现代化发展，必须实现治理体制机制的现代化，其核心在于推动“管控性、垄断性、单向性”体制机制向“参与性、协同性、协商性”体制

① 李增元：《“社区化治理”：我国农村基层治理的现代转型》，《人文杂志》2014 年第 8 期。
② 夏德峰：《复合社会治理中的多维联动机制》，《云南社会科学》2014 年第 6 期。
③ 姜晓萍：《国家治理现代化进程中的社会治理体制创新》，《中国行政管理》2014 年第 2 期。
④ ［美］萨托利：《民主新论》，冯克利等译，东方出版社 1998 年版，第 146 页。

机制的转型，这是乡村社区治理体制机制现代化发展的根本方向。

三、治理工具

任何一个时代的治理都需要相应的治理工具，政府掌握着治理工具使用及配置的权力。所谓政府治理工具，美国学者莱斯特·M. 萨拉姆指出，“政府治理工具，又称公共行动工具，它是一种明确的方法，通过这种方法集体行动得以组织，公共问题得以解决”①。通俗来说，政府治理工具即政府解决公共问题及治理国家所运用的手段和方法，其运用体现在不同层面的领域，社会领域是政府治理的重要领域。在社会治理中，政府往往运用各种治理工具，比如管制、计划、政策、制度等都是政府治理社会中经常运用的工具。政府治理工具的选择受到多方面因素的影响，不同治理工具反映着政府与治理对象及参与主体之间的关系，如王学杰根据政府干预的程度，从低到高将社会治理工具划分为自愿性工具（社区与家庭、志愿者组织）、调适性工具（情感疏导、心理辅导、社会仲裁）、引导性工具（道德规劝、经济杠杆、舆论导向）、强制性工具（行政命令、法律规则）四类工具。②不同工具的运用要基于不同时期的社会发展要求来决定。在现代社会发展中，国家与社会关系不断发生变化，国家向社会放权，通过制度、体制改革，赋予社会更多的自主性，通过民主、法治手段治理社会，成为当代社会治理的基本趋势。作为社会治理的重要内容，社区治理在新的历史时期也呈现一些新的变化趋势，当代乡村社区发展亦呈现诸多新特征、新问题与新矛盾，传统的以行政命令、政策指令为基础的治理手段已经无法适应现代社区治理的发展要求。在新的历史时期，实现乡村社区治理现代化发展，必须推动治理工具从“行政、政策指令”向“法治、信息技术、民主”的转型。

（一）法治手段

正如党的十八届四中全会指出的，“法律是治国之重器，良法是善治之前提”，良法善治是治理国家、保障社会有效运行、民众当家做主的重要基础。法治是厘清社会治理主体、明确功能边界及职责分工、保障运行顺畅的重要

① 毛寿龙：《公共行政学》，九州出版社 2003 年版，第 59 页。

② 王学杰：《从政府主导到公民自治：我国社会治理工具发展的基本取向》，《理论探讨》2014 年第 1 期。

基础，是推行社会治理的重要工具。法治精神是社会治理的精神支撑，法治规则是社会治理的重要基石，法治秩序是社会治理的根本保证。[①] 随着现代社会的发展，法治日益成为社会治理的重要工具，也是依宪治国的重要基础，是现代文明国家建设的关键所在。“现代社会治理的主要任务就是通过法治来分配社会利益、协调社会关系、规范社会行为、解决社会问题、化解社会矛盾、促进社会公正、应对社会风险、保持社会稳定，践行各种现代政治价值，构建法治秩序，维持国家的长治久安和社会的和谐稳定。”[②] 运用法治手段解决社会治理问题是时代发展的必然趋势，当代乡村社区治理是社会治理的一个重要方面，社区治理的推进也需要运用法治手段。在新社区治理中，社区治理的主体类型、社区治理的体制机制、社区治理制度、社区治理内容、社区治理规则及秩序建设、社区治理主体的职能边界及功能所在，这些都需要有明确的法律规定；社区事务的处理及社区矛盾的解决，以及社区的和谐稳定都需要贯穿法律精神。

在我国的法治进程中，社区法治既是国家法治建设全局中的重要领域，又是能够催生和促进法治的新生社会空间。无论是社区存在本身，还是社区治理、法治社区、社区法治化社会实践，都具有法治社会建设“试验田”“示范区”和“战略区”的条件特征。[③] 当代乡村社区治理的现代化发展必须运用法治手段，通过法治化治理，构建多元主体参与的框架，尊重民意、维护民利、实现法治、依法治理，以法治思维治理社会，解决社区社会问题，规约政府行为，明确不同主体权利、职责边界，保障公民各项合法权利及权益，达到善治的目标，实现公共利益最大化。

（二）信息技术手段

以信息和互联网技术以及云计算、大数据为代表的新技术改变了当今世界，成为影响政府治理的最深刻因素之一。现代治理应该充分运用技术进步的力量，不断刷新治理方式，形成“智慧治理”“大数据治理”和“云治理”的新局面。[④] 随着信息化向社会各个领域的渗透，信息技术已经在社会治理

① 刘雪松、任虹超：《社会治理与社会治理法治化》，《学习与探索》2015 年第 10 期。
② 唐皇凤：《法治建设：转型中国社会治理现代化的战略路径》，《江汉论坛》2014 年第 9 期。
③ 铉玉秋、胡志宏：《社区法治在法治进程中的价值》，《行政与法》2007 年第 10 期。
④ 李文彬、陈晓运：《政府治理能力现代化的评估框架》，《中国行政管理》2015 年第 5 期。

的各个领域中得以运用，并成为推动社会治理的重要技术手段。从乡村社会来看，在社会转型发展中，乡村社会的封闭性被打破，开放性、流动性、职业分化与利益需求多元、社会结构分化成为乡村社会发展的新常态，仅仅依靠有限的人、财、物资源难以实现对社区的有效治理。“从社会治理存在问题看，实有人口和房屋等基础信息不够全面、准确、鲜活，及时有效的服务管理难以及时跟进；受手段制约，对社情民意不能适时跟踪掌握，舆情引导、矛盾化解、为民服务、社会管理等工作离群众的期盼尚有差距；条块之间、块块之间运行机制不畅和‘信息孤岛’等问题导致效能低下、相互掣肘，合作共治和服务群众的能力与水平需要进一步提高。”①现代社会是一个信息社会，信息技术在社会治理中发挥着重要作用，实现社区治理的现代化发展也需要创新治理手段，推动社区治理的信息化建设。在开放、流动社会中，生活在一个社区内的居民职业身份不同，从业方式不同，利益需求不同。对数量庞大、处于动态变动中的社区居民进行管理与服务，需要采集居民的基础信息数据，了解民众的基本利益需求及偏好、服务供给与反馈、民众利益及诉求表达，同时还需要将国家的各种政策传达给社区居民。另外，基于社区居民利益的多元性和差异性、价值观念的多元性、文化的差异性，各种矛盾、问题随时容易出现，为维护社会稳定、消除社会稳定、消除社会隐患、实现社会的安定与和谐，还需要建立社区舆情监督监控机制、社会纠纷排查机制、社会矛盾防控机制。另外，不同的社区主体参与社区治理也需要建立快捷、高效的信息交流和互动配合机制，构建有利于实现不同主体互动的网络平台及媒介。这些都需要社区治理的信息化建设。乡村治理信息化的一个重要目标就是要实现公共服务的在线网络化，打造集提问、咨询、申请、审批、查询、投诉于一体的在线互动交流平台。②充分运用现代信息技术手段是推动社区治理现代化发展的重要保障，通过信息技术手段，可以构造更加便捷、高效的社区管理服务平台，形成社区舆情监控及安全防控体系，实现社区内部公共事务信息公开、社情民意表达收集、涉农政策信息公开，能够使民众通过手机短信、微信、微博、QQ、互联网等终端更加便捷地参与到社区治理中来，建立不同社区之间的及时互动、交流机制，实现相关信息的有效传达及

① 徐立全:《以信息化引领社会治理现代化》,《法制日报》2014 年 5 月 30 日。

② 孔晓娟、邹静琴、黄嘉琪:《“乡村信息化善治”：乡村治理的目标选择和路径分析—以广东农村信息化实践为例》,《广东农业科学》2014 年第 15 期。

共享，推动社区治理的民主化进程。与此同时，也能够使政府及时收集相关信息，提高在社区治理中的信息处理、加工及决策能力。信息技术手段是现代社区治理必须具备的重要治理工具。

（三）民主手段

民主是现代国家政治的重要基石。民主既是一种政治制度，也是一种社会治理方式，它起着调节国家与社会关系、促进利益均衡及达成共识的作用。从民主政治制度来看，“民主政治从根本上说是一种‘利益均衡机制’，也就是说，通过大众参与的竞争，不仅能够合理配置权力资源，更重要的是通过权力的配置能够使人们的利益得到最大限度的满足，达致相对均衡”[①]。作为一种利益均衡机制，民主在社会治理中也得以体现，它是不同参与主体表达利益、并最终形成共识的重要手段。民主治理所包含的自由、平等、参与、协商、合作等核心价值，以及内在具有的“保护权利、权力与责任、制度化和程序化、公开和透明、多元和参与、监督和制约以及由此而来‘以权利制约权力’和‘以权力制约权力’的双重权力制约机制”等理念、原则和要求构成了现代国家治理的主要内容和基本价值诉求。[②]作为一种治理手段，民主解决的是公共事务中的不同主体参与及利益表达问题，解决的是公共事务治理的规则及体制制度问题。在现代社会，社会问题变得更为复杂，新兴社会力量不断出现，社会利益需求更为多元，价值观念较为分化，“在一个较现代的社会里，参与的形式和基础比传统社会更为复杂和多样化”[③]，各种社会力量都需要获取更多的自由发展空间及更为宽广的成长舞台。在新的社会结构建立以后，如果新的系统不能在时间长得足以在新的基础上确立合法性的时期内，满足主要团体的期望，则会出现新的危机。[④]在社会治理中，满足不同社会力量期望的重要途径就是给予它们利益诉求表达的渠道、利益满足的途径、自我成长的空间，这些都需要通过民主的手段来解决。社区作为社会的重要基础，是不同社会力量展示自我的重要舞台，也是社会内在力量能够有序释

① 徐勇：《民主：一种利益均衡的机制——深化对民主理念的认识》，《河北学刊》2008 年第 2 期，第 2 页。
② 胡永保、杨弘：《国家治理现代化进程中的政府治理转型析论》，《理论月刊》2015 年第 12 期。
③ 方江山：《非制度政治参与》，人民出版社 2000 年版，第 29 页。
④ ［美］西摩·马丁·李普塞特：《政治人——政治的社会基础》，张绍宗译，上海人民出版社 1997 年版，第 56 页。

放的重要平台。在多元主体、多元利益、不同价值观共存的当代社区，社区治理面临各种矛盾与问题。在传统社区治理中，行政思维较为浓厚，社区治理注重对社会的管理与控制，静态治理、临时治理、事后治理特征较为明显，由于无法满足民众的利益诉求、严重侵害民众的合法权利而引发诸多社会风险，加剧了社会矛盾与冲突。与此同时，不同的利益主体之间缺乏交流与沟通，实践中也缺乏参与的渠道，在社区治理中难以发挥有效的作用。在现代社会，实现社区治理的现代化发展，需要更加注重科学化、民主化，将民主作为推动社区治理的重要工具和手段。从我国基层民主建设来看，以村民自治为基础的农村基层民主，正是国家通过民主手段治理基层社会的重要体现，"社区民主建设正是在全能政府'失效'和万能市场'失灵'的背景下，国家重构社会组织的必然产物，其目标就是要重新进行社会整合和社会再造"[①]。在新的历史时期，推进乡村社区治理深化发展，也必须运用民主化治理机制。在推进民主建设中，形成对乡村社区的动态管理、常态化管理、前置式管理，形成民主化的民众利益诉求表达机制、不同主体利益协调机制、公共参与机制、矛盾调解机制，以民主手段构建社区治理的制度性框架及治理规则，形成民主化的治理秩序。通过民主手段的运用，真正实现政府治理和社会自我调节、居民自治良性互动，实现政府行政功能同社会自治功能相互补充、政府管理力量同社会调节力量相互推动、政府调控机制同社会协调机制相互联合，这是社区治理现代化的重要目标与根本体现。

总体上来看，在新型城镇化背景下，实现当代乡村社区治理的现代化发展是一个有机体系，社区治理现代化有其相应的维度。其中，治理主体、治理体制机制、治理工具是实现社区治理现代化最为重要的维度。从现实来看，在新型城镇化背景下，实现乡村社区治理的现代化发展，需要实现治理主体从"行政化、碎片化、单极性"向"多元性、系统性、整体性"的转型、治理体制机制从"管控性、垄断性、单向性"向"参与性、协同性、协商性"的转型、治理工具手段从"行政、政策指令"向"法治、信息技术、民主"的转型，这是乡村社区治理现代化的根本保障。

---

① 徐勇：《论城市社区建设中的社区居民自治》，《华中师范大学学报》2001年第3期。

第八节　乡村社区治理之策略思索

城镇化中的乡村社区治理现代化不仅涉及对传统乡村社区的系统性改造，将乡村社区真正建设为适合不同身份居民共同居住、生活的公共性社会空间，同时，新社区也是国家提升社会治理能力的重要载体。另外，社区治理现代化是新时期实现城乡社会发展一体化及城乡基层治理一体化的重要推力，是形成新型城乡关系、促进社会融合的重要基础。当代新型城镇化中的乡村社区治理现代化需要在相关战略思路基础上，以相应的治理理念为引导，围绕社区治理的核心进行改革与创新。总体上来看，在新时期大的社会发展背景下推进乡村社区治理现代化，应做好以下几个方面的工作。

一、城乡一体化治理单元之构建

新型城镇化中的乡村社区治理现代化建设必须以新型的乡村社区为载体与平台，但是从现实来看，当前乡村社区仍然具有传统社区的特征，其本质体现在乡村社区既是农村户籍居民居住、生活的场所，也是大多数具有农村户籍的居民的经济组织单元，社区具有较强的封闭性与排外性。同时，政治组织、经济组织、社会组织在乡村社区交织在一起，成为现代社区发展的重要阻滞，不利于社区各项治理事务的开展。

第一，破除村社一体、政经合一制度，恢复社区本质面貌，形成城乡一体的新型基层社区公共生活与治理单元。从乡村社会发展实际来看，原先乡村社会村社一体、政经不分。村社一体意味着社区成员身份与经济权利紧密结合，社区成员身份的失去便意味着原有经济权利的丢失，这极大地限制了农村人员的自由流动。而政经不分使村委会越权行使了原本属于集体经济组织的权力，代其对村庄的集体经济事务进行管理，而自己原本的职责却没有有效地履行。与此同时，外来人也被排除在社区之外，成为社区圈层结构的外层。多元主体共同存在的现代开放社区，所呈现的是一个非公平的正义分配体系，共同生活于统一社区中的不同居民被区别对待，群体之间具有心理隔阂，社会融合难以实现，成为诱发各类矛盾的导火索。推进村社分开、政经分离是当前流动社会发展的必然要求，也是实现乡村社区开放、流动发展的推动力。通过村社分开、政经分离，村委会集体经济组织各自履行自己的职责，实现村经济事务、管理与服务事务的顺利开展。经社分离与产权改革后的村庄社区不再是传统意义上政经一体的社区。经社分开后分离出来的村庄社区逐步转变为由居住在村庄内部的所有居民组成的社区生活共同体，是一个开放性公共空间，不同身份的居民都可以自由进入。社区共同体既是个体的私人领域，也是社区居民共同形成的公共领域，还是个体社会关系的本质体现，不再和经济组织纠缠在一起，同时也是国家治理基层社会的新载体与单元。这样，原来的社区社会的封闭性就被打破，外来人员也可以进入社区居住与生活，基于共同的生活需要，在长期的社会生活与社会交往中，社区的认同感与凝聚力也会逐步增强。当然，在此基础上，不同村庄社区的联合可以形成更大范围的社区生活共同体。①

第二，村庄社区政治、行政、经济、社会组织分离，恢复各自组织原有的功能，推动城乡社区一体与融合发展。在村庄集体组织化治理实践中，政治组织、行政组织、经济组织、社会组织交织在一起，致使治理体系不畅，功能混乱。实现组织分离，优化基层治理体系是实现社区治理的必然要求。作为政治组织，乡镇党组织应更多地体现为组织领导、思想领导与政治领导，将政府、市场、社会、社区等参与力量有序整合进社区治理体系中来，形成党委领导下的协同治理体系。优化创新基层党组织体系及党组织设置形式，加强党组织的服务功能、利益表达功能、模范带头功能，实现对基层社会的有机整合。作为农村行政组织，基层乡镇政府的主要职责在于为乡村社会发展提供各种管理与服务，要积极通过社区平台建设，实现管理与服务下乡，在管理与服务中提升政府权威与合法性，做到以人为本，维护公共利益，不与民争利。实施经社分离，实现村民集体经济组织成员权与集体社会组织成员权分离，村庄集体经济组织连同其他各种农村经济组织是农村市场经济的重要主体，承担着推动农村经济发展的重任。在实施经社分离后，分离出来的村委会组织是生活于村庄社区内的居民共同组成的社会组织，主要承担本地域范围内涉及居民日常生产、生活方面的公共事务的自我治理功能，积极带领社区内其他民间社会组织进行社区自我管理与服务，维护社区社会秩序，提升社区认同感，增强社会凝聚力，促进社区和谐发展。②

---

① 李增元：《集体产权背景下的乡村社区治理：困境及出路》，《理论与改革》2014 年第 2 期。

② 李增元：《“社区化治理”：我国农村基层治理的现代转型》，《人文杂志》2 叭 4 年第 8 期。

二、城乡一体化机制建设

从整个社会发展及变迁的趋势来看，城乡一体化及社区发展一体化已经成为当代中国社会发展的基本方向。但是从现实来看，基于新中国成立后我国走的一条独特的现代化发展路子，城乡社会发展及治理路径呈现较大的差异性。不过在新时期，城乡有别的治理方式已经成为社会发展的重要阻滞，当代城乡社会已经走到了实现融合与一体化发展的新路口，构建城乡一体的社区发展及治理机制，已经成为时代发展的必然。

第一，确立城乡社区同等的法律地位。自新中国成立以来，在城乡基层治理中，城市与乡村社会承担着不同的职能，城乡采用不同的社会治理模式，城乡社会是二元分割的。改革开放后，城市单位居民走向社区社会，城市社区成为国家治理城市社会的重要组织载体，城市社区治理的成本主要由国家承担。自 20 世纪 90 年代开始，国家开始加强对城市社区的公共服务建设，强化行政服务、便民服务与生活服务，支持城市社区开展自治活动，保障城市居民各种公民权利与待遇。在具体治理中，政府加大各项财政投入，将城市社区工作人员的工资、办公经费、办公用房全部纳入政府公共财政范畴。城市社区治理是以社区地域为基础的治理方式，生活于社区内的居民都被纳入公共服务的范畴。在农村地区，乡政村治制度确立后，基层政府仍然突出管理职能，在社会分化转型中，维护社会稳定是基层政府运行的主要行为逻辑，诸多学者称其为“不出事逻辑”。农村基层治理成本基本上都由乡村社会承担。税费时代终结后，基层政府面临从管制型政府到服务型政府的转型。然而，现实中基层政府很难适应职能变革的要求，思想滞后，人力、物力、财力投入有限。新时期推进的乡村社区治理改革，在实践中更类似于政府对传统管理单位的调整，将多个村庄合并为一个社区，增大管理区域，减少管理单位。无论是政府便民服务中心建设，还是运转经费，政府投入的财力都非常有限，重点依靠中心村投入经费。在实际运转中，大量村干部不仅承担着村庄自我治理事务，同时也承担部分政府公共服务职能，政府的财政补贴较少，城市基层社区、村社会仍然是基层治理的重要成本承担者。当前，在开放与流动中，城乡社会逐步走向一体与融合，城乡社区逐步成为多元身份居民共同居住、生活的社会单元，其性质都体现为较强的社会性。在新时期，城乡社区在国家治理中承担着同等的任务，只是所面对的地区及对象不同。在社区治理改革中，国家应从法律层面取消原来城乡社区分治模式，对城乡社区一视同仁，改变传统时期城乡社区治理不平等的地位，从法律上保障城乡社区地位的同等性。[①]与城市社区一样，逐步将农村新社区建设、工作人员配备、社区治理运转等各项成本纳入国家公共财政中来，形成城乡社区同等的财政投入机制、城乡社区一体的发展机制，为日益走向一体的城乡基层社会实现有机融合奠定基础。

第二，清除户产一体制度，剥离户籍附属功能，消除自由流动中的身份障碍，保障流动中的居民均等化的公共服务。户产一体的传统管理体制，使外来人员进入当地乡村社会变得更为困难。同时，社区成员身份与集体经济组织成员身份的密切联系，导致乡村社会的封闭性加剧。从当前来看，在开放与流动社会的发展中，在政经分离改革的同时，将农民的户口与产权关系分离，保障农民在农村所享有的各项经济权益、财产权利不会因为户口的转换而改变，是时代发展的必然选择。在日益开放、流动的农村经济发展中，集体经济组织成员权与以户籍为基础的社区成员权日益在空间上发生分离，以户籍认定集体经济组织成员权的标准受到人们的质疑。在实践中，突破户籍的束缚，改革过去以户口作为衡量集体经济组织成员权的标准，在综合考虑户籍、历史因素对村庄贡献等综合因素的基础上，考量集体经济组织成员权，保障集体经济组织成员所享有的集体产权不会因为未来户籍的变化、职业的变化、居住地的变化而消失。同时，恢复户籍制度作为人口登记与社会管理的本来面貌。在户产分离基础上，逐步推动城乡一体化管理机制，让不同身份的居民在城乡社区之间自由流动与居住，能够享受到均等化的公共服务，并平等参与社区治理，使村庄社区演化为适合城乡居民居住的社会生活共同体。

第三，保障社会流动中城乡居民合法的民主政治权利及其他平等生存、发展权利。城乡社区是民众基础的生产、生活与居住单元，也是国家基层治理单元。在传统治理模式下，以户籍身份为基础的治理模式使不同身份的居民只有在户籍所在的地区才能够享受到作为国家公民应该有的政治民主权利，以及作为社区居民应该有的自我治理权利。这一制度性规定已经与当前城乡

---

① 李增元：《基础变革与融合治理：转变社会中的乡村社区治理现代化》，《当代世界与社会主义》2015年第2期。

社会开放、流动的发展现实不相适应。在当前户籍制度改革中，应该逐步破除以户籍身份为基础的民众政治权利享有机制，让生活在社区内的居民都能在本地享受到参与地方治理的权利、利益诉求表达权利，以及作为国家公民应该有的相应民主政治权利，保障开放、流动社会中的民众权利的平等性。与此同时，通过户籍、居住、就业及其他制度性改革，流动中的社区居民能够自由进入城乡社区，在所居住社区能够享受公民发展权利及待遇保障，并获得平等自由的发展权利，形成城乡社区发展的融洽局面。

第四，发展现代城乡社区公共文化，以公共性增强社区的凝聚力与向心力。与传统社会相比，现代社会是一个日益凸显个体自由发展的社会，这一社会发展的表现体现为在集体与个体之间联系纽带日益衰微的背景下，个体对集体的认同感日益下降，个体的自由性、自主性能力日益增强。特别是随着城乡二元体制的破除、经济的深入发展，为个体提供了更为广阔的自由发展空间，个体的流动性以及与传统村庄集体之间联系的松动，也使个体对集体的认同度逐步降低。另外，在市场自由竞争及经济意识的刺激下，个体的公共性价值观发生变迁，自由主义日益成为个体的基本价值取向。社会发展所带来的一系列新变化都使传统社会的公共性价值日益解体，社会的凝聚力衰退。特别是在开放与流动社会中，城乡基层社会日益成为不同个体共同居住、生活的公共领域。重建公共性是恢复当代文化的核心，是基层社会的重要基础。从现实来看，随着城乡社会日益走向开放与一体，不仅城乡基层社会治理需要对接，城乡社会公共文化发展也需要对接。在现代社会发展中，重新建立适合现代社会发展要求的社区公共文化，其本质在于重建社区公共性，其根本途径在于积极引导生活于社区内不同身份的居民积极参与到社区的公共活动中来，通过参与消除陌生感，加深认知，并建立与社区之间的联系，增强归属感与认同感，构造有凝聚力与融合性的社会。

第五，明确农村新社区财务核算依据，形成规范的城乡社区财务管理制度。在新时期由国家推动的农村新社区建设，是一个全新的事物，它在基层社会治理中承担着多重功能。从党的定位来看，它是新时期的社会生活共同体，但是从现实来看，它的性质较为复杂。由此，社区财务运行中的核算依据不清晰。相对于农村新社区来说，村级财务运行有相应的《村合作经济组织会计制度》与《村合作经济组织财务制度》两个规范性文件，并形成了规范的村级财务管理模式。根据我国农村财务管理的现状，当前村级财务管理模式主要有四种：第一种是村会计委托代理模式，它在村级财务管理模式中所占比重最大，全国超过65%的村在实行；第二种是村会计集中办公模式，全国约有20%的村在实行；第三种是村会计委派制模式，全国有5%的村在实行；第四种是村账自管模式，全国仍有10%的村在实行。[①]从组织性质来看，农村新社区不是一级经济组织，而是从属于社会组织范畴，更多地体现为一级群众性自治组织。另外，农村新社区的经费主要是上级政府的公共性财政拨款、企事业单位及社会组织捐赠，以及开展一定有偿服务的收入、盘活资产的收益，经济收入非常经费开支主要用于社区建设、日常办公用品、社区活动及其他运行支出。新社区的财务管理主要是对社区资金及资产的管理。因此，从总体上来看，民间非营利组织会计制度更符合当代农村新社区的财务核算依据。从当前的农村新社区财务来看，大部分实行的是社区、村财务乡镇代理记账制度。随着农村新社区建设的逐步推进，应将农村新社区的委托代理记账制度过渡到自治组织的独立财务核算。在当前社区相对规范的财务审批制度基础上，应统筹城乡社区发展，把社区经费纳入镇、街的预算管理，实现钱账分离，完善财务支出会审制度、项目资金预付逐级审批制等一系列规范制度，加强社区内的债权债务责任追究制度，强化内部控制及风险评估。[②]在强化公共财政支持，引导社会、企事业单位积极参与的同时，不断挖掘盘活社区拥有的资源、资产，增强社区内在造血功能，提升社区治理的资金支持力度。

三、新型治理结构之打造

现代社会治理是一个容纳多元主体共同参与的合作治理模式。它强调国家、市场、社会多元主体的共同参与，在参与中形成共识，在参与中实现互动，在互动中相互尊重彼此的利益，共同推动社会的繁荣发展。现代化建设已经使农村社会发生了显著的变化，随着经济社会的持续性分化，现代农村社会日益演变为容纳多元经济结构、成员主体的开放性社会生活共同体，而传统村民自治组织逐步演化为以村集体经济为基础的经济自治组织，成为乡

① 黄永军：《驻马店市村级财务管理存在问题及对策研究》，《西北农林科技大学硕士学位论文》，2009年，第3页。

② 袁方成等：《从村民自治到社区自治：基层民主的新发展——温州村级组织转制与新型社区建设调查研究》，中国社会科学出版社2014年版，第250–254页。

村社区内的一类经济组织。乡村社会则是由诸多乡村社区（社会自治组织）构成的公共治理空间，社区是乡镇共同体的重要组成部分，但又区别于乡镇共同体。社区作为一个社会自治性组织，有自身公共事务与公共需求，也需要共同体成员的共同参与形成自我治理机制，而乡镇则是以所有社区为主体的更高层面的公共治理。在新社区之下，是由原来的行政村庄、村组或自然村合并后形成的社区小组或社区网格。因此，农村基层治理应逐步形成“乡镇—社区—小组（网格）”新型治理结构，包含乡镇公共治理和社区公共治理机制两个层面。其中，乡镇公共治理以社区单元为基础形成全局性治理，社区公共治理突出社区内部以公共事务为基础的治理。社区公共治理是以社区小组（网格）为基础的自组织网络体系。

第一，建立乡镇层面的公共治理体制机制。在这种新型治理结构中，乡镇作为基层政府部门，是政府公共权力的代表，乡镇层面的公共治理是保障人民当家做主的重要基础。乡镇公共治理可以通过加强人大选举制度，保障人大代表的广泛代表性及基本地位，形成完善的乡村公共利益。在乡镇公共治理中，建立以社区单元为基础的公共治理参与机制，使乡村公共议决的形成建立在政府和社区共同参与、广泛协商的基础上。通过建立市场主体、社会组织及民众的参与听证及监督机制维护三体的利益，积极发挥市场、社会主体在公共管理及公共服务中的效率优势。当前城镇化已经成为农村基层公共治理的一个重要内容，城镇化涉及全体乡村居民的切身利益，城镇化意味着经济发展的市场化、农民生产的机械化、生活方式的城市化、公共管理与服务的多样化。这就需要建立乡镇政权、社会、市场共同参与的协作治理机制，形成国家与市场、社会的有机合作。通过以政府为主导的三者力量的合作、协商，共同解决各类公共问题，提供公共服务，化解社会冲突，消除隐性社会风险，推动乡村社会的和谐发展。

第二，建立新型社区层面的公共治理体制机制。新型社区既是一个社会自我治理单元，也是政府治理基层社会的重要基础。社区公共治理突出社区的自主性治理，并形成政府行政管理与社区自治的有效衔接机制。当前新型乡村社区逐步演化为容纳了各类经济组织、（民间）社会组织、不同身份居民、企事业单位的社会生活共同体，共同的生活需要是新型共同体的共同特征。新型乡村社区应建立新的公共治理空间，居住在社区内的居民基于共同需要按照民主程序成立社区自治机关，制定社区自治规章制度，基于共同的力量开展社区自我治理活动。在新型治理结构中，乡镇是由基层政府承担乡村范围内的公共管理与公共服务功能，新社区是乡镇地域范围内的社会自组织单元，也是国家实施公共管理与公共服务下乡的新载体与平台，在社区层面，政府行政管理与社区自治实现有机对接。政府通过构建“乡镇综合服务中心—社区综合服务大厅—便民服务点”三级服务管理组织体系，借助社区平台，将涉及民众切身利益的养老、医疗、社会救助、就学、计划生育、土地管理、社会治安等职能下沉乡村社会，将人员下派到社区，为在社区内居住、生活的所有居民提供基本公共服务。[①]逐步引导成立社区自治组织、政府下沉机构及以法律为准则的市场主体的介入，形成三者力量的协调、合作式治理，共同推动社区有序、稳定的发展。

第三，建立以社区小组（网格）为基础的治理体制机制。在现代社会的快速发展中，社会流动性大，社区社会结构分化，居民也分化为不同的阶层，利益需求呈现层次性与个性化，对各种管理与服务需求增多。在不同身份居民共同居住的现代乡村社区，基于利益纠纷、观念冲突引发的各种矛盾也层出不穷。在现实中，仅仅依靠在社区层面配备的社区服务人员、服务中心及服务设施难以有效满足社区居民的服务需求，难以有效化解各类矛盾与问题。社区治理必须实现精细化治理，缩小管理服务单元。以社区规模、人口数量为基础，依托原村民小组，以农户为基础，将一定数量的农户划到 1 个网格，将整个社区划分为多个网格。每个网格设立 1 名“网长”，由网格村民直选产生，社区给予适当报酬。同步组建文教卫生、应急救助、综治协管、综合抢修等专业服务队，形成以社区“两委”成员为核心、以网长为主体、以专业服务队为补充的网格工作队伍。网长日常负责深入网格，与村民建立定向联系，及时了解村民信息，掌握村民动态诉求，第一时间、第一现场处理相关问题，构建起横向到边、纵向到底、配套联动、疏而不漏的管理服务网络，满足民众的利益需求，维护社会稳定。

四、多元治理体系之构建

现代乡村社会的基本领域内，“社区是私人生活、公共生活重叠的领域，需要私人产品和公共产品的组合，需要政治资源、经济资源、社会资源、文

---

① 李增元：《“社区化治理”：我国农村基层治理的现代转型》，《人文杂志》2014 年第 8 期。

化资源的整合”①。同时，现代社会发展中，地域边界的扩展、成员主体的扩展、公共空间的扩展，等等方面，都使得新社区事务更为复杂，不仅仅涉及国家层面的治理事务，还涉及社区内部层面的一般的社会事务。这些社区事务是原来传统村庄社区所不曾拥有的，包括如何建立大社区的公共秩序，谁来参与社区内部的公共产品供给，等等。也就是说，社区社会的和谐稳定与发展，已经超出了政府单一主体范畴，需要多元主体的合作，即需要政府、市场、社会、居民的协同合作与努力。

首先，适应现代社会分工细化的趋势，社区管理的首要任务是社区事务分类，明晰不同社区事务的类型与性质。由于社区本身既是群众性自治组织和社会生活共同体，同时又具有一定的行政色彩，使社区内部事务十分繁杂，这就要求明确各类事务的边界，进行分类治理，避免造成各类事务治理主体职权不清、越权行事，出现社区事务处理不力、效率不高的现象。可以根据事务的性质及治理主体的不同，将社区各类事务分为社区行政事务、社区自治事务及其他社会性事务。社区行政事务主要涉及计划生育、人口管理、基础信息采集、总体治安状况、环境卫生、基础设施，以及国家对于社会基本公共服务供给等；社区自治事务主要包括经济事务、民间纠纷调解、治安维稳、秩序维护、自然环境形成、社区文化，以及涉及社区居民的其他公共事务等；其他社会性事务主要针对社区老弱病残人员的各种服务需求、便民利民服务需求、个性化服务需求等。通过明确各类事务，可以确定各类治理主体的职能范围，使社区事务治理更具条理性。

其次，建立多元主体参与的协同治理系统。从当前来看，乡村社区治理是一项复杂的综合性工程，离不开国家、市场组织、社会组织及居民的共同参与，需要形成政府协调、社会参与、企业支持、居民推动的社区治理组织体系，需要“促使我国社区建设在党和政府的领导下，依靠社区力量，资源共享、共享共建；充分调动社区内机关、团体、部队、企事业单位等一切力量广泛参与社区建设；扩大民主，居民自治，在社区内实现民主选举、民主决策、民主管理、民主监督”。从实际来看，社区构成了包括政府代表、社区内各企事业单位代表、非营利组织代表、社区居民代表的公共治理组织。在此基础上，体制上的建构应遵循下述路径：一是夯实政府部门的社区治理参

① 陈伟东：《论社区建设的中国道路》，《学习与实践》2013 年第 2 期。

与系统。在乡村新社区建设的初期及中期阶段，政府都在乡村社区治理中发挥着重要作用。作为掌握公共权力的政府各部门，在社区公共秩序的供给、社区管理服务的供给、基础设施建设的投入中都处于主体地位。应充分实现政府部门之间各种资源的最大化配置，形成部门之间的合力，使各部门协同参与社区治理系统，突出其公共性职能及价值。二是建立社会力量的社区治理参与系统。社会力量是独立于政府之外，处于政府和社区成员之间的，包括社区内的和社区外的各类非营利的、公益性组织，以及社会工作者。政府应建立相应的渠道，通过购买、支持、帮扶、政策引导等方式，鼓励社会力量通过各种渠道参与社会活动、支持社区发展、服务社区居民、增进社区福利，使居民成为推动社区和谐发展的重要主体力量。三是推动市场（企业）的社区治理参与系统业）的社区治理参与系统。随着市场经济的深入发展，在经济较为发达的地区，以集体所有、个体所有、股份制为基础的各类企业日益兴起，由于它们之中有些企业属于集体所有，有些企业中社区集体拥有大量股份，还有些私营企业本身是驻社区的单位，与社区有某种天然的联系，也是社区建设的重要推动力量。另外，充分发挥市场主体在满足社区居民便民需求、个性化服务需求等方面的功能，引导社区居民积极参与到社区治理中来。四是强化以社区居民为主体的社区治理参与系统。乡村社区居民是社区治理的主体也是最大的受益者，其参与社区建设的程度直接关系到社区治理的成败，社区的善治最终仍应由农村居民自我实现。在社会流动背景下，在社区居住的居民不再只是本地户籍居民，甚至有些地区非本地户籍居民已经超过本地户籍居民数量，非户籍人口的社区参与已经成为社区治理不可分割的一部分。因此，需要着力建立健全这种包括非户籍人口在内的社区参与式治理体系。

五、信息化与网格化之治理方式

在工业化、信息化社会，随着现代技术的发展，各种新的治理技术及治理手段会逐步运用到现代社会治理中来，并推动着治理理念及治理机制的深刻变革。在新的历史时期，推动乡村社区治理改革必须充分借助新的治理技术及治理方式。从当前来看，建立信息化、网格化、网络化的社区治理技术及治理方式，是当代乡村社区治理现代化的重要内容，包括下述几方面工作。

其一，推进人口管理制度改革，建立社区居民信息化管理机制。作为新型城镇化的重要组成部分，乡村社区治理对于农村现行人口管理制度的改革提出了要求。在开放与流动中，乡村社会的原有社会秩序被打破，形成了新的居民生产、生活方式；同时，随着流动人口的不断增加，生活在社区内的居民身份、职业更加多元，社区的异质性、开放性、流动性及社会结构的变迁都给社会管理带来了新的挑战。实现社区居民的信息化管理势在必行，如何推进人口管理制度改革、提高社区人口管理的效率与质量，成为社区治理现代化必须面临的一个问题。首先，要改革完善户籍制度，可按照自愿的原则，将乡村社区居民的农业户口转变为城镇居民户口，在就业、教育、社保、低保、医疗等方面享受城镇居民的待遇。其次，建立以居住地为核心的人口登记制度，逐步取消户籍制度，对当地居民与流动人口信息进行登记，对流动人口进出社区的行为设定较低的限制，扩展对流动人口的福利保障覆盖面，推动人口的自由流动，最终实现城乡社区的融合治理。最后，健全人口信息管理制度，对社区居民信息进行科学地整体和分类管理，完善人口基本信息、房屋信息、户籍信息等基础数据库，实现信息跨部门、跨地区共享，从而对本地社区治理采取具有针对性的措施。

其二，创新社区治理机制和运行路径，实施信息化治理。信息化技术将国家、政府与社会有机联系起来，以信息管理系统为基础所构建的国家治理社会的信息输入、加工及输出系统，保障了社会治理的稳定运行，使国家管理和服务社会的能力不断提升，为个体的自由全面发展提供了更好的环境与条件。现代信息技术也日益运用到了社区中的各个方面，在当前乡村社区治理改革中，应逐步实现社区治理运行的信息化建设。首先，建立社区办公运行的信息化机制。通过信息网络将社区各项工作有机联系起来，实现工作信息的快速反馈、传达和上报，使日常通知公告的发布管理、内部信件管理、文件资料管理及其他业务的办理都通过信息化机制实现，实现工作台账信息化、部门办公协同化，提高办事效率。其次，建立社区管理服务的信息化机制。以市或县为中心，建立统一的信息服务平台，形成内网和外网双重管理。内网管理中建立社区业务、统计分析、社区组织、考勤考评等管理模块，实施后台管理。外网管理向社区居民提供各种便民服务网站、办事服务系统，等等。通过管理外网，向公众公布政府各部门、社区方面的信息，方便民众及时了解信息；整合各种资源，向公众提供家政、医业、培训等方面的便民服务；同时强化公共服务建设，使社区居民在服务网站上能够了解基本的公共服务信息，通过网上提交材料就可以网上预约或者直接办理基本的公共服务。另外，建立以社区信息服务平台为载体的社区网络体系。将社区信息网络延伸进社区乡村居民身边，建立以网络为基础的社区居民信息反馈机制，通过开设信息交流平台、服务热线等形式，使社区居民的各种意见得到便捷、及时反映，各种服务需求能够得到有效满足，各种问题得到有效解决。总之，通过信息化建设，便可实现将政府、社区和居民个体有机连接的目标。

其三，创新社区社会治理方式，形成网格化、网络化治理机制。"社区网格化管理（community grid managing）"是指在信息技术的支撑下，将社区划分为多个网格进行精细化管理。强调主动发现，及时处理问题，以及管理主体的开放、多元、协调，同时管理手段更加规范，是社会管理科学化的重要体现。首先，搭建平台，发动居民积极参与社区社会治理，群策群力共同治理社区事务。将社区划分为适合管理的网格后，设立网格管理员。网格管理员成为文明督导员、社区调解员、义务宣传员、社区安全员，同时也是信息化建设的网络信息员。网格管理员积极引导居民参与社区管理和服务，调动居民积极性和主动性，充分发挥居民自治、收集居民诉求，全面掌握社区社情民意，并通过信息网络机制及时反馈至相关部门；通过信息化数字终端，及时将社区动态、民众动向、现实问题传递给相关部门，消除社区各种潜在隐患，维护社区和谐稳定。其次，完善社区的基础管理硬件设施建设，对社区管理人员进行相关技能培训。社区网格化管理是随着科学技术的不断进步演变而来的管理模式，对相应管理人员具有一定的素质要求，强化社区管理人员的技能培训是社区网格化管理得以顺利开展的必要条件。最后，畅通参与渠道，拓展服务共建社区。在社区自治过程中，要突出社区居民主体地位，在提高服务水平上下功夫，保障居民的知情权、参与权和表达权，畅通居民参与社区事务的渠道，鼓励居民参与社区事务管理，集中群众智慧进行开放性民主治理。

六、法治化、规范化之制度建设

制度是规范个体行为、调节利益关系、协调社会关系、引导形成良好社会规则的重要保障，社会转型时期乡村社区治理现代化的核心在于制度的创新与发展。从现实来看，乡村社区治理现代化发展首先要实现基础性治理制度体系的法治化、规范化建设。

其一，社区基础性治理制度的法治化。法律是社会治理的重要工具，在一个利益和价值多元化的社会，没有法律是根本不可想象的。[①] 制度是社会治理的重要基础，影响社会秩序的构建。基础性治理制度在社会治理制度中处于核心地位，它直接关系到社会治理的性质，影响社会治理目标在社区治理中的实现，选举制度、决策制度、管理制度、监督制度、公共参与治理制度等基础性治理制度是社区治理有效运行的关键所在。然而在实践中，这些制度有的呈现较大的滞后性，甚至有的无法按照法律规定的要求运行。另外，随着现代社会的开放与发展，乡村社区发生了结构性的变革，传统乡村社会已开始向现代社会转型。以集体经济及户籍制度为基础的封闭治理制度体系内在约束着个体的自由发展，制约着乡村社会治理的现代化发展，已经难以适应现代社会发展的新要求。在社区治理现代化建设中，必须推进涉及民众切身利益的社区基础性治理制度改革。无论是破除旧的社区治理制度，还是在某些方面构建新型的治理制度，都要做到以法律为基础，真正贯穿法治精神，将法律制度贯穿到社区治理的基础性制度体系创新中，以法律制度为基础，将基层社区自治与基层人大制度、政协制度相衔接。通过法治化的制度建设，切实明确社区谁治理、治什么、如何治等一系列问题，明确不同社区治理主体的权力边界及职责范畴，约束治理主体的相关行为，切实保障社区居民的各项合法权利，为社区居民的畅通参与提供法治基础，为社区秩序的建构提供法治保障，通过基础性治理制度的法治化建设，体现“以人为本”的精神，实现社区治理的法治化。

其二，社区基础性治理制度的规范化。社区治理制度的规范化建设也是社区有效治理的重要保障。在传统乡村社区治理中，由于政经不分、经社合一，对集体经济的治理与对社区社会的治理纠缠在一起，结果是既限制了农村居民的自由流动，侵害了民众的合法集体经济权利，引发了各种经济矛盾与问题；也将流动社会中的外来居民排斥于乡村社区外部。另外，在社区治理的具体实践中，社区党支部作为社区的领导核心，往往强行干预社区治理的各项活动，并通过发号施令的方式对社区进行政治性治理。与此同时，通过对社区各个方面的领导，代行社区一切事务，在缺乏民众监督的情况下，不仅效率低下，也为村干部贪污腐败提供了现实土壤。产生上述情况的根本

---

① 朱景文：《社会治理体系的法制化：趋势、问题和反思》，《社会学评论》2014 年第 3 期。

原因在于，社区基础性治理制度的非规范化建设受到单一主体力量的直接约束。实现社区基础性治理制度的规范化建设是社区治理现代化的重要支撑，社区基础性治理制度的规范化建设，不仅体现为上级政府通过规章制度指引社区治理制度的有效运行，还体现为建立社区治理制度运行的规范监督机制及评估机制，以及对社区治理制度运行效果实施动态的评估监测机制。与此同时，应切实保障社区居民参与的社区监督制度建设，在开放、流动社会中，积极根据新特征创新公共参与制度建设，发挥民主协商的作用，逐步吸纳新进人员参与到社区公共治理中来，建立公共参与及社会治理的长效发展机制，避免单个主体把持社区治理资源及社区治理话语权，损害民众的利益。与此同时，建立社区治理纠错机制，对社区治理违规行为建立违法必究的法律救助机制，以规范社区治理的有效运行。

七、居民主体权利之保障

乡村社区治理现代化这一目标是一项长期而又艰巨的任务，既要强调政府的积极推动作用，又不能忽视农业居民的主体地位，应构建政府、社会、居民、企业等多元协同治理体系。以往，政府强力主宰下的农村新社区建设及治理中农民参与处于缺位状态，没有话语权。为此，要保障广大农村居民的主体地位，提高农民参与制度化水平；尊重乡土知识，提高居民参与社区建设的能力；发展农村社会自治组织；充分调动广大农民参与农村新社区建设的积极性和主动性。

其一，强化社区居民的参与权、知情权与决策权，尊重社区居民的意愿和选择。社区居民是社区的主人，既是社区的建设者，也是社区建设的最终受益者。无论从哪个身份角度来看，在社区建设及治理中，都需要社区居民的积极参与。社区参与是居民增进公共利益的重要方式，是社区建设和发展的基础，必须得到政府的维护和指导。[①]不可否认，政府在社区治理中发挥着重要的主导作用，但是这种主导不是对社区的全面行政干预，不是替民做主，而是对宏观规划的指导，做好政府应该承担的公共事务即可，而不应该越位、错位，应将更多社区治理的权力交给社区居民；切实通过制度建设及法律保障，夯实社区居民的参与权、知情权与决策权；应该转变过去从上往下看的

---

① 陈万灵：《“社区参与”的微观机制研究》，《学术研究》2004 年第 4 期。

思路，尊重社区居民对社区建设及治理的意愿，杜绝各种侵权及滥用职权的行为，切实做到以民为本、为民服务。政府职能转变路径及内容，见表 5-1。

表 5-1　政府职能转变路径及内容

	路径	内容
1	转变治理观念	摒弃习惯性思维和观念，消除“官本位”思想和行政命令的方式，尝试着借助其他群体的力量来完成治理的任务。
2	转变治理方式	第一，从“全能型”向“有限型”转变，敢于分权授权；第二，准确自我定位，对参与范围和程度进行限定，有所为和有所不为；第三，建立健全主体间资源共享、权责统一及协同治理的机制。
3	转变治理目标	由“管理”转为“服务”，达到“善治”而非“善政”的目标，实现公共利益的最大化。

其二，提高社区居民参与的制度化水平。社区居民参与制度化是参与制度在居民参与过程中获得认可的过程，包括两个方面：一方面，参与制度化要求参与制度供给充分、合法性强；另一方面，现行参与制度得到农村居民的广泛认同。总体上来看，当前存在的问题在于，社区居民参与制度供给不足，在参与制度形成过程中处于被动地位，各种参与制度之间矛盾重重，参与制度运行机制不健全；同时，居民对现行参与制度的认同程度不高，经常采用制度外的参与形式表达自身的利益和对社区发展的愿望，如私下议论、找关系、越级上访等。①随着社区居民利益意识的增强和农民参与的增多，参与制度化水平亟待提高。为此，要不断增加农民参与的制度供给，积极扩展广大社区居民参与社区治理的制度化渠道与空间，把广大农村居民参与纳入制度化轨道上来，避免大量非制度化参与给乡村社区稳定带来的威胁，鼓励各种形式的公共参与制度创新，以制度创新引导参与；通过协商等形式，完善制度实现的程序和机制，对违反制度规定的行为依法进行制裁、惩处，保证制度的真正落实；提高居民的法律意识和理性参与意识，使农民群众充分了解和熟悉各种参与途径，切实保障他们的合法参与权利。

其三，尊重乡土文化知识，提高社区居民参与社区建设及治理的能力。乡土知识是乡村社区居民生活经验的积累和总结，包括社区宗教、风俗习惯、思维方式等，具有实践经验性，是乡村社区大多数居民所认识和掌握的。农

① 季丽新、吴君：《中国特色参与式农村发展研究》，《理论学刊》2013 年第 5 期。

村新社区建设及治理是在农村区域内展开的，外来力量只有尊重和利用乡土知识，才能获得农民的理解和参与，才能更加契合农村实际，从而形成上下互动的参与式农村发展局面。[①]从长远看，“参与式治理”最重要的不是资金、实物等的投入，而是人力资源建设。农村新社区建设及治理是一个长期的过程，农民自我发展能力的培养是乡村社区发展最有效和最可持续的手段。农民能力的培养要尊重农村乡土文化，尊重农民的思维方式。自古以来，中国农民与土地打交道，重经验、轻理论，农民在实践中学习，在参与中增长判断能力和道德水平，使乡土文化与外来文化在碰撞和冲突中相互融合，相互提升。要特别注重贫困人口、妇女等农村弱势群体能力的培养，使他们积极投身到新农村建设中，避免农村贫富差距的进一步加大。在实践中，将乡村文化知识融入社区建设及治理中，尊重民众的习惯，提高他们参与社区建设及治理的能力。

其四，提高广大社区居民的组织化程度，以推动参与机制的健全。从政府主宰乡村社区转变到构建多元协同治理模式，非常重要的环节之一在于农村社会有能力承接政府下放的权力，而这是“原子化”的农民无法完成的。要不断加快农村社会的组织化进程，通过对农村居民的组织化推动居民参与。[②]亨廷顿指出：“那些属于农民团体有些时日的人，与不曾是其成员的农民相比，却更可能相信他们能影响政府。”目前，中国农民组织发育程度很低，不仅数量少、规模小，而且现有农民组织的自主性、民间性、规范性、法治性不强。因此，要积极发展农村居民自治组织，通过自治组织建设，积累农村社会资本，培养农民的合作、参与、协商精神，提高农民参与乡村社区发展的积极性；提高农户适应市场经济的能力，促进农业的现代化和产业化，提高农业收益，增加农民收入；积极培育社会化服务组织，在农村新社区建设中政府加大公共服务提供的同时，提高农民的自我服务能力，通过各种形式的合作和互助，不但能够满足农民多样化需求，也能促进农民合作精神和共同体意识的培养。此外，还要发展农民文化组织，提高农民的文化素质和生活情趣，促进农村社会文明风尚的形成。在组织发展过程中，政府的指导、帮助作用不可忽视，但是必须去除组织的行政化问题，恢复农村自组

① 季丽新、吴君：《中国特色参与式农村发展研究》，《理论学刊》2013年第5期。

② 季丽新、吴君：《中国特色参与式农村发展研究》，《理论学刊》2013年第9期。

织的功能，发挥居民自组织在农民参与中的重要作用。

其五，充分调动广大农民参与社区治理的积极性和主动性，提高农民的主体意识，发挥农民的主体作用。首先，以提高广大社区居民的参与意识和能力为前提，发挥其建设主体作用。社区居民是社区的主人，是农村新社区建设及治理的主体。具备强烈的发展需求和参与意识，以及把需求和意识转化为实际参与行动的能力，是发挥居民在农村新社区建设中主体作用的前提。高度的参与意识，是农民产生强烈的参与动机和采取有效的参与行为的前提。提高居民的参与意识，要广泛宣传农村新社区建设政策，让居民认识到主动参与农村新社区建设及治理是自己义不容辞的责任，只有改变了居民对农村新社区建设的模糊认识，其才能产生明确的参与动机；提高居民的参与能力，要赋权给居民，居民只有在实际建设中才能获得深刻的心理体验，树立参与意识。其次，以广大居民的需求和利益为导向，引导居民广泛参与新农村建设。居民的需求是否得到满足，居民的利益是否得到实现，居民的权益是否得到保障，是衡量农村新社区建设成效的根本尺度，也是居民参与农村新社区建设的前提条件。在推进农村新社区建设时，一是必须尊重居民的意愿和实际需求，根据居民合理的利益诉求确定建设重点和服务内容；二是应探索居民利益表达和诉求机制，通过居民的广泛参与和科学的机制把居民的意愿和诉求有效集中起来；三是居民通过实际的参与活动能够满足自己的需求，实现自己的利益。只有以居民的需求和利益为导向，引导居民广泛参与，才能获得持久发展的动力源泉。最后，以政府和居民互动为纽带，加强居民对公共政策制定和实施的影响力。政府要把居民意见和诉求吸纳到公共政策中来，使居民有机会参与公共政策的制定和实施。因此，必须着力于提高居民的组织化程度，为居民提供畅通的意见表达渠道，从而提高居民对公共政策的话语权。建立居民和政府的交流机制，通过制度化建设使居民和政府的互动交流常态化、规范化，保障居民的参与权得以实现，提高公共政策的实施效果。

当前，我国处于经济社会的重大转型期间，乡村社区治理将成为我国农村工作的一个重大问题。它不仅是基层社会治理的重要内容，而且对于提升国家治理体系和治理能力现代化水平具有独特的促进作用。

跋：

乡村振兴战略下
精准扶贫政策实施策略

改革开放以来，城乡居民的整体生活水平有了显著提升，但东西部差距大、城乡差距悬殊的事实仍然摆在面前。贫困乡村因自然条件和扶贫资金等因素的限制，加之传统扶贫模式已不适于时代需求，脱贫之路更加艰巨。2014 年 1 月 25 日，《关于推进农村扶贫开拓创新体制的意见》通过政府文件形式阐明建立精准扶贫机制重要性。2017 年党的十九大报告中指出：脱贫战略已经得到决定性进展，6000 多万穷困人口已经稳定脱贫，贫困发生率从原来的 9.2% 下降到 4% 以下。① 广袤乡村地区的贫困问题是解决我国贫困人口脱贫的重点和难点，下一个阶段的目标是，到 2020 年，贫困村、贫困县全部脱贫，摘掉贫困帽，真正摆脱贫困问题的困扰。

“精准扶贫”是对扶贫政策开发的复杂形势做出的阶段性调整。通过精确辨认目标、准确到位的措施、准确充分使用资金、多方位考核的体系等环节来解决复杂形态下的穷苦问题。但是在扶贫开发工作的过程中也出现了诸多的问题，而这些挑战向我们提出了减贫的精确性问题。然而造成这些问题的原因是复杂的，包括扶贫机制不健全、基层扶贫力量不足等。

一、精准扶贫实践的突出问题

从 2011 年开始，我国开始大幅度提高扶贫标准，加大扶贫力度；到 2015 年，中国农村贫困人口从 7.7 亿人减至 5575 万人，减少了 71464 万人。《2016 年国民经济和社会发展统计公报》数据显示，按照目前每人每年 2300 元的农村贫困标准计算，2016 年我国农村贫困人口 4335 万人，相比上年减少了 1240 万人。但是在扶贫开发工作的过程中也出现诸多的问题，而这些挑战可能会导致减贫的精确性。

（一）精准扶贫政策宣传不到位

扶贫对象参与度低直接影响着扶贫工作的效率。贫困户自身对公共事务

① 《2017 年政府工作报告》[DB/OL]. 人民网 .

比较冷漠，加上缺少消息来源的渠道，对准确扶贫的具体内容和意义认识不足，对脱贫改革响应度不高，对帮扶工作满意度低，故而对扶贫工作不予充分支持。在村屯道路等公益性项目建设上不参与、不支持、不配合；在开展“双认定”工作中拒绝提供准确收入信息等，表明贫困户存在思想困扰。

精准的扶贫宣传会直接影响到精准扶贫的成败效果。系统有效的政策宣传可以保障农民的知情权，清楚地了解到精确脱贫的近况；同时，应激发贫困户的主体意识，使贫困户的参与贯穿到精准扶贫帮扶工作的全过程中，保证其参与扶贫的权利。

（二）政策法规体系不完善

推动精准扶贫工作有序有效地进行的前提和有力保障是要有健全完善的法律制度，没有这个支撑，扶贫工作极易呈现出混乱和无序化的现象。当前我国扶贫工作所涉及的法律法规较为分散，影响了扶贫工作的效果。

（三）精准识别能力不强

精准扶贫的难点在于准确辨别和帮助贫困农户，并精准地评估扶贫效果。而当前贫困地区出现了两种需要注意的现象：一是精准识别的能力不强，二基层干部利用自己手中的权力为自己、为亲朋好友谋利益，导致扶贫政策在执行的过程中被随意化、人为化而出现扶贫事业的畸形化。

基层扶贫工作责任繁重，“两委”村干部在贫困农村应起到引导作用。实践中，仍然有“两委”对本村脱贫攻坚情况掌握不清，思路不明，掌握数据不准确等。更有甚者，扶持力度加大的同时，刺激了村干部的贪污腐败欲望；而信息的不对称又给村干部贪污提供了便利条件，有的采取虚报冒领、隐瞒、伪造材料等手段侵吞扶贫款；有的把扶贫资金用于发展生产经营、解决因公垫支债务、日常办公支出、公务接待等欠债，使得扶贫资金效用不能充分发挥，甚至出现了“越贫困越扶持、越扶持越贫困”的恶性循环。

（四）产业扶贫机制不健全

生产要素保障是产业发展的基础，项目资金和技术力量是产业扶贫的必要条件。贫困人口大多生活在自然条件恶劣的地区，基础设施落后，产业结构单一，缺乏必要的生产要素，“扶贫车间”模式的开展受到了很大的限制。

而在条块分割的资金管理和投入模式下，扶贫资金的投入和实际的需求却往往不成正比，或者扶贫资金涉及范围广且分散，在管理上起不到有效整合作用。

另一方面，农民与龙头企业的合作是农业产业化和乡镇企业建立扶贫模式的重要途径，是农业和企业合作的基础。但在处理农民和龙头企业利益的问题上，一些社会资本强势介入，利用资金优势和影响力与农户合作，农户往往失去了利益规划的参与权和利益分享的谈判权。在走访调查中发现，贫困农户大多以零散的订单模式与企业合作，企业发展了，但是农户得到的实惠并不多。一些龙头企业与贫困农户的关系仅靠销售合同来维系，很难形成风险共担、利益同享的紧密联结机制，二者的关联度低，影响农企合作效益，贫困农户的积极性受到抑制。

此外，这种“农户 + 企业”的模式如果仅仅是简单的加工型，而不能根据市场的多样化需求，运用现代工艺开展深层次加工，缺少现代信息网络销售渠道，对于建立牢固的农企利益联结机制也有着较大的影响。同时，贫困地区普遍存在缺少劳动力以及相关技术人才的问题，缺乏拥有专业知识的领头人，专业技术人才紧缺，劳动力弱化是“扶贫车间”模式最大的阻碍。

二、扶贫政策的深度剖析

当前，我国关于贫困问题的研究大多数是实证研究，对于扶贫实践来说仍有一定程度的困扰，扶贫政策本身的研究还需加强。

（一）分析框架

下文将构建扶贫政策的二维分析框架，在基本政策工具作为内容维度的基础上，增加“过程维度”，更有利于全面完整地对扶贫政策进行分析。

1.X 维度：基本政策工具维度

我们采用罗伊·罗斯威尔和沃尔特·泽格菲尔德的三类型政策工具作为分析框架的基本政策工具维度。“基本政策工具理论”根据影响的层面不同分为三种：环境面政策工具、供给面政策工具、需求面政策工具，只有这三种政策工具相互协调，并形成合力，实施的效果才是最佳的。

环境面政策工具基于扶贫开发的现状与预期，对要达到的目标做总体规划与描述。直接影响扶贫政策的实践效果，表现为政策对扶贫开发的影响力。具体是指政府通过财务支持、设施建设、政策扶持战略性措施等为扶贫事业的进行提供有利的环境。供给面政策工具表现为政策对扶贫实践的推动力，是扶贫事业强有力的保障，具体是指政府直接扩大人才、技术、信息和资金的供给。供给面政策工具具体分为“资金投入”“人才培养”“信息服务”“设施提供”等四个方面。需求面政策工具表现为政策对扶贫实践的拉动力，具体是指“购买服务”“市场塑造”这两个环节。这两个环节有利于为扶贫工作开发稳定的市场和开拓环境。

2.Y 维度：扶贫服务链维度

“扶贫服务链”是指扶贫开发主体之间存在一定的联系，形成某种“链条”关系，这种关系越紧密，扶贫实践的成效就会越高。按照扶贫开发的活动过程，可以将扶贫服务链分为“精准识别”“精准帮扶”“精准管理”和“精准考核”等四个环节。其中，“精准识别”是前提，只有把贫困人口精准识别出来，才能对其进行精准帮扶；“精准帮扶”是核心，在贫困识别的基础上，因贫施策，分析致贫原因，对症下药，实现“真扶贫，扶真贫”；“精准管理”是保障，从扶贫对象到项目安排、从资金使用到脱贫效果，都需要统一管理，统一监督；“精准考核”是检验脱贫成效的重要手段，是对贫困人口脱贫成效的保证。

（二）政策工具分析结果

以中央于 2001 年制定的《中国农村扶贫开发纲要（2001—2010 年）》和 2011 年的《中国农村扶贫开发纲要（2011—2020 年）》这两部扶贫事业的纲领性文件作为分界点，我国扶贫政策的制定可以根据经济社会的整体发展情况大体上划分为三个阶段。其中除了专门针对“扶贫”而发布的中央和政府各部门各级各类政策文件外，还有散见于包括中央“一号文件”等其他政策文本中涉及到“扶贫”的表述，共同构成了我国党和政府对“扶贫”事业的全部政策工具。这些政策文本中提出建立精准识别机制，逐步提高国家扶贫标准、确定 14 个毗邻的贫困区、建立扶贫监督机制；强调打赢脱贫攻坚战的紧迫感，并提出扶贫脱贫的具体措施；阐述贫困退出的基本原则以及退出标准和程序；对深度贫困地区脱贫攻坚工作作出全面部署，等等。本书从网络公开的数据资料（主要包括国务院、国务院扶贫开发领导小组办公室、中国扶贫在线等政府部门相关网站）进行了全面搜寻，辅以“扶贫”“精准扶贫”及“帮扶”等关键词来拓宽对扶贫政策的范围的搜寻；在进行相关文献的搜寻过程中，涉及经济发展、生态帮助、金融援助、教育养老等与贫困帮扶相关的政策文本都被选择和筛选。也就是说，本书以上述途径所收集和整理的几百份政策文件（包含国务院的各部委司局等相关机构围绕中央政策所做出的辅助性或者贯彻性文件，且以中共中央和国务院这一层面的文件为“纲”，而以其他相关文件为“目”）作为样本，对其中政策工具的使用进行分析，并得出如下结果：

1. 上述文件对政策工具的运用较为全面，对三大类型的政策工具都有所涉，并对扶贫开发的各个环节都进行了干预，各政策工具共同发挥作用，合力推动扶贫事业的发展。但也不难看出，扶贫政策工具在使用频次上呈现明显的分布不均态势。主要表现为：环境面政策工具存在着明显的过溢现象，而需求面政策工具则出现短缺和不足。其中，环境面政策工具占总体比例的53.1%，供给面政策工具占比 32.0%，需求面政策工具则占了 14.9%。从这些差异中可见政府的主导作用，说明政府偏向于通过营造环境来推动扶贫事业的发展。

在环境面政策工具中，“法规管制”占 21.2%，使用过多的主要原因是扶贫开发过程的复杂性，扶贫开发的供给过程是多主体、多维度的，不同地区不同形式的贫困人口所需要的扶贫服务递送也存在着巨大差异；“战略性措施”占比为 10.6%，“财务支持”“目标规划”和“政策扶持”的占比差别相对较小，分别为 8.5%、6.4%、6.4%。其中，“政策扶持”有利于调动贫困人口创造性积极性和提高就业动力，加快扶贫进程。

供给面政策工具的结构分布相对均衡，“资金投入”“人才培养”“设施提供”和“信息服务”所占比重相差不大，分别为 6.4%、6.4%、8.5% 和10.6%。其中，“设施提供”的比重稍高，可见基础设施如交通设施、水利设施、通信网络设施、教学教育设施等的提供对扶贫开发的重要性。

需求面政策工具在三种政策工具中，“购买服务”占比 4.3%，“市场塑造”占比 10.6%。两者差距相对较大。“购买服务”和“市场塑造”的缺失和断层，削弱了社会资本进入扶贫领域的热情，也降低了扶贫政策的引领作用。对于扶贫事业来说，政府的“购买服务”和“市场塑造”等需求型政策工具能够提高市场的稳定性，所以需求面政策工具的补充与完善是进一步发展扶贫开发的重点。

2. 在 X 维度政策工具的分析基础上，加入 Y 维度，可以使得结论更为明确。从两者交叉效应来看，扶贫政策旨在重点对“精准帮扶”和“精准管理”进行影响；从数据出现频率来看，政策工具较多关注的是“精准帮扶”，其所占比例为40.5%；同时，“精准管理”和“精准识别”也同样引起政策的重视，这两种政策工具所占比例分别为29.8%和19.2%；而“精准考核”所占比重相对较少，比例只有10.6%。

（三）政策优化建议

政策工具有一定的适用范围。就一项政策来说，政策工具的组合就像一个工具箱，只有使这个工具箱里的工具完整齐全，才能发挥其最佳的实施效果。在《指导意见》中，环境面政策工具的过度溢出，需求面政策工具的严重不足，从长远角度看，这种相差悬殊的工具箱很有可能会影响扶贫事业的良性发展。

1. 优化政策工具结构

结合我国扶贫事业发展所处的阶段和我国当前贫困现象，政府在未来制定扶贫政策时，可以适当降低环境面政策工具的使用，同时增加供给面和需求面政策工具的使用，这样可以在供给和需求这两端同时发力，加强政策的“推—拉”作用，推动扶贫事业的发展。首先应加强扶贫事业的“供给侧改革”，即采用改革的方式进行结构调整，提高供给的效率和质量，注重资金投入和人才培养等环节。其次，“购买服务”和“市场塑造”可以有效地稳定市场，保障各扶贫机制顺畅运行，因此，政府要强化需求面政策工具，尤其是要加大“购买服务”这一环节。最后，还要平衡三大类政策工具，尤其是环境面政策工具的内部结构。

2. 平衡政策工具与扶贫服务链的匹配度

满足社会需求，促进社会公平，是扶贫行动的最终目标。只有精准识别、精准帮扶、精准管理和精准考核这四个环节环环相扣、紧密相连，才能保证扶贫开发的顺利进行，因此，扶贫政策应该对这四个环节提供全面支持。此外，扶贫不只是国家和政府的扶贫，同时还需要社会各界力量的参与，因此政府应该加大宣传力度，倡导“政府主导、社会参与、开发扶贫、市场运作”的扶贫模式，培育各种多元化的扶贫开发主体，平衡扶贫资源的合理分配，进一步优化扶贫资源组合，实现资源的高效利用。同时，完善扶贫资金的投入与运营机制，积极发挥市场在资金配置上的作月，一步步确立起以扶贫基金为主导，以农户自己投入为主体，以信贷、外资和社会投入为补充的多渠道、多元化扶贫投入机制。强化扶贫服务链的连接性，防止扶贫过程体系出现断层。

3. 加强政策工具的连续性和统一性

纵观我国的扶贫历程，虽然取得了良好的成绩，但在政策的制定上存在不足。目前我国各地区的扶贫政策都是由各地区政府自行制定，再由其相关部门去执行，缺乏统一的规划和管理，在一定程度上影响了政策工具的选择和使用，从而降低了政策实施的效果。因此需要加强对扶贫事业发展的统一管理，加强部门间的协同合作，避免扶贫实践中出现环节断层的现象。除此之外，政府应进一步明确扶贫部门对扶贫事业的职责和职能，并建立健全多部门间为促进扶贫事业发展的协同机制，以便更加合理、系统地选择政策工具，这样才能更加科学地制定扶贫政策，提高扶贫效率。

三、深化精准扶贫战略的路径

一系列精准扶贫政策均体现了几个方面的政策要求：准确查明贫困对象，深入分析贫困原因；出台有针对性的扶贫措施，实行政策时要保证因地制宜；严格把控扶贫专项资金使用流程，必须贯彻到位；建立健全全方位的考核体系，加强全面督促。通过精确辨认目标，以准确到位的措施、充分科学的资金使用效率、多方位的考核体系等环节来解决复杂形态下的贫困问题。

（一）强化精准扶贫主体责任

贫困户的积极参与，自主加入扶贫开发计划工作中，增强其主动意识，提高满足感是扶贫工作得以有效完成的基础；“两委”干部是扶贫工作开展的关键，对于工作的推进起到基本的保障作用；多元力量是扶贫工作的重要支持。

首先，自上而下与自下而上相结合，提高农户参与度。出台优惠政策，从国家到地方再到贫困户，从贫困对象的申报条件、申报程序申请，到受理单位审核，以及扶贫资金是否到位，应落实到位。

其次，加强“两委”干部的责任。落实帮扶干部的责任，使其积极承担和完成精准扶贫任务。对帮扶人员进行定期的教育与培训，使其不断更新其相关扶贫知识与扶贫理念，学习新的工作技能，强化他们对产业扶贫相关基础理论知识的认知，持续增强政策素养；及时吸收新的精英人才进入组织，充实队伍构成。

再次，鼓励多方参与，整合社会资源。拓展和健全扶贫队伍建设，增强脱贫致富力度。通过社会各界力量的帮助，可以减少或缓解政府和财政的压力。

（二）优化精准扶贫的机制

通过完善的制度体系精确辨认扶贫目标，落实援助措施，健全管理制度，健全考核机制，保障扶贫工作顺利进行。

1. 完善保障体系

精准扶贫是一项长期性且艰苦的工作，当中有许多不确定性的要素可能会影响到扶贫工作继续，因此需要强化保障制度来确保扶贫工作的高效顺利进行，包括强化借助法律途径来解决精准扶贫中的重点难点问题。通过一系列保障机制的完善，确保扶贫登记信息管理的一体化、扶贫资源的合理利用、扶贫资金的落实到位和拨付程序的简单化。完善的激励约束可以增强扶贫干部的使命感和迫切感，激励贫困对象踊跃主动脱贫脱帽。

政府应将信息通知的单向功能转化为多项功能，将传统的信息由专门政府工作人员进行管理和公示的方式转化为由其他主体进行信息的交流互动。政府部门应建立起专门的扶贫信息共享大数据平台，供给参与主体进行信息互动，确保扶贫政策资源信息全部实现共享。同时还可引导新闻媒体、社交媒体平台、互联网等，提高扶贫信息公开的透明度。

2. 健全精准考核机制

如果帮扶措施没有落实到位，贫困户就难以摘除“贫困帽”，难免会对扶贫工作丧失热情，降低积极性。因此，对于扶贫开发工作的目标，应层层落实跟进。

认真贯彻落实帮扶政策和举措，确保做到位，做到“有进有出”。

为保证扶贫工作的客观性和真实性，应健全考核制度，制定统一的考核标准；在全面的数据收集基础上，建立健全评估指标体系，使扶贫绩效考核指标体系更具权威性；同时强化责任制度，确保高效能完成工作任务；引入多维评价监督机制，有力地促进扶贫任务的完成和目标的实现。

3. 发挥基层社区的积极作用

由萌芽到突破发展，再到广泛应用的“参与式发展”理论于20世纪的五六十年代受到重视。此理论集公正平等、求同存异、重在参与于一身；重视“第三方”的参与及合作，通过调动当地社区成员的参与，达到共享、可持续的发展目标。扶贫工作最核心的便是贫困的对象，必须建立能够让贫困对象诉求和表达的途径，通过基层社区的治理框架，使贫困对象自身能够参与进来，由被动转化为主动。这种措施有利于贫困对象在主动参与中发现开展过程中的不足并提出修改的意见，还能帮助其在这个过程中自身能力得到很大的提升，不仅仅减少了扶贫支出的必要成本，还能够在很大程度上提高扶贫工作效率，使得有限的扶贫资源落到实处。参与的内容应包括对贫困对象的审核，以及扶持措施的制定和实时的监督。

（三）以资源的优化整合推进产业扶贫

产业扶贫旨在通过发展贫困区域的实体产业达到脱贫目的，产业扶贫不仅需要政府参与，更多地需要企业、个人及各类组织的合作，包括专业技术的支撑。因此，产业扶贫是由政府、企业、贫困户相互衔接所形成的多元化发展道路。

在产业扶贫思路下，不少地区优化整合当地资源的经验和模式可以借鉴。其基本思路大多为以乡镇为基础，可根据自身实际情况制定产业计划，发展特色产业，鼓励多种产业扶贫模式。同时，完善基础设施和加大服务供给，这不仅仅是推进扶贫工作进程一个重要环节，更有利于地方经济长远发展，对缩小地区之间的贫困差距有着重要意义。要素是市场经济的筋骨，是产业结构化、提档升级的重要支撑，扶贫产业的发展离不开要素的支撑，要使产业扶贫真正惠及农户，各项农业产业化有效开展，还必须强化各项产业要素。

稳固的利益联结机制是贫困农户发展产业的动力，是村企共建的扶贫模式可持续发展的重要保证。贫困农户在合作中属于弱势群体，农企之间存在不对等的关系，因此，在村企共建扶贫模式中，在产业扶贫过程中，应遵循将农户利益放在首位的原则；强化政府的监督与指导职能，大力发展农民专业合作社，提高农户在市场交易中的地位，切实保护贫困农户的利益，避免出现产业不带贫、扶农不扶贫的现象。

（四）强化监督和问责机制

其一，健全监督制约权力的法律体系，完善权力监督制约机制。法律对保证权力监督制约的权威性、强制性和标准化，提高监督制约的效力具有重要意义，健全法律体系是关键性基础。其二，完善精准扶贫系统的内部制约监督机制，确保扶贫监督机制具有可操作性，杜绝扶贫过程中的权利滥用和腐败贪污现象的发生；合理设置机构职权，调整部门职能分工，合理划分职责权限，形成部门之间平行交互监督制约的机制；科学制定行政程序，规范权力运行。其三，建立精准扶贫系统外部监督体系和约束机制。充分发挥地方人大、地方政协、地方党组织对扶贫开发工程的监督作用，对扶贫资金的管理、政策的落实、扶贫效果进行定期的监察和评估；同时健全扶贫法律体系建设，加大对贪污腐败分子的量刑。构建多元参与机制，使新闻媒体和公众参与到扶贫监督工作中来，使扶贫政策的实施接受社会的广泛监督。其四，权责统一是权力正向行使的保障，应制定和完善干部奖惩制度，明确奖惩指标，细化奖惩标准，切实保障相关部门及其工作人员的责任落实。

参考文献

一、政策文本

[1] 中华人民共和国宪法[M].北京：中国法制出版社，2015.

[2] 中共中央国务院关于“三农”工作的一号文件汇编[M].北京：人民出版社，2014.

[3] 十六大以来重要文献选编[M].北京：中央文献出版社，中共中央文献研究室编，2005.

[4] 十八大以来重要文献选编[M].北京：中央文献出版社，中共中央文献研究室，2016.

[5] 中共中央国务院关于实施乡村振兴战略的意见[M].北京：人民出版社，2018.

[6] 中国共产党第十九届中央委员会第三次全体会议文件汇编[M].北京：人民出版社，2018.

[7] 中国共产党第十九次全国代表大会文件汇编[M].北京：人民出版社，2017.

[8] 习近平关于社会主义社会建设论述摘编[M].北京：中央文献出版社，中共中央文献研究室，2017.

[9] 中共中央国务院关于落实发展新理念加快农业现代化实现全面小康目标的若干意见[M].北京：人民出版社，2016.

二、期刊论文

[1] 李增元.乡村社区治理研究：分析范式、分析方法及研究视角的述评[J].甘肃行政学院学报，2012（04）.

[2] 赵万一，张长健.农村集体经济组织法权关系的创新——以社区型股份合作制法人组织的构建为研究对象[J].西南民族大学学报（人文社会科学版），2012（06）.

[3] 袁方成，李增元.农村社区自治：村治制度的继替与转型[J].华中师范大学学报（人文社会科学版），2011（01）.

[4] 温铁军，董筱丹.村社理性：破解“三农”与“三治”困境的一个新视角[J].中共中央党校学报，2010（04）

[5] 许远旺.社区重建中的基层治理转型——兼论中国农村社区建设的生成逻辑[J].人文杂志，2010（04）.

[6] 李鹍，叶兴建.农村精准扶贫：理论基础与实践情势探析——兼论复合型扶贫治理体系的建构[J].福建行政学院学报，2015，（02）：26.

［7］刘解龙，陈湘海. 精准扶贫的几个基本问题分析［J］. 长沙理工大学学报（社会科学版），2015，30（11）：98.
［8］张兵，王仕军. 社区自组织建设：乡村治理的一种新思维［J］. 传承，2009（14）.
［9］温铁军. 中国的经济危机软着陆与“三农”政策［J］. 华夏星火，2009（05）.
［10］李爱萍. 探讨农村社区及在新农村建设中的作用［J］. 求实，2008（S1）.
［11］丁煌，黄立敏. 从社会资本视角看“村改居”社区治理［J］. 特区实践与理论，2010（03）.
［12］王栋. 社会组织参与社区治理的机制：结构、效应及构建路径［J］. 广东行政学院学报，2012（04）.
［13］王富伟. 个案研究的意义和限度——基于知识的增长［J］. 社会学研究，2012（05）.
［14］吴晓林. 台湾地区社区建设政策的制度变迁［J］. 南京师大学报（社会科学版），2015（01）.
［15］陈家喜. 反思中国城市社区治理结构——基于合作治理的理论视角［J］. 武汉大学学报（哲学社会科学版），2015，68（01）.
［16］吴素雄，陈字，吴艳. 社区社会组织提供公共服务的治理逻辑与结构［J］. 中国行政管理，2015（02）.
［17］杨丽，赵小平，游斐. 社会组织参与社会治理：理论、问题与政策选择［J］. 北京师范大学学报（社会科学版），2015（06）.
［18］梁宇. 社会组织在城市社区治理中的独特力量［J］. 人民论坛，2017（21）.
［19］徐勇. 村民自治的成长：行政放权与社会发育——1990年代以来中国村民自治发展困境的反思［J］. 开放导报，2004（06）.
［20］陈浩天. 公共政策、经济发展与政治稳定：中国村民自治的发展逻辑［J］. 理论导刊，2011（11）.

三、学术专著

［1］费孝通. 乡土中国［M］. 北京：北京出版社，2005.
［2］俞可平. 治理与善治［M］. 北京：社会科学文献出版社，2000.
［3］吴群刚. 中国式社区治理［M］. 北京：中国社会出版社，2011.
［4］王新. 城中村何去何从？［M］. 北京：中国市场出版社，2010.
［5］吕学山. 城乡和谐发展进程中的动力机制研究［M］. 北京：中国时代经济出版社，2010.
［6］同春芬. 农村社区管理学［M］. 北京：知识产权出版，2010.
［7］潘屹. 家园建设［M］. 北京：中国社会出版社，2009.
［8］潘光辉. 失地农民社会保障和就业问题研究［M］. 广州：暨南大学出版社，2009.
［9］刘伟. 难以产出的村落政治［M］. 北京：中国社会科学出版社，2009.
［10］贺雪峰. 村治的逻辑［M］. 北京：中国社会科学出版社，2009.

[11] 任吉东. 多元性与一体化 [M]. 天津：天津社会科学院出版社，2007.
[12] 李泉. 治理思想的中国表达：政策、结构与话语演变 [M]. 北京：中央编译出版社，2014.
[13] 卢汉龙主编. 均衡与稳定：发展的新价值 [M]. 上海：上海社会科学院出版社，2005.
[14] 孙立平. 转型与断裂 [M]. 北京：清华大学出版社，2004.
[15] 何增科等. 基层民主和地方治理创新 [M]. 北京：中央编译出版社，2004.
[16] 徐浩. 农民经济的历史变迁 [M]. 北京：社会科学文献出版社，2002.
[17] 侯建新. 农民、市场与社会变迁 [M]. 北京：社会科学文献出版社，2002.
[18] 徐勇，吴毅主编. 乡土中国的民主选举 [M]. 湖北：华中师范大学出版社，2001.
[19] 王哲. 基于农业支持视角的中国农业环境政策研究 [M]. 北京：中国农业科学技术出版社，2013.
[20] 翟军亮. 农村公共服务决策优化 [M]. 北京：人民出版社，2016.
[21] 陈少艺. 当代中国“三农”政策变动 [M]. 上海：上海人民出版社，2016.
[22] 李燕凌. 农村公共产品供给问题论 [M]. 北京：中国社会科学出版社，2016.